基礎から
学ぶ

教育行政学・教育制度論

阿内春生 編

昭和堂

はじめに

　本書は，各大学において「教育行政学」や「教育制度論」などの名称で開設されている教職課程の授業を想定したテキストである。読者には教育に関する制度や行政を一から学ぶ大学生を想定しており，この分野の基本的な事項をおさえられるようにした。

　誰しも成長過程で「自身が」教育を受けた経験を持っており，教育について一家言を持っているといわれる。日本で子ども時代を過ごしてきたものであれば，例外はあるにせよ，ほぼ全員が被教育経験を持っており，共有できる教育の話題がある。たとえば小学校のときの担任の先生がこんなだったという話を友人とするとき，小学校という学校段階，学級担任という学校組織の編制の仕方，などなど共通する経験があるからこそ，そうした話が可能なのである。

　しかし，その被教育経験があるからこそ，教育学の学修が進むとも限らない。むしろ，偏見や固定観念を助長してしまい，障害となる場合すらあるだろう。一方，教育行政や教育制度に関する知識は，そうした被教育経験からは縁遠く，自分が教育行政に取り組んだことがあるという学生や，教育制度を作ったことがあるという学生はいない。マスメディアでは教員や学校教育行政の不祥事が大きく報道されている一方で。

　この教育学の中での教育行政学・教育制度論の立場は，実はとても難しい。つまり学習者は，行政サービスの受け手として教育を受けた経験があり，教育委員会など教育行政については，取り組んだことはもちろんないが報道などを通じて漠然としたイメージを持っている。そうなると被教育経験のデメリットの側面や報道イメージによる偏見が学修の妨げになる面が大きいのではないか。だからこそ，教員を志す学生が，大学において教育行政や制度について学ぶ機会があること（＝授業が設定されていること）は，とても意義が大きい。知った気になっている分野だからこそ，改めて学ぶことに意味があるというわけである。

教員採用試験では，教育行政や制度に関する内容は，教職教養の学校教育法規に関する設問として出題される場合がある。もちろん，詳しい試験対策は専門書籍が多数出版されているのでご参照いただきたいのだが，本書や教育行政学の授業を通じて，教員採用試験に出題される分野の基礎的な学びを得ることは可能である。学習者の意欲次第ということにはなってしまうが，本書がこの分野に関心を持つきっかけになり，結果的にこの分野の学修が得意になってもらえれば大変うれしい。

　本書では，過度に専門的にならず，むやみに奇をてらうこともなく，基礎的な事項を重視するよう各執筆者に依頼した。そのため，たとえば大学院レベルでの講義や研究書としての水準を達成することは意図していない。初学者が学びやすく，かつ，将来的に教育行政学や教育制度論の学びを深めたい学習者の入り口となるような構成をとっている。もっと学びを深めたい読者のみなさんは，各章の末尾についている読書案内から，その領域の最新研究や，「次の一冊」にアプローチし，探究を進めてもらいたい。読書案内は各章執筆者が自信を持って薦められる書籍を厳選してあげてもらうよう依頼しており，興味を持った分野の学びを深めるために最適な一冊となっているはずである。

　最後に，本書は昭和堂から出版されてきた小松茂久［編］（2013）（『教育行政学──教育ガバナンスの未来図』）の実質的な後継テキストだが，同書の改訂版ではなく，まったく新しい内容と構成になっている。一方で，前書が重視した「ガバナンスの視点」（序章参照）を継承し，教育行政を取り巻く環境を多面的に捉えられるようにしている。読者のみなさんには様々な主体の関わりの中で，教育の制度や法令が運用されている実態を学び楽しんでいってほしい。執筆者は30代の若手研究者を中心とし，各執筆者の研究課題に近接した内容を執筆できるよう依頼した。研究者として最も活発に研究活動に邁進できる世代でもあり，貴重な時間を割いて本書の執筆に協力してくれたことに感謝を申し上げる。

　　2024年1月

　　　　　　　　　　　　　　　　　　　　　　　　　　阿内春生

目　　次

第Ⅱ部　現代教育の諸課題と教育行政

第6章　教育課程行政
──教育課程・学習指導要領はどのように決まるのか

序　章

教育行政とガバナンスの視点
初めて教育行政学・教育制度論を学ぶみなさんに

阿内春生

　本章は，本書全体に共通する視点である教育ガバナンスの視点について簡潔に紹介し，みなさんにこの本をどのように読んでほしいかを伝える場所である。本書は教育行政学や教育政策論の入門書の位置づけであり，入門書としてどのように使ってほしいのかもあわせて記述していきたい。

1　教育行政を理解する視点

(1)　教育ガバナンスとは

　本書は教育制度論，教育行政学，学校制度論等の名称で各大学の教職課程「教育に関する社会的，制度的又は経営的事項（学校と地域との連携及び学校安全への対応を含む。）」（教育職員免許法）で開講されている授業のテキストとしての使用を想定している。本章では，本書全体の導入として，教育をめぐるガバナンスの視点の設定を示し，教育行政に関する理解を深める導入としたい。

　ガバナンスは国内では行政学・政治学で特に1990年代の終わりから2000年代初頭に注目された概念である。ガバメント（政府）が十分に役割を果たせない領域においてNGOやNPOなどの非政府・非営利組織が政策形成と実施に関わる状況を捉える概念としても用いられてきた。教育分野では

2000年代初頭に同時期に浮上してきていた教育委員会制度改革とともに論じられることが多かった（たとえば伊藤 2002, 大桃 2004, 小松 2004a, b 等）。その中では地域の利害関係者の政策決定への参加が論じられ，ネットワークやパートナーシップによる新しい教育ガバナンスの可能性を指摘するものもあった（大桃 2004, 小松 2004a, b）。

　しかし，ガバナンス概念そのものを危険視する指摘（たとえば石井 2021）や，パートナーシップの有用性は認めつつも，アウトカム評価との接続による懸念も示されていた（大桃 2004）。政府や行政機関に限らず多くのアクターによって行政や政策が運用されていくとき，ガバナンス概念自体に危険性が内在しているのではないとしても，概念の「使い方」によって意図しない結果が生じる可能性はある。たとえば，浜田らが研究のモチーフとしたように（浜田［編］2020），多様なアクターが関わることで専門家（学校では教師）の専門的な意思決定が阻害されたり，軽視されたりする恐れもある。本書は教育制度を学ぶ学生のみなさんが理解しやすい基本書を目指すので，ガバナンス概念をめぐる議論を網羅することはできない。ひとまずみなさんには，行政や政策とはいっても多くの主体が関わるものであり，行政だけに縛られない多様な視点を提供してくれる概念としてガバナンスをご理解いただきたい。

　図0-1は，仮に，公立学校教育の政策，市町村での教育行政と教育ガバナンスの関係を模式的に表したものである。「政策」の語について「行政機

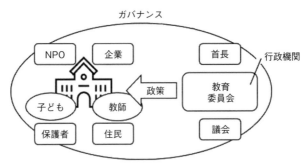

図0-1　教育ガバナンスの視点

出所：筆者作成。

2

関が行う政策の評価に関する法律」2条2項では,

> この法律において「政策」とは,行政機関が,その任務又は所掌事務の範囲内において,一定の行政目的を実現するために企画及び立案をする行政上の一連の行為についての方針,方策その他これらに類するものをいう。

とされる。教育分野では行政機関として教育委員会が存在し,政策立案・決定・実施・評価の中心を担っている。この教育委員会が自らの担当する事務の範囲で行うものが教育政策ということになる。政策形成から評価までの一連の中心は教育委員会だが,各段階で様々なアクターが参加し,教育ガバナンスを形成している。この模式図は公立学校を対象とした市町村の教育ガバナンスを示したもので,国レベルの場合にはそもそも行政の制度設計が異なるし,たとえば社会教育など学校教育以外の領域では,関わるアクターが変化する。制度や行政の領域によって変化はあるものの,これらを全体として捉えようとしたのがガバナンスの視点である。

　政治家が法律を作り行政機関が実行していくだけが,政策や行政のあり方ではない。教育政策ができる過程でも,教育政策が実施される過程でも,あるいは政策が評価される段階でも,多くのアクターが関わって教育ガバナンスが成り立っていることを想定しながら学んでいってほしい。

(2)　国レベルの教育ガバナンス

　国レベルの教育ガバナンスについて行政機関としてはまず文部科学省が思い浮かぶだろう。文部科学省の詳しい構造については第2章に譲るが,みなさんの理解のとおり,国の行政機関として文部科学省が教育行政の中心であることは間違いない。しかし,文部科学省の政策形成や意思決定は内閣府などの他省庁,政治家,関連団体,地方自治体との関係によって成り立っており,様々な場面で多様なアクターの関わりが生じている。他省庁の例としては,予算関連で常に連携が必要となる財務省,乳幼児期の教育・保育政策で

連携するこども家庭庁や厚生労働省，学校安全管理で特に防犯・交通安全などで国土交通省や警察庁など，多様な連携先が想定できる。

　さらに，文部科学省自身が設置する各種審議会にも関連団体の代表者や研究者が委員として名を連ね，政策形成に一定の影響を与えている。たとえば学校教育に関してだけでもたくさんの民間の関連団体が存在する。教育委員会の関連団体（全国都道府県教育委員会連合会など），PTA 関連の団体（日本PTA 全国協議会など），管理職教員の団体（全国連合小学校長会など），教職員組合（日本教職員組合など），学校事務職員の団体（全国公立小中学校事務職員研究会など），私立学校の団体（日本私立中学高等学校連合会など）等々，多種多様である。関連団体は教育政策の政策過程において各種審議会委員などを出す場合や，政治家に対する陳情活動などを行う場合もある。圧力団体やプレッシャーグループなど政治学の用語を聞くと，よからぬことを企てる団体のように聞こえるが，そのような意味ではなく，それぞれの視点から学校教育に対して尽くそうという姿勢が活動の根本となっていると捉えるべきだろう。それぞれの団体がどのようなやり方で教育政策に関わり，彼ら自身の理想の実現を目指しているのか，という点はまさに教育ガバナンスの視点から捉えることができるが，研究でも必ずしも明らかでないことが多く，ここに詳しく述べることはできない。教育行政学に関心を持ったみなさんが是非こうした「未解決の研究課題」に挑戦して，新たな研究知見の創出に参画してほしい。

(3)　地方自治体レベルの教育ガバナンス

　地方自治体においても行政機関である教育委員会を中心として都道府県内，市区町村内で多様な行政機関との連携が存在する。また地方政治家にとって，行政委員会制度が介在する教育行政は，他の行政領域に比べればやや縁遠い存在と言えるが，決して無関心でいられる分野でもない。むしろ首長や地方議員にとって教育政策は有権者に訴えかける上で貴重な政策領域であり，選挙公約に登場することもしばしばである。

　たとえば，青木は教育政策（青木が取り上げたのは教員施策）が「レバレッジの大きな施策」（2012：116）であるといい，政治家たちにとって極めて有益な政策領域であることを指摘している。つまり，道路や施設といった多額の費用を要する公共事業よりも，支持調達（選挙時の集票と捉えてもよい）のために，教育政策は投じる費用のわりに「実入り」のよい政策領域であるということであろう。

　また，筆者（阿内 2021, 2023）が明らかにしてきたように，地方議会も教育政策に高い関心を持っており，ときによっては政策決定を阻害したり，転換させたりすることもある。教育委員会や首長に比べれば役割は大きくないかもしれないが，地方議会も教育政策に利益を有する重要なアクターである。

　さらに地方自治体にも教育の関連団体は存在する。校長会などの学校単位の職種をまとめた団体は市区町村でも存在しているし，教職員組合や市町村教育長の団体は都道府県単位でも存在している。各種団体をどの単位に設置するか（市町村，都道府県，またはその中間の「〇〇地区」など）は団体の目的によって異なるが，それらももちろん教育ガバナンスの一員である。

　たとえば，教員の働き方（公立小中学校）の勤務条件について交渉するときには，教職員組合（教職員団体）が中心となることも多い。そして「相手」には教員の人事権を持つ都道府県・政令指定都市教育委員会，学校管理の権限を持つ市町村教育委員会の二者が想定できる。さらに，全国の情報共有と国への対応のために，全国レベルの組織も作られる。教職員組合（教職員団体）は日本教職員組合（日教組）系，全日本教職員組合（全教）系，全日本教職員連盟（全日教連）系などいくつかの団体があり，それぞれの主義主張にも一定の幅がある。こうした多様なアクターの参加の動態を捉える概念として，本書ではガバナンス概念に注目をしておきたい。

2　本書の特徴・構成

　本書は教職課程のテキスト，初学者，卒論執筆を控えた3〜4年生などに

も教育の仕組みを理解する視点を提供することを想定した。そのため，本格的に研究に着手したい大学院修士課程院生やそれ以上の知識を求めるみなさんは，本書はやや物足りないと感じるかもしれない。高度なレベルを求めるみなさんには，各章の末尾に掲げられた参考文献や読書案内からさらに学びを深めてほしい。

　教職課程のテキストとして本書の特徴を3点掲げる。まず，本書は基本的知識の習得を重視したことである。教職課程を履修し始める大学1〜2年生にも，大学では当該科目をとらず教員採用試験の学校教育法規関連の参考書として初めて学習を始める学生にも，必要十分な範囲となることを目指した。もちろん教員採用試験は，各都道府県・政令指定都市の出題傾向が異なるものの，本書はそのベースラインを提供できていると考えている。

　次に，ガバナンスの視点を本書全体の共通したテーマとしていることである。本章前半にて述べたとおり，教育政策はどの国のものであれ，どの地方自治体[1]のものであれ，行政機関が単独で立案，実施，評価していくものではない。多様なアクターの参加の下，政策が作られ，実施，評価されていくのである。本書では各章においてこのガバナンスの視点を踏まえて記述するようにしている。

　最後に，この序章を含めると15回の標準的な大学の授業回数よりもやや多い，16章の構成としていることである。2016年の教育職員免許法施行規則の改正により，教育制度論や教育行政学などの授業が含まれる教職課程の「教育に関する社会的，制度的又は経営的事項に関する科目（学校と地域との連携及び学校安全への対応を含む。）」には，コアカリキュラムが設定されている。他の授業領域に比べてコアカリキュラムの構成が複雑なこの領域は，授業担当者がコアカリキュラムの内容から取捨選択しつつ「組み合わせて」実

1　本書において「地方自治体」とは法令上の普通地方公共団体と東京都特別区を指す語として用いる。つまり指し示すのは，都道府県，市町村，東京都特別区である。国家の統治機構を「中央政府」とする用語法では，対置する言葉として「地方政府」の語も想定できるが，本書ではみなさんに馴染みのあることを優先して「国」と「地方自治体」を用い，「中央政府」及び「地方政府」の語の使用を控えておきたい。なお，こうした語の異同に関しては地方自治のテキストを参照されるとよい。

施することが求められている。このコアカリキュラムに沿って，授業担当者が本書から必要と考えられる回次を取捨選択し，授業で活用されることを想定している。

　また本書は教育行政学に初めて触れるみなさんのための入門書としても機能するよう，構成，難易の両面で配慮している。紙幅の関係もあって，必ずしも各テーマを深く探究できているわけではないが，その分基礎的な情報の網羅を重視した。ただし，各学問領域にはそれぞれの研究の「はやり」とも呼べるものがあり，本書のように基本的事項を重視したテキストであっても研究領域の「はやり」すべてを押さえることはできない。

　最後に本書の構成について述べておこう。本章は本書全体の導入であり，以下，第Ⅰ部の第1〜5章は「総論」を取り扱っている。この部分は日本の教育行政制度全体を概観し，初学者にとっての基礎基本となる知識を得る場となるだろう。続いて第Ⅱ部の第6〜15章は「各論」である。教員採用試験の出題範囲を極力カバーすることを目指ししつつ，みなさんに魅力的であるため，もちろん，記述の水準を高めるためにも，いずれの章も各分野の第一線の若手研究者に執筆を依頼した。教育行政の研究分野をアラカルト的に楽しみながら読み進めてもらえれば幸いである。

　なお，教職課程コアカリキュラムとの関連では，第11章「地域と学校の連携・協働」，及び第12章「学校安全——子どもの安心・安全の確保のために」が必修領域となっているため，授業担当者にはご注意いただきたい。

　いずれの章においても，その領域の入門となる文献や最新の研究動向を押さえた文献を紹介している。この部分を参考に卒論執筆や大学院での学習の入口としていただきたい。本書をきっかけに教育行政学に関心を持ち，卒業研究や修士・博士課程での研究活動に進んでいく研究者が「初めて読んだ教育行政学のテキスト」となれれば幸いである。

　本書は昭和堂から刊行されてきた小松茂久［編］（2013）『教育行政学——教育ガバナンスの未来図』（改訂版は2016年）の実質的な後継テキストである。前著に親しんで下さったみなさんに馴染みのある「ガバナンスの視点」を維持しつつ，執筆メンバーと内容を刷新した。編者としては前著の後継テ

キストであることに誇りを持って，かつ多少のプレッシャーを感じながら編集作業に当たってきたが，その評価はみなさんに委ねたい。どうか率直なご叱正を賜りたい。

3　法令の略称

　本書では教育の制度や政策を扱うので，必然的に法令引用や紹介が多くなっている。周知のとおり，法令の名称は長く，紙幅を大きく使ってしまうことになるし，学習者にとっても大変読みにくい。そこで以下に掲げる法令はすべての章で共通した省略の形式を用いることにした。このほか，各章でも必要に応じて法令名称の省略がある場合がある。

　法令の名称は馴染みのないみなさんにとっては，苦手意識を持つ契機となりかねない。そこで，本書では省略形が元の法令名称がわからなくならない程度となるように設定した。たとえば「地方教育行政の組織及び運営に関する法律」は，研究者間では「地教行法」との省略形が（も）一般的であるが，初学者にとっては元の法律名が想像しにくく学習の妨げになりかねない

- 義務教育諸学校の教科用図書の無償措置に関する法律→教科書無償措置法
- 公立義務教育諸学校の学級編制及び教職員定数の標準に関する法律→義務教育標準法
- 公立高等学校の適正配置及び教職員定数の標準等に関する法律→高校標準法
- 公立の義務教育諸学校等の教育職員の給与等に関する特別措置法→教員給与特別措置法
- 私立学校振興助成法→私学助成法
- 地方教育行政の組織及び運営に関する法律→地方教育行政法
- 地方分権の推進を図るための関係法律の整備等に関する法律→地方分権一括法

ため，本書では「地方教育行政法」を用いている（これも一般的）。その他の法令でも，実践者や研究者にとってはやや耳慣れないものもあるが，ご理解をいただきたい。

参考文献

阿内春生　2021『教育政策決定における地方議会の役割――市町村の教員任用を中心として』早稲田大学出版部。

―――　2023「政令市議会議員の教育政策への対応――組合出身議員に焦点を当てて」『教育学年報』14，世織書房，329-346頁。

青木栄一　2012「首長による教育政策への影響力行使の様態変化――教育行政学のセレクション・バイアスの問題」日本教育行政学会研究推進委員会［編］『地方政治と教育行財政改革――転換期の変容をどう見るか』福村出版，105-120頁。

石井拓児　2021『学校づくりの概念・思想・戦略――教育における直接責任性原理の探究』春風社。

伊藤正次　2002「教育委員会」松下圭一・西尾勝・新藤宗幸［編］『機構』岩波講座自治体の構想4，岩波書店，41-58頁。

大桃敏行　2004「教育ガバナンス改革と新たな統制システム」『日本教育行政学会年報』30，17-32頁。

小松茂久　2004a「『教育ガバナンス』と地方教育行政システムの再編」『教育行財政研究』31，関西教育行政学会，63-66頁。

―――　2004b「教育ネットワーク支援のための教育行政システムの構築」『日本教育行政学会年報』30，2-16頁。

―――［編］　2013『教育行政学――教育ガバナンスの未来図』昭和堂。

浜田博文［編］　2020『学校ガバナンス改革と危機に立つ「教職の専門性」』学文社。

第Ⅰ部

教育行政の基本事項

第1章

憲法・教育基本法と教育を受ける権利

教育行政の法的基礎

植竹　丘

　教育行政は，第2章で扱うように，文部科学省や教育委員会が中心となって実施される。しかし，その基礎には法令上の様々な規定がある。本章では，戦後日本の教育（行政）の理念を規定した日本国憲法と教育基本法について解説する。

1　日本国憲法と大日本帝国憲法

(1)　大日本帝国憲法における教育

　日本国憲法における教育の扱いを理解するには，それ以前との比較の見地が有効である。そのため，ここでは，戦前の大日本帝国憲法（明治憲法）との比較から，その性格について理解したい。

　1889年2月11日に公布され，翌1890年11月29日に施行された大日本帝国憲法に関し，日本国憲法との対比の観点から確認しておきたいのは，以下の3点である。

　第一に，「大日本帝国ハ万世一系ノ天皇之ヲ統治ス」（1条）とし，主権は天皇にあったということである。

　第二に，第2章が「臣民権利義務」とされていたことが象徴的であるように，種々の権利は人間が生まれながらに持つもの（自然権）ではなく，天皇

が臣民に与えたもの（臣民権）であった。そのため，たとえば言論著作印行集会及び結社の自由（日本国憲法でいう表現の自由及び集会・結社の自由）が「法律ノ範囲内ニ於テ」有するとされた（29条）ように，人権はあくまでも条件つきで保障されたものに過ぎず，法律等での制限が可能であった。

　第三に，教育条項が存在しなかったことである。大日本帝国憲法には「教育」という言葉は登場せず，教育（行政）は9条における「公共ノ安寧秩序ヲ保持シ及臣民ノ幸福ヲ増進スル為ニ必要ナル命令」に基づき実施された。これを教育行政の「勅令（＝天皇の命令）主義」と呼ぶ。また教育は，日本国憲法では「国民の三大義務」の一つに数えられるが，大日本帝国憲法に定められた「臣民の義務」（臣民の天皇・国家に対する義務）は「兵役」（20条）及び「納税」（21条）のみであった。

　以上のように，大日本帝国憲法において，教育は憲法上に規定するだけの重要性を認められておらず，法律ではなく，勅令ないしその委任を受けた命令によって定める「勅令主義」によって実施されていた。

(2)　日本国憲法における教育

　1946年11月3日に公布され，翌1947年5月3日に施行された日本国憲法は，大日本帝国憲法からの大きな転換を伴っていた。以下では，大日本帝国憲法に関して確認した，「主権の所在」「人権の在り方」「教育関係条項」について確認する（表1-1）。

表1-1　大日本帝国憲法と日本国憲法の対比

	大日本帝国憲法	日本国憲法
主権	天皇	国民
基本的人権	臣民権 法律に留保	自然権 留保は限定的
教育条項	なし 勅令主義	あり（26条） 法律主義

出所：筆者作成。

　第一に主権の所在についてである。日本国憲法はその前文で，「ここに主権が国民に存することを宣言し，この憲法を確定する。そもそも国政は，国民の厳粛な信託によるものであつて，その権威は国民に由来」するとして，国民が主権者である（「主権在民」）ことを宣言した上で，天皇について，「天皇は，日本国の象徴であり日本国民統合の象徴であつて，この地位は，主権の存する日本国民の総意に基く。」（1条）とした。

　第二に人権の在り方についてである。日本国憲法は11条で，「国民は，すべての基本的人権の享有を妨げられない。この憲法が国民に保障する基本的人権は，侵すことのできない永久の権利として，現在及び将来の国民に与へられる。」とし，97条で，「この憲法が日本国民に保障する基本的人権は，人類の多年にわたる自由獲得の努力の成果であつて，これらの権利は，過去幾多の試錬に堪へ，現在及び将来の国民に対し，侵すことのできない永久の権利として信託されたものである。」と規定している。いずれの条文でも，基本的人権を，「現在及び将来の国民に」とって，「侵すことのできない永久の権利」と位置づけ，「この憲法が国民に保障する自由及び権利は，国民の不断の努力によつて，これを保持しなければならない。」（12条前段）としている。大日本帝国憲法との対比で言えば，大日本帝国憲法が憲法上の人権を「臣民権」としたのに対し，日本国憲法では，人間が生まれながらにして持ち，時空を超えて保障されるべき「自然権」として位置づけた。

　人権を条件つきで保障していた大日本帝国憲法とは異なり，基本的人権が「侵すことのできない永久の権利」と位置づけられたということは，その制限の方法も異なっている。日本国憲法3章「国民の権利及び義務」は，「基本的人権のカタログ」とも称される（長谷部 2017：4 等）が，その中には基本的人権について二通りの制限が存在する。第一に，幸福追求権（13条）及び，居住，移転及び職業選択の自由（22条1項）は「公共の福祉に反しない限り」保障される。第二に，選挙権（15条3項）は成年（満18歳）になるまで与えられず，年齢で制限がかけられている。

　第三に教育関係条項である。社会権に代表されるように，日本国憲法は保障する人権の範囲を拡大した。教育についても，大日本帝国憲法が教育条項

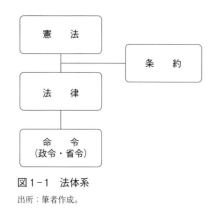

図1-1　法体系

出所：筆者作成。

を置かなかったのに対し，日本国憲法は26条として教育条項を設けた。26条は，「法律の定めるところにより」教育を受ける権利や普通教育を受けさせる義務を有するとし，教育制度を法律で定めるとした。これを戦前の「勅令主義」に対して「法律主義」と呼ぶ。

先述のように，大日本国帝国憲法は「法律ノ範囲内ニ於テ」人権を保障していたが，日本国憲法にも「法律の定めるところにより」という文言が登場する（17条，26条，30条，31条，40条等）。これは，憲法が国の最高法規（98条1項）であり，頻繁な改正が想定されていないことから，実施に際して必要な規定を法律に委任（留保）する規定である。その際理解しておく必要があるのが法体系（図1-1）である。

憲法，法律，命令（政令・省令）は優先順位を表しており，法体系の上位から下位に委任（留保）される。法律に委任する場合は「法律の定めるところにより」，内閣が制定する命令である政令（「〇〇法施行令」）に委任する場合は「政令の定めるところにより」，各省の大臣が出す命令である省令（「〇〇法施行規則」や「〇〇に関する基準」等）に委任する場合は「〇〇大臣の定めるところにより」と規定される。たとえば日本国憲法26条2項前段は，「すべて国民は，法律の定めるところにより，その保護する子女に普通教育を受けさせる義務を負ふ。」とし，委任された教育基本法5条1項は，「国民は，その保護する子に，別に法律で定めるところにより，普通教育を受けさせる義務を負う。」として，別の法律（学校教育法）に委任した。委任された学校教育法16条は，義務教育が9年間であることを規定し，続く17条で，その「9年間」が満6歳から満12歳までであることを規定している。このように，条文が別の法律や命令に委任している場合には，委任されている先

を追いかける必要がある。

2　日本国憲法の教育条項

(1)　教育を受ける権利——日本国憲法 26 条 1 項

　日本国憲法 26 条 1 項は，「すべて国民は，法律の定めるところにより，その能力に応じて，ひとしく教育を受ける権利を有する。」とし，教育を受ける権利を保障している。教育を受ける権利は，26 条が 25 条（生存権）と 27 ～28 条（労働者の権利及び義務）に挟まれており，また，20 世紀に入って認められるようになったという点から，通常社会権の一つとして扱われてきた（中村 1983：102-103 等）。他方，その内容としては，社会権的側面，平等権的側面と自由権的側面が認められてきた（兼子 1978：227-233，工藤 2023：409-410 等）。

　社会権的側面は，25 条で保障された生存権（「健康で文化的な最低限度の生活を営む権利」）を文化的な点で充足しようとするという考え方である。この考えに基づけば，教育を受ける権利は，教育条件整備（教育施設，教育制度等）を国に対して求める権利として説明される（兼子 1978：230 等）。

　平等権的側面は，26 条 1 項が，「その能力に応じて，ひとしく教育を受ける権利を有する」（傍点引用者）としていることに基づく。日本国憲法は，14 条 1 項で平等権を保障し，その教育にかかる条文として，教育基本法 4 条 1 項は「教育の機会均等」について規定している。

　自由権的側面は，社会権としての教育を受ける権利が，国に対して必要な条件整備を求めるとはいっても，その内容については国から一方的に押し付けられるものではないということに由来する。すなわち，その内容は教育を受ける側の要求に基づいて行われる必要があり，誤った知識や一方的な考えを植え付けさせるような教育を拒絶し，適正な内容の教育を受ける権利が保障されていると解される（工藤 2023：410，後掲「旭川学テ事件最高裁判決」）。そこで問題になるのが，誰が「一方的な考え」でなく「適正」な教育内容を

決定するのかということであった（本章第3節(3)参照）。

　現在では、「教育を受ける権利」を「学習権」として理解することが一般的である。旭川学テ事件最高裁判決（最大判昭和51・5・21刑集第30巻第5号615頁）は、日本国憲法26条の背後には、「特に、みずから学習することのできない子どもは、その学習要求を充足するための教育を自己に施すことを大人一般に対して要求する権利を有するとの観念が存在して」おり、「子どもの教育は、教育を施す者の支配的権能ではなく、何よりもまず、子どもの学習をする権利に対応し、その充足をはかりうる立場にある者の責務に属するものとして捉えられている」として、学習権を教育を受ける権利の中心的な位置を占めるものであるとした。

(2)　普通教育を受けさせる義務——日本国憲法 26 条 2 項前段

　日本国憲法26条2項前段は、「すべて国民は、法律の定めるところにより、その保護する子女に普通教育を受けさせる義務を負ふ。」とし、国民に対し、普通教育を受けさせる義務を課している。1項の名宛人である「すべて国民は」が文字どおり国民すべてを指していたのに対し、2項前段における「すべて国民は」は直後に「保護する子女に」とあるように保護者を指す。1項で教育を受ける権利を保障したことを受け、保護者に義務づけることで、特に自発的な判断の難しい若年者に対し形式的に教育を保障するという性格がある。

　ところで、義務教育の形態には「教育義務」と「就学義務」がある。「教育義務」とは、「学齢期の子どもの教育を、教育の場を特定することなく、親権者等の保護者に義務づけること」を指し、「就学義務」とは、「特定の教育機関・施設への就学を義務づける」ことを指す（結城 2012：33）。日本は就学義務を採用しているが、憲法は教育義務と就学義務のどちらの方法か規定していない。義務教育の方法については学校教育法で、就学義務をとる旨規定し（17条）、就学させない場合には罰金を課すこととなっている（144条1項）。つまり、保護者には就学義務が課されおり、「就学させない自由」は

認められていない（中川 2013：201）。しかし，通常の精神的自由権（自由権は「精神的自由権」と「経済的自由権」に分類される）が，表現しない自由，宗教を信じない自由など「○○しない自由」をも認めていることからすると，憲法は親の教育しない自由は否定しているものの，就学させない自由まで否定しているわけではない（中川 2013：201）。ここから，子どもの教育を受ける権利の保障には，その個性にあった教育や親の思想信条に基づく教育が重要であり，学校外において教育を受けさせる義務を履行することが認められてよいのではないかとの問いかけ（中村 1978：191）は，「親の教育の自由」，憲法に定められた「普通教育を受けさせる義務」と学校教育法による「就学義務」の関係に再考を促すものであった。すでに，何らかの重い障害がある場合は就学義務の猶予・免除が認められてきた（学校教育法 18 条）し，不登校者も実質的には就学義務を満たしていないと捉えることもできる。また，2016 年に成立した「義務教育の段階における普通教育に相当する教育の機会の確保に関する法律」は，フリースクール等の学校以外の教育の場に公教育の補完的な役割を認めることとなった（第 10 章参照）。このような状況下で，改めて上掲の中村の問いかけが検討される必要があるだろう。

（3）　義務教育の無償――日本国憲法 26 条 2 項後段

日本国憲法 26 条 2 項後段は，「義務教育は，これを無償とする。」としている。これを受け，教育基本法 5 条 4 項は国公立の義務教育諸学校における授業料の不徴収を規定している（ほぼ同旨として学校教育法 6 条但書がある）。また，義務教育諸学校の教科用図書の無償に関する法律 1 条 1 項は，設置者を問わず教科用図書（教科書）を無償で給付するとしている。

憲法 26 条 2 項後段に関しては，「無償」の範囲をめぐって，学説上「授業料無償説」と「就学（必需）費無償説」が唱えられ，1980 年代には，授業料無償説に立つ奥平康弘と就学（必需）費無償説に立つ永井憲一の間で論争が行われた（論争の概要及び現代的課題の指摘として成嶋 2012：122-123，斎藤 2022：236-238 等）。授業料無償説は，「無償」の範囲を授業料に限定する説

で，就学（必需）費無償説は，授業料だけでなく，教科書，教材，学用品など，就学に必要な一切の金品が無償であるとする説である。

　二説のうち，憲法学上の通説及び判例は授業料無償説である。「教科書費国庫負担請求事件最高裁大法廷判決」（最大判昭和 39・2・26 民集第 18 巻第 2 号 343 頁）は，「普通教育の義務制ということが，必然的にそのための子女就学に要する一切の費用を無償としなければならないものと速断することは許されない」とした上で，憲法 26 条 2 項後段は，国が「子女の保護者に対しその子女に普通教育を受けさせるにつき，その対価を徴収しないことを定めたものであり，（中略）同条項の無償とは授業料不徴収の意味と解するのが相当である。そして，かく解することは，従来一般に国または公共団体の設置にかかる学校における義務教育には月謝を無料として来た沿革にも合致するものである。」とし，授業料無償説を採用した。また，憲法は無償の範囲の拡大を禁止しているわけではないことから，財政状況を考慮した上で，無償の範囲を授業料以外にも拡大することは差し支えないとした。

　判決が言及した「沿革」とは，授業料が 1900 年の第三次小学校令から不徴収であり，日本国憲法，教育基本法成立の時点で無償だったのが授業料のみであったことを指す。教科書が無償となったのは 1963 年からであり，それ以降無償の範囲は拡大していない。仮に無償の範囲を拡大することは望ましいとしても，「何を無償にするか」に関しては議論の余地がある。文部科学省「学校給食費の徴収状況に関する調査」によれば，どの年の調査でも，「学校給食費が未納の児童生徒」は約 1％，「未納額の総額」は約 0.5％であり，「問題」なのかは議論の余地があるものの，近年「給食費の未納」が問題視され，2023 年現在，給食費の無償化が議論されている。しかし，「無償」を「義務づける（強制する）ことに伴い発生する費用」に対する補償と考えれば，給食費は就学を強制しなくとも発生する昼食代であり，無償にしなければならない必然性はない（ないし優先順位は低い）との考えもありえ，たとえば補助教材のような，「教育上使わざるをえない度合い」の高い費目を優先的に無償とすべきという考えもありうる（→第 8 章）。

3　教育基本法

　1947 年 3 月に成立し（「旧法」），2006 年 12 月に改正された（「新法」）教育基本法は，「基本法」の一つである。「基本法」は，「その政策分野の基本原理を定める法律」（市川 2021：3）であり，特に旧法の制定された昭和 20 年代から 30 年代までは，「高い理念を掲げる特別の意味を持つ理念法」（塩野2008：3）という性格を持っていた。

　表 1-2 は，戦後日本において成立した「基本法」の一覧である。ここから，教育基本法の特徴が 3 点指摘できる。第一に，教育基本法は，日本初の基本法であり，次に成立した原子力基本法が 8 年 9 ヶ月後の成立であることから，成立時期が隔絶しているということができる。第二に，前文の存在である。前文は，「法令の趣旨・目的・基本原則を厳粛に宣言」（高橋他［編集代表］2016：799）し，「その制定趣旨を強調したり，行政・立法・司法に対し，当該法律の重要性を明示するために付される」（市川 2021：3）ものであるが，教育基本法は前文を持つ数少ない基本法である。第三に，基本法全体で見ると，平成，特に平成 10 年代に入ってから「基本法」と名のつく法律が多く作られるようになった。これらの多くは，法律名から窺えるように，それぞれの時代の政策課題に対応するための施策法（政策法）・振興法という性格を持っている。これに対し教育基本法は上述のように理念法の性格を持っている。

(1)　教育基本法と日本国憲法の関係

　教育基本法は，「準憲法的性格」（有倉 1964）を持つといわれるように，日本国憲法と密接な関係にある。その理由は以下の五つのように説明される。

　第一に立法過程である。日本国憲法の制定にかかる帝国議会では，教育に関する条文を設け，教育の根本を憲法で定めるべきではないか，教育に関し

て一章を設けるべきではないかという質問に対し，田中耕太郎文部大臣が，他の条文とのバランスや他国の憲法を参照した上で，「教育に関する大方針」に関して「教育根本法」とでもいうべきものの立案を準備していることを明らかにした（第90帝国議会衆議院本会議会議録第7号（1946年6月27日），同憲法改正案委員会会議録第4号（1946年7月3日）等）。つまり，本来は憲法に書かれてもよい内容について，憲法全体の体裁との関係から，法律として定めたのが教育基本法であった。

第二に，憲法の付属法律という性格である。日本国憲法はその100条2項において，「この憲法を施行するために必要な法律の制定，参議院議員の選挙及び国会召集の手続並びにこの憲法を施行するために必要な準備手続は，前項の期日よりも前に，これを行ふことができる。」としている。ここで「前項の期日」とは，日本国憲法が施行される1947年5月3日を指す。教育基本法は1947年3月31日に成立しており，「憲法を施行するために必要な法律」として位置づけられた法律であった。また，教育基本法の前文には「日本国憲法の精神」に則ることが明記されている。前文で憲法との関係が明示されている基本法は，他に男女共同参画社会基本法のみであり，他の基本法よりも憲法との強固な関係が強調されている（市川2003：16-17）。

第三に，後続する法令に対する優位性である。旧法11条，新法18条では，この法律を実施するために必要な法令が制定されなければならないとしている。「法令」とは「法律」と「命令」を指す用語である。教育基本法は法律でありながら，その内容を命令だけではなく，法律によって実現することも想定されているのである。また，第1節(1)で触れた教育基本法5条1項のように，法律でありながら「別の法律」に委任できるというのも，この性格を表している。

第四に，立法者意思（立法作業を担当した者の意図）である。教育基本法の成立に関わった（旧）文部省職員による旧法の解説書は，「教育勅語に代わるような教育宣言的な意味」と「教育法の中における基本法即ち教育憲法的な意味」の二つの性格を持っているとした（教育法令研究会1947：40）。

第五に，判例である。先述の旭川学テ事件最高裁判決は教育基本法につい

表 1-2　基本法一覧（2023 年 8 月現在）

名前	成立	前文	備考
教育基本法	昭 22.03.31. 法 25	あり	平 18.12.15. 全部改正
原子力基本法	昭 30.12.19. 法 186		
農業基本法	昭 36.06.12. 法 127	あり	平 11.07.16. 廃止, 食料・農業・農村基本法
災害対策基本法	昭 36.11.15. 法 223		
観光基本法	昭 38.07.20. 法 107		平 18.12.20. 廃止, 観光立国推進基本法
中小企業基本法	昭 38.07.20. 法 154		
森林・林業基本法	昭 39.07.09. 法 161		
公害対策基本法	昭 42.08.03. 法 132		平 05.11.19. 廃止, 環境基本法
消費者保護基本法	昭 43.05.30. 法 78		
交通安全対策基本法	昭 45.05.01. 法 110		
心身障害者対策基本法	昭 45.05.21. 法 84		平 05.12.03. 名称変更, 障害者基本法
土地基本法	平 01.12.22. 法 84		
環境基本法	平 05.11.19. 法 91		
障害者基本法	平 05.12.03. 法 84		
高齢社会対策基本法	平 07.11.15. 法 129	あり	
科学技術基本法	平 07.11.15. 法 130		
中央省庁等改革基本法	平 10.06.12. 法 103		
ものづくり基盤技術振興基本法	平 11.03.19. 法 102	あり	
男女共同参画社会基本法	平 11.06.23. 法 78	あり	
食料・農業・農村基本法	平 11.07.16. 法 106		
循環型社会形成推進基本法	平 12.06.02. 法 110		
高度情報通信ネットワーク社会形成基本法	平 12.12.06. 法 144		
特殊法人等改革基本法	平 13.06.22. 法 58		平 18.03.31. 廃止（時限立法）
水産基本法	平 13.06.29. 法 89		
文化芸術振興基本法	平 13.12.07. 法 148	あり	
エネルギー政策基本法	平 14.06.14. 法 71		
知的財産基本法	平 14.12.04. 法 122		
少子化社会対策基本法	平 15.07.30. 法 133		
食品安全基本法	平 15.05.23. 法 48		
犯罪被害者等基本法	平 16.12.08. 法 161	あり	
食育基本法	平 17.06.17. 法 63	あり	
教育基本法	平 18.12.22. 法 120	あり	
観光立国推進基本法	平 18.12.20. 法 117	あり	
がん対策基本法	平 18.06.23. 法 98		
自殺対策基本法	平 18.06.21. 法 85		
住生活基本法	平 18.06.08. 法 61		
地理空間情報活用推進基本法	平 19.05.30. 法 63		
海洋基本法	平 19.04.27. 法 33		
宇宙基本法	平 20.05.28. 法 43		
生物多様性基本法	平 20.06.06. 法 58	あり	
国家公務員制度改革基本法	平 20.06.13. 法 68		
公共サービス基本法	平 21.05.20. 法 40		
バイオマス活用推進基本法	平 21.06.12. 法 52		
肝炎対策基本法	平 21.12.04. 法 97	あり	
東日本大震災復興基本法	平 23.06.24. 法 76		
スポーツ基本法	平 23.06.24. 法 78	あり	
交通政策基本法	平 25.12.04. 法 92		
防災・減災等に資する国土強靭化基本法	平 25.12.11. 法 95	あり	
アルコール健康障害対策基本法	平 25.12.13. 法 109		
水循環基本法	平 26.04.02. 法 16	あり	
小規模企業振興基本法	平 26.06.27. 法 94		
アレルギー疾患対策基本法	平 26.06.27. 法 98		
サイバーセキュリティ基本法	平 26.11.12. 法 104		
都市農業振興基本法	平 27.04.22. 法 14		
官民データ活用推進基本法	平 28.12.14. 法 103		
ギャンブル等依存症対策基本法	平 30.07.13. 法 74		
健康寿命の延伸等を図るための脳卒中, 心臓病その他の循環器病に係る対策に関する基本法	平 30.12.14. 法 105		
死因究明等推進基本法	令 元.06.12. 法 33		
こども基本法	令 04.06.22. 法 77		

出所：筆者作成。

て，「教基法は，憲法において教育のあり方の基本を定めることに代えて，わが国の教育及び教育制度全体を通じる基本理念と基本原理を宣明することを目的として制定されたものであ」り，「一般に教育関係法令の解釈及び運用については」，「できるだけ教基法の規定及び同法の趣旨，目的に沿うように考慮が払われなければならないというべきである。」と述べ，上掲の「立法過程」「憲法の付属法律」及び「後続する法令に対する優位性」からその性格を説明している。

(2) 1947 教育基本法（旧法）と 2006 教育基本法（新法）

　前項で説明したように，教育基本法は憲法と密接な関係にある法律であるが，成立から約 60 年が経過した 2006 年に改正された。

　教育基本法の改正論議について検討した市川昭午によれば，改正を求める主張は，大きく「押しつけ論」「規定不備論」「規範欠落論」「原理的見直し論」「時代対応論」の五つに分類できる（市川 2009：33-48，87-96）が，最終的には「時代対応論」のみが採用された。「時代対応論」は，「時代の進展や社会の変化に伴って新しい教育課題が生じており，そうした新しい課題に対応できるように基本法を改正する必要がある」（市川 2009：42）という立場である。たとえば改正時の文部科学大臣による提案理由説明は，「科学技術の進歩，情報化，国際化，少子高齢化など，我が国の教育をめぐる状況は大きく変化するとともに，さまざまな課題が生じており，教育の根本にさかのぼった改革が求められて」（「第 164 回国会衆議院教育基本法に関する特別委員会議録」第 2 号，2006 年 5 月 16 日，1 頁）いることをあげている。

　旧法と新法の違いとして最大のものは，規定がより詳細になったことである。これは，60 年前には問題視されていなかった事象への対応を改正理由としたことが関係している。具体的には，旧法が 11 条 19 項だったものが，新法では 18 条 34 項へと増加した。このことについては，本来教育基本法以外の法律で規定すべき内容が盛り込まれたという指摘がある（市川 2009：106）。また，このような理由で改正されたことを反映して，各分野の教育を

振興したり，対応策を盛り込んだ結果，理念法から，近年大きく増加した他の基本法の性格と同様の振興法へ変化した（市川 2009：106-107），あるいは政策法としての性格を強めた（野村 2022：149）と評価されている。

(3)　国家の教育権説と国民の教育権説

　第2節(1)で，教育を受ける権利の自由権的側面に関して，「誰が教育内容を決定するか」が争点であったことを指摘した。1960 年代からの，三次にわたる，いわゆる「家永教科書訴訟」において，「国家の教育権」説と「国民の教育権」説が激しく対立した。「国家の教育権」説は，教育内容は正当に選挙された国民の代表による政治的意思決定によって決定されるべきであるという立場であり，第一次教科書訴訟の第一審判決（東京地判昭和 49・7・16 判時 751 号 47 頁，「高津判決」）がこの立場をとった。これに対し「国民の教育権」説は，公教育が「親義務の共同化」（堀尾 1971）という性格を持っていることから，教育の内容や方法は親から信託を受けた教員が決定するという立場である。このことは，憲法 23 条の「学問の自由」が「教授の自由」を内包し，教員は「教員の教育の自由」を持つという点からも支持されるとした。また，政府はその条件整備のみを担当するという立場であり，第二次教科書訴訟の第一審判決（東京地判昭和 45・7・17 判時 604 号 29 頁，「杉本判決」）がこの立場をとった（両説に関する簡潔な要約として奥平 1981：411-425，西原 2011：229-232，阪口 2020：33-34 等）。

　この対立に決着をつけたのは，本章でたびたび言及してきた旭川学テ事件最高裁判決であった。同判決はまず，両説について，「二つの見解はいずれも極端かつ一方的であり，そのいずれをも全面的に採用することはできない」とした。教育内容の決定権限については，「教授の自由」に基づいて教員が自由に教育内容を決定できるとする見解について，「普通教育における教師に完全な教授の自由を認めることは，とうてい許されない」として退けた。その上で，国は憲法上「子ども自身の利益の擁護のため，あるいは子どもの成長に対する社会公共の利益と関心にこたえるため，必要かつ相当と認

められる範囲において，教育内容についてもこれを決定する権能を有するものと解さざるをえ」ないとし，「国家の教育権」説を肯定した。ただし一方で，「子どもが自由かつ独立の人格として成長することを妨げるような国家的介入」は禁止されているとし，「国家の教育権」説に一定の歯止めを設けた。

(4) 教育基本法における教育行政

教育基本法は，旧法，新法を通じて教育行政に関する条文を置いている。旧法 10 条は，1 項で「教育は，不当な支配に服することなく，国民全体に対し直接に責任を負って行われるべきものである。」，2 項で「教育行政は，この自覚のもとに，教育の目的を遂行するに必要な諸条件の整備確立を目標として行われなければならない。」とした。1 項で「教育」，2 項で「教育行政」と主語を分けて規定し，教育行政の役割を「必要な諸条件の整備確立」に限定した。

新法 10 条 1 項は，「教育は，不当な支配に服することなく，この法律及び他の法律の定めるところにより行われるべきものであり，教育行政は，国と地方公共団体との適切な役割分担及び相互の協力の下，公正かつ適正に行われなければならない。」として旧法 10 条 1〜2 項の形式を一項にまとめ，2 項から 4 項で国及び地方公共団体のとるべき施策について規定している。

旧法と新法のそれぞれ 1 項は，文言を異にする箇所もあるが，教育が「不当な支配に服すること」がないようにすることを求めているという点では共通している。ここで「不当な支配」とは，政党，官僚，財閥，組合等の，国民全体でない一部の勢力が教育に介入することを指す（教育法令研究会 1947：130）。教育行政が「不当な支配」の主体たりうるかは議論があるが，旭川学テ事件最高裁判決は，法令に基づく教育行政は「不当な支配」とならないとした上で，「当該法律規定が特定的に命じていることを執行する場合を除き，（中略）『不当な支配』とならないように配慮しなければならない拘束を受けている」とした。

2006 年の改正に関して特筆すべきは，旧法の 10 条 1 項「国民全体に対し

直接に責任を負って」が削除され，「この法律及び他の法律の定めるところにより」とされたことである。この改正により，「教育と国民の関係」（教育法令研究会 1947：127）に関する規定から，「教育と法律（国家）の関係」を規定する内容へと条文の性格が変わったとする評価がある（勝野 2007：97）。「直接に責任を負う」とは，「国民の意思と教育とが直結して」（教育法令研究会 1947：130），教育が「国民全体の意思に基づいて行われなければならない」（教育法令研究会 1947：129）という趣旨であり，それを象徴したのが，（旧）教育委員会法による公選制教育委員会であった。

　また，旧法 10 条 2 項は，「教育行政の特殊性からして，それは教育内容に介入すべきものではなく，教育の外にあって，教育を守り育てるための諸条件を整えることにその目標をおくべきだ」（教育法令研究会 1947：131）との考えに基づくものであったが，新法ではこの規定に対応する条文はない。新法 16 条 2～3 項で国及び地方公共団体のとるべき施策にも同様に限定がない点と合わせて考えると，教育行政の役割を教育条件の整備以外にも広げたと解釈することが可能であろう（市川 2009：134-135）。

参考文献

有倉遼吉　1964「教育基本法の準憲法的性格」有倉［編］『教育と法律』増訂版，新評論，3-15 頁。

市川昭午　2003『教育基本法を考える』教育開発研究所。

―――　2009『教育基本法改正論争史』教育開発研究所。

市川須美子　2021「前文」日本教育法学会［編］『コンメンタール教育基本法』学陽書房，2-21 頁。

奥平康弘　1981「教育を受ける権利」芦部信喜［編］『憲法Ⅲ』有斐閣，361-425 頁。

勝野正章　2007「第 16 条（教育行政）」浪本勝年・三上昭彦［編］『「改正」教育基本法を考える』北樹出版，97-101 頁。

兼子仁　1978『教育法』新版，有斐閣。

教育法令研究会　1947『教育基本法の解説』国立書院。

工藤達朗　2023「教育を受ける権利」渡辺康行他『憲法Ⅰ』第 2 版，日本評論社，408-418 頁。

斎藤一久　2022「教育を受ける権利をめぐる現代的諸問題」愛敬浩二［編］『人権Ⅰ』信山社，221-247 頁。

阪口正二郎　2020「第26条（教育を受ける権利，教育を受けさせる義務）」長谷部
　　恭男［編］『注釈日本国憲法3』有斐閣，21-45頁。

塩野宏　2008「基本法について」『日本學士院紀要』63（1），1-33頁。

高橋和之他［編集代表］　2016『法律学小辞典』第5版，有斐閣。

中川明　2013『寛容と人権』岩波書店。

中村睦男　1978「教育を受けさせる義務は『通学の義務』まで含むか。」奥平康弘・
　　杉原泰雄［編］『憲法学2』有斐閣，190-191頁。

中村睦男　1983『社会権の解釈』有斐閣。

成嶋隆　2012「公教育の無償制原則の射程」『日本教育法学会年報』41，121-130頁。

西原博史　2011「第26条（教育を受ける権利・教育を受けさせる義務）」芹沢斉他
　　［編］『新基本法コンメンタール憲法』日本評論社，225-234頁。

野村武司　2022「教育行政」現代行政法講座編集委員会［編］『現代法の仕組みと権
　　利救済』日本評論社，147-201頁。

長谷部恭男　2017「前註」長谷部［編］『注釈日本国憲法2』有斐閣，1-39頁。

堀尾輝久　1971『現代教育の思想と構造』岩波書店。

結城忠　2012『日本国憲法と義務教育』青山社。

●読書案内●

長谷部恭男［編］『注釈日本国憲法』全4巻

日本国憲法に関する最新の逐条解説（条文ごとに解説を加えたもの）書。初
学者には難解に感じられる部分もあるかもしれないが，最先端の議論と格闘
する知的刺激を得てほしい。［有斐閣，2017年～刊行中］

米沢広一『憲法と教育15講』第4版

憲法学者による「憲法と教育」の概説書。本章で扱った教育（行政）の理念
だけでなく，日常的な学校生活も含めた教育に関する論点を，憲法学のレン
ズ（判例や解釈論）をもとに解説している。［北樹出版，2016年］

市川昭午『教育基本法改正論争史』

2006年の教育基本法改正を，改正の過程だけでなく，推進派，反対派双方の
議論に目配りしつつ客観的に考察した書籍である。本書に限らず，市川の著作
は全体像をバランスよく俯瞰するのに適している。［教育開発研究所，2009年］

第 2 章

教育行政の機関

教育の政策共同体と関係アクター

櫻井直輝

本章では国及び地方自治体において，教育政策・行政に関わるアクターを取り上げ，法制度をふまえた解説を行う。「教育の政策共同体」という教育に強い関心を持つアクターのネットワークと，ネットワークの外部に位置するが教育に関わりのある主要なアクターとをそれぞれ取り上げ，現代日本における教育政策・行政がどのような関係構造のもとで行われているのかを理解することが目標となる。

1　教育の政策共同体

本章では，国及び地方レベルにおいて，教育行政に関与するアクターを取り上げる。その際，教育（行政）に強い関心を持ち利害を共有するアクターのネットワークである「教育の政策共同体」（青木 2013）に注目して説明を行う。

教育の政策共同体は，教育行政を担当する中央省庁である文部科学省，地方教育行政に責任を負う教育委員会といった公的機関だけでなく，教職員組合や校長会，教科研究団体等の非公的組織が含まれるネットワークである（青木 2013：69）。教育行政を執り行うためには，国会での審議を通じた法律の制定や予算編成が必要となるが，その際に重要なのは与党（2023 年 8 月時

点では自民党と公明党）との調整である。戦後，（一時期を除いて）政権与党の座を維持してきた自民党は，国会への法案提出にあたり党内での合意を積み上げる「事前審査」を重視するシステムを構築してきた。事前審査を前提とした政策過程では，予算獲得や法案を成立させるために自民党の審査を経なければならず，文部科学官僚にとっては，教育分野について協議する場である「文部科学部会」に在籍する議員の理解や協力を得ることが，政策を実現するための重要な要素となっていた。事前審査制のもとにあって，教育政策の実現には「文教族」と呼ばれる教育に強い関心を持つ議員の協力が不可欠だったのである（寺脇 2013：147-155）。

　ところが，2000 年代以降に，「官邸主導」と呼ばれる，首相を中心に，直属のスタッフや閣僚，与党執行部が政策立案と政権運営の主要な基盤となる体制（待鳥 2012：99-101）が成立していく中で，政策形成−決定過程の中心が，与党の事前審査制を前提としたシステムから首相官邸の意向が優先されるシステムへと変化してきた。また，同時期に教育の政策共同体の一員として力を発揮していた旧世代の文教族が引退を迎えたことで，教育の政策共同体と文教族との関係にも変化が生じた。新世代の文教族は，文部科学部会ではなく自民党総裁直属の組織に属し，首相官邸が進める教育改革の担い手として力を発揮したのである（寺脇 2013：157-158）。官邸主導体制が強化されていく中で，教育政策の形成過程においては，与党や文教族への根回し以上に首相官邸やそれを補佐する内閣官房の理解が重要となっている（伊藤 2022：58-59）。変化の最中にあって，ある文部科学官僚は「教師の果たしている役割の大きさや学校への支援の必要性を立法府や官邸に得心させるための知恵や戦略，腕力が求められていることを痛感している」（合田 2020：19）という。

　図 2-1 は教育の政策共同体と教育行政に関係するアクターとのつながりを示したイメージ図である。本章では，このうち教育の政策共同体内部に位置する文部科学省及び中央教育審議会，教育委員会に加えて，外部アクターである首相官邸，他の中央省庁，立法府や司法府（図外），地方行政アクターとして首長を取り上げ，解説を行う。

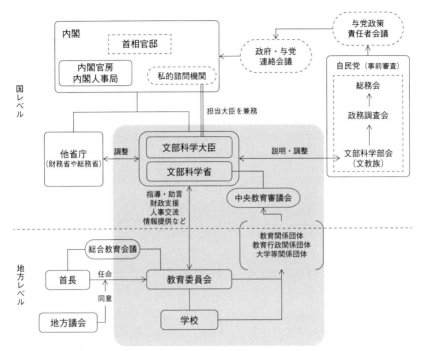

図 2-1　教育の政策共同体と教育行政に関係するアクターとのつながり
出所：青木（2013），小川（2010），嶋田（2022），勝田（2023）をもとに筆者作成。

2　国の教育行政アクター

(1)　文部科学省とその役割

　文部科学省は日本の教育・生涯学習，学術，科学技術，スポーツ，文化，宗教に関する行政に携わる国の行政機関であり，①教育の振興及び生涯学習の推進を中核とした豊かな人間性を備えた創造的な人材の育成，②学術の振興，③科学技術の総合的な振興，④スポーツ及び文化政策の推進，⑤宗教に関する行政事務の適切な実施に責任を負っている（文部科学省設置法 3 条 1 項）。担当する事務（所掌事務）は文部科学省設置法 4 条 1 項において「教育

改革に関すること」(1号)を筆頭に 95 項目にわたって列挙されている。国の教育政策の立案や教育に関する全国的な最低基準(ナショナル・ミニマム)の設定，地方自治体に対する情報提供及び財政的支援などが主な活動とされるが(小川 2010：32-36)，このほかにも私立学校法人や大学の設置認可，教科書検定といった民間団体に対する規制・許認可活動や国立機関の設置・管理・運営も行っている。ただし，文部科学省は小学校や中学校等で行われる学校教育サービスの担い手ではない。公立学校が都道府県・市区町村立であることからもわかるように，公立学校における学校教育サービスは文部科学省ではなく地方自治体によって担われている。これを完全に地方自治体に任せてしまうと，地域的な条件や財政的な条件の違いによりサービスの量や質に格差が生じかねないため，文部科学省は最低基準の設定や指導助言，財政的支援という形で地方自治体を管理・統制したり誘導したりするのである。こうした管理・統制や誘導にあたって地方自治体や関係アクターからの情報は不可欠であることから，文部科学省は地方自治体や独立行政法人，大学教員などの専門家や有識者といった関係アクターの「全方位的」な理解を重視することが知られている(本田 2022：75-86)。

(2) 文部科学省の組織機構

国の行政機関の組織機構について定めた国家行政組織法によれば，省には内部部局，審議会等，施設等機関，特別の機関，外局，地方支分部局が設置できることとされている(7〜9条)。このうち，文部科学省には地方支分部局以外の組織が置かれている(文部科学省設置法6〜23条,文部科学省組織令2〜104条)。

図2-2は文部科学省の組織図である。内部部局は省全体の組織管理や調整を担う大臣官房と所掌事務を縦割りで担当する六つの局によって構成されている(文部科学省組織令2条)。教育分野について見てみると，上から総合教育政策局，初等中等教育局，高等教育局と並んでいる。総合教育政策局は，教育振興基本計画や生涯学習政策，教員政策などを担当する局である。

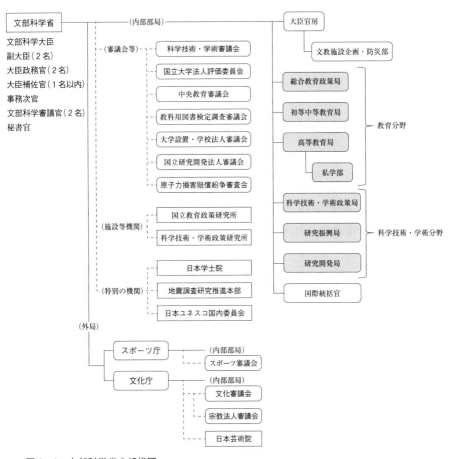

図 2 - 2　文部科学省の組織図
出所：行政機構図をもとに筆者作成。
　注：ゴシック体の文字は法律によって設置が定められている組織または職。

　初等中等教育局及び高等教育局は，その名のとおり初等中等教育（幼稚園・
小学校・中学校・高等学校など）と高等教育（大学・短期大学・大学院・高等専
門学校・専修学校など）を担当する局である（同4〜6条）。科学技術・学術分
野では，科学技術・学術政策局，研究振興局，研究開発局が置かれ，科学技
術・学術に関する政策の推進や振興を担当している。施設等機関として国立

教育政策研究所と科学技術・学術政策研究所が設置されており，全国学力・学習状況調査の実施やその他教育政策，科学技術・学術政策の企画立案に資する調査研究が進められている。特別の機関には，日本学士院やユネスコ国内委員会などが置かれている。外局は，事務処理に一定の独立性を持つ組織を設けた方が合理的である場合に省内に置かれる組織であり（真渕 2020：242），文部科学省にはスポーツ行政を担当するスポーツ庁と，文化・芸術及び宗教行政を担当する文化庁が置かれている。

　文部科学省の長は文部科学大臣であり，その下に副大臣（2名）及び大臣政務官（2名）が置かれる（国家行政組織法5条，16条，17条）。大臣は閣僚から任命されるが，副大臣・大臣政務官は与党の政治家が担うことが通例となっており，総称して政務三役と呼ばれる。政務三役は政務三役会議に加えて，省内幹部が一堂に会する省議に参加し，重要事項の決定に関与している（青木 2021：35-36）。

　内部部局の事務組織は官僚集団（国家公務員）と地方自治体から出向してきた地方公務員・教員等によって構成されており，内部部局全体の監督は，文部科学事務次官と文部科学審議官が担っている（いずれも政治家ではなく官僚）。2023 年度の組織定員は 2,162 名（うち，スポーツ庁 110 名，文化庁 300名）であり，12 府省の中では最も少ない。官僚は採用区分によって総合職（事務系・技術系・施設系）と一般職（事務系・技術系・施設系）の6類型に分類される。総合職はおよそ1〜3年単位で省内の異動や他の中央省庁，地方自治体への出向を通じて様々な経験を積みながら，教育政策・行政の全体に関わる幅広い知識を身につけるように育成される。他方で一般職は省内の狭い範囲で異動を繰り返し，特定の分野の専門家として育成される傾向にある（小川 2010：37-41，寺脇 2013：190-195）。課長以下の人事異動は大臣官房人事課が行うが，課長より上の幹部職員である指定職の人事に関しては，内閣人事局の審査が必要となっており，幹部職員の人事権を通じて首相官邸の意向が反映される仕組みになっている（伊藤 2022）。また，これまで一般職の官僚が文部科学審議官や局長といった課長より上の職に就くことは稀であったが，2019 年に行われた人事改革の一環で，一般職の官僚が初の初等中等

教育局長に登用された。この官僚は後に文部科学審議官となっている。

⑶　教育政策・行政の重要事項を審議する中央教育審議会

　文部科学省には国家行政組織法 8 条に基づいて法律または政令等に基づく審議会等が複数設置されている（図 2-2）。文部科学省設置法に基づく審議会等としては，科学技術・学術審議会（6 条），国立大学法人評価委員会（8条），文化審議会（20 条，文化庁に設置），宗教法人審議会（同 20 条 2 項，文化庁に設置）が置かれている。これに加えて，文部科学省組織令により中央教育審議会，教科用図書検定調査審議会，大学設置・学校法人審議会，国立研究開発法人審議会（以上，75 条），スポーツ審議会（91 条，スポーツ庁）が置かれている。この中で教育政策・行政において，特に大きな役割を担っているものが中央教育審議会である（小川 2010：45-50）。

　中央教育審議会は文部科学大臣から意見を求められた内容について，専門的な視点から意見を述べることを役割とした審議会である。大臣が審議会に対して意見を求めることを「諮問」，審議会が意見を述べることを「答申」という。中央教育審議会の役割は，①教育の振興及び生涯学習の推進を中核とした豊かな人間性を備えた創造的な人材の育成に関する重要事項の調査審議，②生涯学習に係る機会の整備に関する重要事項の調査審議，③上記 2 点に関して文部科学大臣（②は関係行政機関の長を含む）に対して意見を述べることなどである（文部科学省組織令 76 条）。

　総会の定員は 30 名とされており，文部科学大臣によって任命される（中央教育審議会令 1 条）。歴代の委員を見ると，大学関係者，教育委員会関係者，国公私立学校関係者，PTA 団体，地方自治体関係者（首長），民間団体などで構成されている。これらの委員の中には「指定席」が存在し，教育委員会の代表である全国都道府県教育委員会連合会や公立小・中・高等学校長会，PTA 全国協議会など，関係機関・団体の代表に割り当てられている（小川 2010：47）。総会の下に四つの分科会が置かれ，部会，特別部会，作業部会，ワーキンググループ，検討委員会など，目的や審議事項に応じて多様な

下部組織が設置される（図2-3）。こうした分科会や特別部会等には総会に所属する委員に加えて，審議事項に合わせて別途任命された委員が多く参加する。たとえば，2023年現在，教員の働き方改革や教員不足問題について審議を行っている「質の高い教師の確保特別部会」には，20名の委員が在籍しているが，総会に所属する委員は9名であり，残りの11名は臨時委員である。総会が教育政策全体を幅広く議論するのに対して，部会等は専門性の高い議論を行う場として，特定のテーマに特化した専門家が議論に参加しているのである。

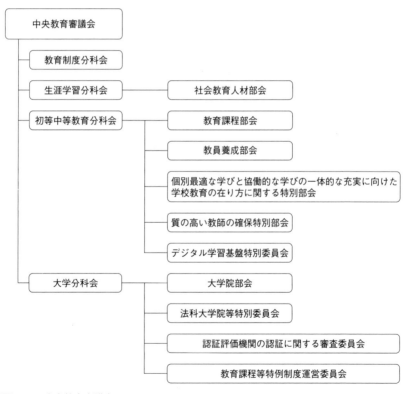

図2-3　中央教育審議会

出所：文部科学省 2023：34。
注：令和5年5月24日時点。

3　都道府県・市町村の教育行政アクター

(1)　合議制の執行機関としての教育委員会

　都道府県・市町村には選挙で選ばれた首長から独立した地位・権限を有する委員会が置かれている。これを行政委員会という（地方自治法180条の8）。行政委員会は数名の委員の協議によって意思決定を行う機関（合議制の執行機関）であり，複数の委員を通じて政策・行政に多様な意見を反映させることや，権力が特定の人物や組織，団体等に集中することがないように配慮すること，行政の中立的な運営を確保することを目的に設置される。教育行政も①一般行政からの独立，②政治的中立性の確保や，③継続性・安定性の確保の点から（植竹 2014：17-21），都道府県・市町村に行政委員会である教育委員会を設置する義務が課されている（地方教育行政法2条）。教育委員会は都道府県・市町村が法令に基づき設置する地方自治体の組織であって，文部科学省が直接管理・運営する機関（地方支分部局）ではないが，様々な形で文部科学省との関わりを有している。たとえば文部科学省への自治体職員の派遣や教育委員会への出向官僚の受け入れといった人事交流，情報提供，補助金の交付を通じた支援などである。このような一般行政からの独立性を保障した法制度と文部科学省との相互依存的な縦のつながりによって，国—地方を通じた教育の政策共同体が構築されている（青木 2013）。

　地方教育行政において教育委員会が担当する事務は，学校の設置管理，教育財産の管理，教育委員会及び学校の教職員の任免，学齢児童生徒の就学，学校の組織編制や教育課程の管理，教科書及び教材の選定，教職員の研修，教育機関の環境衛生，学校給食，社会教育，スポーツ，文化財保護等である。公立大学の設置管理や初等・中等教育段階の私立学校（法人）の認可，私立幼稚園や幼保連携型認定こども園の認可については首長が担当することとされている。首長は教育委員会の担当とされている社会教育施設（図書館や博物館など）の設置管理やスポーツ，文化財保護に関する事務を条例により担当することができる（地方教育行政法21〜23条，地方自治法180条の7）。

逆に首長が担当するこれらの事務を協議により教育委員会に担当させること
もできる（地方自治法180条の2）。

(2) 教育委員会会議と事務局

　教育委員会の組織は大別すると二つの組織から構成されている。まず，教
育長及び教育委員によって構成される教育委員会会議であり，教育委員会と
しての意思決定を行う組織となっている。もう一つは教育長のもとに組織さ
れる事務局（「教育庁」「教育部」など名称は異なる場合がある）であり，教育
行政の実務を担う組織である（地方教育行政法14条，17条）（図2-4）。
　教育委員会会議は，原則として教育長と4名の教育委員によって構成され
る。教育委員は都道府県及び市は5名以上，町村は2名以上とすることが認
められており，人口規模など地域の実情を反映した形で構成されている。教
育長及び教育委員は，それぞれ首長が議会の同意を得て任命することとなっ
ているが，免許資格の要件は定められていない。任期は教育長が3年，教育

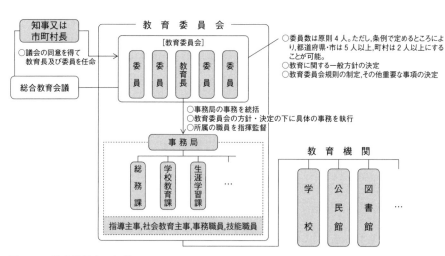

図2-4　教育委員会の組織

出所：文部科学省 2023：144。

委員が 4 年となっており，いずれも再任が認められている。教育長と教育委員の身分は，首長や議会の議員と同じ特別職の地方公務員とされ，教育長は常勤，教育委員は非常勤である（同法 3～5 条，11～12 条）。地方教育行政を運用していく上で，すべての意思決定を非常勤である委員を含んだ会議で行うことは合理的ではないため，教育委員会会議は担当する事務を教育長に委任することができる（同法 25 条）。このように，教育委員会は教育行政の専門家である教育長のリーダーシップのもとで，教育・学術・文化に識見を有するが，教育行政に関しては「素人」である教育委員と共同で教育行政に関する意思決定とその運用を行う仕組みになっている（教育長の専門的指導性）。教育長及び教育委員の属性について調査した文部科学省（2022）によれば，市町村教育長の 82.9%，都道府県教育長の 66.0% が教育行政職の経験を有しており，教育行政に関する実務経験が重視されていることがわかる。また，「素人」である教育委員の場合，市町村では無職や専門的・技術的職業従事者（医者，弁護士，大学教員，芸術家等）が 5 割超を占め，都道府県では管理的職業従事者（企業や団体の役員等）や専門的・技術的職業従事者が 8 割強となっており，市町村でおよそ 3 割，都道府県では 2 割の委員について教員の経験を有していることが明らかにされている。

　事務局を職員の人事という面から見ると，教育行政に特化した人事システムが存在しているわけではなく，多くの場合，自治体採用の地方公務員が配置されており，地方自治体の他の部局と大きな違いはない。

　しかし例外もあり，大別すると三つのタイプが存在する。第一は，首長部局で採用された地方公務員である。多くはこのタイプに属しており，教育委員会事務局の職員といっても教育に関して特別な専門知識を有しているわけではない。第二は，教員や学校事務採用の職員である。学校勤務の教員の中には，教育委員会事務局に異動するものもいる。教育委員会に異動した教員は，学校を訪問し，一般の教員への指導・助言を行う「指導主事」や教職員の人事管理業務を担う「管理主事」として勤める場合が多い。第三は，文部科学省の官僚である。教育委員会に出向し，教育長や幹部職員としての実務経験を積んだ上で文部科学省に戻り，国の教育行政に携わる（寺脇 2013：80-90）。

また，教育政策・行政上の課題が複雑・多岐にわたる中で，教育行政の専門職員の育成と確保を目指し，職員採用のあり方や人事異動の方針を見直す自治体も出てきている（青井 2022）。一例として，埼玉県の戸田市では「教育行政のプロ」と称して「事務（教育枠）」という採用区分を設けており，将来的に教育委員会事務局の幹部として活躍できるような人材の育成を行っている（戸田市「事務（教育枠）採用パンフレット」）。

(3)　教育大綱と総合教育会議

　厳密に言えば首長は教育の政策共同体の外部アクターであるが，すでに述べてきたように，首長には教育政策・行政に関する事務の一部を担当する／できる権限や，教育長及び教育委員を議会の同意を得て任命する権限が認められている。これらの権限に加えて，予算に関する権限が首長にあることを考えると（地方教育行政法 29 条），地方教育行政は教育の政策共同体と首長との間で，自治体政策という面から総合性・一体性を重視していると見ることもできる。地方教育行政法では，総合性・一体性をさらに強化する仕組みとして首長に教育政策・行政に関わる基本方針（教育大綱）を定める権限と，教育大綱について教育委員会と協議する場（総合教育会議）を主宰する権限が認められている（同法 1 条の 3, 4）。

　総合教育会議での協議を経て策定される大綱は，国の教育振興基本計画を参考にすることとされており，首長と教育委員会との間で調整のついた事項で，大綱に記載された内容は双方に尊重義務が課せられる（第 1 条の 4 第 8 項）。教育大綱の策定に加えて，教育に関わる重要施策に関する協議も行われるが，文部科学省初等中等教育局長の通知[1]によれば，教科書の採択や教職員の個別人事案件といった，特に政治的中立性が求められる事項については取り上げるべきでないとされており，首長が地方教育行政に関わるすべての事項に関与することが認められているわけではない。都道府県の総合教育会

1　平成 26 年 7 月 17 日文科初第 490 号文部科学省初等中等教育局長通知「地方教育行政の組織及び運営に関する法律の一部を改正する法律について」。

議を分析した橋野（2020）によれば，近年は首長が教育政策を重要政策とし
て位置づけ，選挙の争点となる例が増えており，選挙公約に教育政策を掲げ
ている知事のもとでは相対的に会議の開催回数や議題の項目数が増える傾向
が見られること，他方で知事の個別政策に対する意向が直接会議の議題設定
に反映されるわけではないことが指摘されている（橋野 2020：18-26）。

4　教育の政策共同体の外部アクター

(1)　首相官邸

　2000 年代を通じて，教育の政策共同体の外部からの圧力が増し続けてお
り，外部アクターから教育政策に関わる提言等が多くなされている。1990
年代後半の橋本龍太郎内閣から小泉純一郎内閣を経て，官邸主導型といわれ
る体制が構築されており，首相官邸の関与が教育政策・行政にも及んでい
る。では，首相官邸はどのようにして教育行政に関わっているのだろうか。
　首相官邸が教育政策に直接関与する手法の一つは，私的諮問機関等を通じ
た提言や報告を公表することを通じて，アジェンダの設定や政策目標を提示
することによるものである。首相の私的諮問機関という位置づけで設置され
た諸会議の中でも，第二次安倍晋三内閣のもとに設置された「教育再生実行
会議」は 12 次にわたる提言を通じて教育政策の基本的な課題設定を行い，
文部科学省や中央教育審議会の政策形成に関する議論を大きく方向づけるも
のであった。第一次安倍政権の「教育再生会議」も同様の枠組みで設置さ
れ，教育改革を目指すものであったが，その当時は教育の政策共同体の抵抗
によって，大きな成果を上げることができなかった。これに対して「教育再
生実行会議」では，文部科学大臣に教育再生担当大臣を兼務させるととも
に，世代交代した文教族を中心に教育の政策共同体の一部を取り込んだこと
により様々な改革が進められるようになったことが指摘されている（河合
2019：124-127）。
　もう一つの手法は人事を通じた間接的な関与である。2014 年に内閣官房

に設置された内閣人事局は中央省庁の指定職人事の審査・承認を行う組織である。中央省庁において幹部職員は政策形成過程の要所を担っており，その人事権を握るということは，官邸の意向に反した決定を行う幹部を更迭し，政権の方針に親和的な人材を登用することを可能にする。生殺与奪の権を握るという点で人事権は官僚をコントロールする極めて有力な手段である。また，幹部人事を掌握することで，直接対象となっていない主要課長級の人事においても官邸の意向が反映されるという（嶋田 2022：103-106，朝日新聞取材班 2021）。首相官邸は，政策の基本方針を示すとともに，それを具体化できる官僚を登用することを通じて，政策共同体の外側から教育政策・行政に関与しているのである。

(2) 教育に関わる他の中央省庁

　他の中央省庁との関係も重要な要素である。公立義務教育諸学校の教職員給与費や施設設備費への補助金がその多くを占める文部科学省予算は，財務省や総務省との関係の中で維持されている。たとえば，文部科学省が教職員給与関係予算の増額や教職員定数（教職員の配置基準の基礎となる数値）の改善をしようとする場合，国が負担する給与額やその割合については財務省の意向が重要な意味を持つし，地方公務員の定員管理という面では総務省の意向も無視できない。定数改善をめぐっては，文部科学省と財務省との間で毎年度厳しい交渉が行われており，2018 年 11 月には，教職員定数に関わる財務省の財政制度等審議会の審議内容について，「誤解や事実誤認がある」との主旨で文部科学省初等中等教育局が公式に見解を示すなどの攻防が見られた（文部科学省初等中等教育局 2018）。
　こうした条件整備面のみならず，近年は学校教育の内容に多くの省庁が関与するようになっている。たとえば，キャリア教育については内閣府に設置された「若者自立・挑戦戦略会議」において文部科学省・厚生労働省・経済産業省が議論に加わり，「若者自立・挑戦プラン」に関わるキャリア教育（政策）について協議を進めていったこと，その後厚生労働省はキャリア探索プ

ログラムを通じて，経済産業省は企業や NPO を通じて学校教育に関与して
いったことが知られている（村上 2016）。

(3)　立法府と司法府

　法律主義をとる日本の教育行政において，立法府や政治家の果たす役割は
小さくない。また，法を司るという面で裁判所も重要なアクターである。官
邸主導といわれる中にあっても，文部科学省は与党の事前審査を重視してお
り（伊藤 2022：59），教育政策の実現においては議員の理解が重要である。
また，教育政策は国民的合意が求められる領域であることを踏まえれば（前
川 2002：198），与・野党問わず，その理解を得ることが重要となる。与野党
の議員が超党派の連合を組んで法案を提出・可決する場合もあり，2016 年
の普通教育機会確保法は超党派議員連盟提出の議員立法であるほか，2022
年のわいせつ教員対策法案は，内閣が提出を断念した法案を議員立法として
成立させた事例である（竹内 2021）。これらの法律に見られるように，議員
立法は教育政策・行政において一定の役割を果たしている。
　制定された法律の運用や解釈に疑義や紛争が生じた場合は司法による判断
が求められる。戦後，教育（行政）に対する国家の関与のあり方をめぐり多
くの裁判が展開されてきたが，こうした紛争を解決するのが司法の役割であ
る。古くは国民／国家の教育権の解釈や義務教育無償の範囲をめぐる一連の
訴訟に代表され，第 1 章 3（3）でも取り上げた「旭川学テ事件最高裁判決」
は現在においても教育権の解釈を示した重要な判例として知られている。2023
年現在では，教員の働き方に関わる裁判（超過勤務や過労死に関する事例）が行
われており，教員の職務内容や業務の労働性をめぐる裁判所の判断に注目が
集まっている。裁判所が教育行政に関与する場合，原則として当事者による訴
訟が必要であり，裁判所が能動的に教育行政アクターとなることはない。しか
し，裁判所は司法の手続きに基づき現行の法令の解釈を示し，あるいは教育
行政に関する様々な行為の適法性・違法性を判断することで，教育政策の見
直しや教育問題の認知を促す重要なアクターと言える（秋吉 2017：36-40）。

参考文献

青井拓司　2022『教育委員会事務局の組織・人事と教育行政プロパー人事システム』学校経理研究会。

青木栄一　2013『地方分権と教育行政』勁草書房。

── 2021『文部科学省』中央公論新社。

秋吉貴雄　2017『入門公共政策学』中央公論新社。

朝日新聞取材班　2021『自壊する官邸』朝日新聞出版。

伊藤正次　2022「官僚からみた官邸主導」北村亘［編］『現代官僚制の解剖』有斐閣，49-67頁。

植竹丘　2014「教育行政の基本的仕組み」村上祐介［編］『教育委員会改革5つのポイント』学事出版，10-21頁。

小川正人　2010『教育改革のゆくえ』筑摩書房。

勝田美穂　2023『教育政策の形成過程』法律文化社。

河合晃一　2019「文部科学省と官邸権力」青木栄一［編］『文部科学省の解剖』東信堂，97-134頁。

合田哲雄　2020「アイディアとしての『Society5.0』と教育政策」『教育制度学研究』27，2-23頁。

嶋田博子　2022『職業としての官僚』岩波書店。

竹内健太　2021「教育職員等による児童生徒性暴力等の防止等に関する法律の成立──教員によるわいせつ行為に対応する新法の制定」『立法と調査』43（7），参議院事務局，79-85頁。

寺脇研　2013『文部科学省』中央公論新社。

橋野晶寛　2020「地方教育政策における政治過程」『教育社会学研究』106，13-33頁。

本田哲也　2022「政策実施と官僚の選好」北村亘［編］，前提書，68-88頁。

前川喜平　2002「文部省の政策形成過程」城山英明・細野助博［編］『続・中央省庁の政策形成過程』中央大学出版部，167-208頁。

待鳥聡史　2012『首相政治の制度分析』千倉書房。

真渕勝　2020『行政学』新版，有斐閣。

村上純一　2016「キャリア教育政策をめぐるイシュー・ネットワークの変遷」『教育学研究』83（2），181-193頁。

文部科学省　2022「教育行政調査調査結果の概要」『地方教育費調査報告書』。

── 2023『令和4年版　文部科学白書』。

文部科学省初等中等教育局　2018「財政制度等審議会財政制度分科会（平成28年11月4日開催）資料（義務教育費国庫負担金関係）についての文部科学省の見解」（2018年11月8日）。

●読書案内●

青木栄一『文部科学省』

次に読むべき本として紹介したい。文部科学省の組織や官僚，予算等に関する実証研究に基づく解説だけでなく，「間接統治」という視点から，現在の文部科学省（文部科学行政）が置かれた政治的・政策的な文脈を理解することができる。［中央公論新社，2021 年］

秋吉貴雄『入門公共政策学』

政策の作られ方をより詳しく学びたいみなさんにおすすめの一冊である。第 2 章から 5 章を通じて，政策がどのように作られているのかを平易な説明とともに理解することができる。第 6 章の評価段階では学力向上政策が対象となっている。［中央公論新社，2017 年］

嶋田博子『職業としての官僚』

「官僚」に興味を持ったみなさんに読んでほしい一冊である。この 30 余年の間に，「日本の官僚の実像」がどのように変化したのか，他国と比較してそこにどのような特徴があるのかを，インタビューデータや国際比較の結果から知ることができる。［岩波書店，2022 年］

第3章

初等中等教育行政

多様化する教育に対応したシステム

小早川倫美

　本章では，初等中等教育の目的・目標，仕組み等の基本的構造を確認した上で，学校の設置管理と主体に着目しながら概説する。初等中等教育には，戦後の新学制以降，1990年代から現在に至る教育改革によって，様々な影響や変化がもたらされた。諸改革において着目される学校の自主性や学校体系の複雑化，多様化，そして，近年の改革動向として令和の日本型学校教育を取り上げ，その論点を整理する。

1　初等中等教育行政の基本構造

(1)　初等中等教育の目的・目標

　日本における初等中等教育は，基礎的な教育を国民がひとしく受けることが目指されており，「教育を受ける権利」「教育の機会均等」とする公教育の原理を保障する義務教育として制度化されている。日本国憲法に示されている「普通教育」とは，国民として共通に身につける基礎的な教育であり，特定の分野や内容に限られたものではなく，「義務教育として行われる普通教育は，各個人の有する能力を伸ばしつつ社会において自立的に生きる基礎を培い，また，国家及び社会の形成者として必要とされる基本的な資質を養うことを目的として行われるもの」（教育基本法5条2項）である。この目的の

47

実現に向けて，主体的に社会の形成に参画及びその発展に寄与する態度を養うこと，生命及び自然を尊重する精神ならびに環境の保全に寄与する態度を養うこと，我が国と郷土を愛する態度及び国際社会の平和と発展に寄与する態度を養うこと，等が目標として示されている（学校教育法21条1～10項）。このような初等中等教育は，次のように実施されている。

　第一に，日本国憲法26条2項に規定される教育を受ける権利を反映し，教育基本法5条1項において子どもに教育を受けさせなければならないとする保護者に対する義務を課している。さらに，学校教育法17条では「保護者は，子の満6歳に達した日の翌日以後における最初の学年の初めから，満12歳に達した日の属する学年の終わりまで，これを小学校，義務教育学校の前期課程又は特別支援学校の小学部に就学させる義務を負う」ことを規定する「就学義務」がとられている。

　第二に，学校教育法38条「市町村は，その区域内にある学齢児童を就学させるに必要な小学校を設置しなければならない。ただし，教育上有益かつ適切であると認めるときは，義務教育学校の設置をもつてこれに代えることができる」，学校教育法80条「都道府県は，その区域内にある学齢児童及び学齢生徒のうち，視覚障害者，聴覚障害者，知的障害者，肢体不自由者又は病弱者で，その障害が第75条の政令で定める程度のものを就学させるに必要な特別支援学校を設置しなければならない」において，学校を設置する義務が市町村，都道府県に課されている。

　日本では，基本的人権の一つである「教育を受ける権利」を保障することを目指し，あらゆる子どもたちの教育の機会を均等に保障することが目指されていることがわかる。そして，子どもが「教育を受ける権利」を行使することができるようにするための枠組みとして，保護者に「就学させる義務」を課している。日本の初等中等教育においては，「就学させる義務」としての就学義務によって「教育を受ける権利」を保障していこうとしていることが特徴の一つであると言える。

(2)　義務教育としての初等中等教育

　義務教育としての初等中等教育は，小学校・中学校において中心に行われる。なお，近年導入された初等中等教育の新たな学校形態については，第 3 節にて詳述する。

　小学校は，「心身の発達に応じて，義務教育として行われる普通教育のうち基礎的なものを施すこと」（学校教育法 21 条）を目的としている。小学校の修業年限は 6 年間であり，学校教育法 21 条 1〜10 項に示された目標を達成することが目指されている。具体的には，「生涯にわたり学習する基盤が培われるよう，基礎的な知識及び技能を習得させるとともに，これらを活用して課題を解決するために必要な思考力，判断力，表現力その他の能力をはぐくみ，主体的に学習に取り組む態度を養うこと」（同法 30 条）とされている。さらに，「ボランティア活動など社会奉仕体験活動，自然体験活動その他の体験活動の充実」に努めながら，小学校教育の目標達成に資することが求められている（同法 31 条）。

　小学校の教育課程は，国語，社会，算数，理科，生活，音楽，図画工作，家庭，体育，外国語の各教科，道徳，外国語活動，総合的な学習の時間，特別活動から編成されている（学校教育法施行規則 50 条）教科のうち外国語は 2017（平成 28）年の学習指導要領改訂において，第 5・6 学年の教科として追加されたことから，2017（平成 28）年まで行われていた外国語活動は，第 3・4 学年に繰り上げて行われている。

　小学校における教育課程は，基礎的な教育を施す初等教育としての性格が各科目に反映されており，たとえば，生活科は 3・4 年次以降の理科及び社会科につながる科目としての位置づけがなされているものである。このような教科活動に加えて，異学年との交流や集団での活動をとおして様々な能力の育成を図る特別活動が設けられている。

　中学校は，「小学校における教育の基礎の上に，心身の発達に応じて，義務教育として行われる普通教育を施すこと」（学校教育法 45 条）を目的としてい

る。中学校の修業年限は3年間であり、小学校と同様に教科活動に加えて学校教育法21条に掲げられる10の目標を達成することが目指されている。

中学校の教育課程は、国語、社会、数学、理科、音楽、美術、保健体育、技術・家庭、外国語の各教科、道徳、総合的な学習の時間、特別活動から編成されている（学校教育法施行規則72条）。中学校においては、小学校からの初等教育の積み上げとなる教科が設置されているほか、教育活動の一環として実施される部活動がある。

(3) 後期中等教育制度の構造と特質

日本における後期中等教育は、小学校・中学校の義務教育段階の次段階の教育制度として位置づけられている。後期中等教育は、「中学校における教育の基礎の上に、心身の発達及び進路に応じて、高度な普通教育及び専門教育を施すこと」（学校教育法50条）を目的としており、「中学校若しくはこれに準ずる学校を卒業した者若しくは中等教育学校の前期課程を修了した者又は文部科学大臣の定めるところにより、これと同等以上の学力があると認められた者」（同法57条）が対象とされている。

後期中等教育が学校教育法上において初等教育後の教育機関として整備されたのは、戦後教育改革以降である（佐々木1976、吉田他［編］1980、宮原1990）。

戦後教育改革では、中等教育を含めた「6・3・3」の学校教育体系が提案

表 3-1 初等中等教育機関の

	学校数（校）						
	国立		公立		私立		計
小学校	67	0.35%	18,668	98.4%	244	1.3%	18,979
中学校	68	0.68%	9,095	91.5%	781	7.9%	9,944
義務教育学校	5	2.42%	201	97.1%	1	0.5%	207
高等学校	15	0.31%	3,455	72.1%	1,321	27.6%	4,791
中等教育学校	4	7.02%	35	61.4%	18	31.6%	57

出所：文部科学省（2023）をもとに筆者作成。

され，1947（昭和 22）年の学校教育法の制定において「6・3・3」学校体系の一部として位置づけられた。戦後の新制高等学校は「高等普通教育及び専門教育を施す」ことを理念として，男女共学，普通教育ならびに専門学科から構成される多様な学びなど，民主的で大衆に開かれた教育が目指されていた。戦後の高等学校は，戦後初期では進学率が伸びなかったが，1950 年代以降は進学率が上昇し続け，現在に至るまで 90％を超える進学率となっている。

このような後期中等教育は，学校教育法上の目的に応じて多様な学修環境が整備されている。具体的には，普通教育を行う普通科，専門教育を行う工業科，商業科，農業科，福祉科，総合学科等の専門学科，修業年限 3 年の全日制，修業年限 3 年以上の定時制・通信制の課程がある（同法 54 条）。加えて，本科を卒業した後，専門教育を深めることを目的とした専攻科・別科を設置することも可能であり，それぞれの修業年限は 1 年以上である（同法 58 条）。

2023（令和 5）年度時点において，初等教育，前期中等教育，後期中等教育を含めた学校数及び在学者数は，表 3-1 のとおりである。

初等教育である小学校，前期中等教育である中学校，そして初等中等教育が接続された一貫教育としての義務教育学校の状況を見ると，設置形態の大半が公立であり，国立と私立は僅かとなっている。また，後期中等教育である高校を見ると，その設置形態は公立が全体の 6 割を占めている一方，私立が 3 割程度となっており，初等前期中等教育とは異なる状況が窺える。

日本における初等中等教育の設置形態の状況からは，初等教育・前期中等

学校数，在学者数（2023 年度）

在学者数（人）							
国立		公立		私立		計	
35,721	0.6%	5,933,725	98.1%	80,057	1.3%	6,049,503	
27,004	0.8%	2,902,920	91.4%	247,623	7.8%	3,177,547	
3,773	5.0%	72,048	94.7%	224	0.3%	76,045	
8,004	0.3%	1,897,264	65.0%	1,013,218	34.7%	2,918,486	
2,863	8.5%	23,678	70.0%	7,276	21.5%	33,817	

教育で公立学校を主として実施されている一方，後期中等教育では公立学校を主としながらも私立学校も在学者の受け入れ先としての役割を果たしていることが窺える。

　現在の後期中等教育は，90％以上の進学率であることからも中学校卒業後の進路として定着を見せているが，多くの子どもたちの資質能力や進路をいかにして保障していくかが問われている。さらに，近年では，少子化の進行による学校の統廃合や多様な進路のあり方などを踏まえて，各学校の特色や魅力を打ち出していくことが求められている。多くの子どもたちに後期中等教育への進路が開かれ大衆化した一方，様々な子どものニーズに対応した後期中等教育の機能と役割については，まだまだ課題が見られる。

2　学校の設置管理と組織編制

(1)　学校の設置主体と設置基準

　学校の設置管理は，子どもたちの教育の機会均等を保障する上で重要である。学校の設置については，「学校を設置しようとする者は，学校の種類に応じ，文部科学大臣の定める設備，編制その他に関する設置基準に従い，これを設置しなければならない」（学校教育法3条）と定められている。学校教育法3条における設置基準とは「必要な最低の基準」であり，教育水準の確保ならびに保障に向けて学校の設置者は，原則として設置基準に示される規定に沿うことが必要となる。

　学校の設置基準において，「学校の設置者は，その設置する学校を管理し，法令に特別の定のある場合を除いては，その学校の経費を負担する」（同法5条）と規定される。同法5条における学校の設置者とは，公立学校の場合は地方公共団体であり，私立学校の場合は学校法人が該当する。たとえば，公立学校の場合，設置主体である地方公共団体の教育委員会が日常的な学校の管理を行うこととなる（地方教育行政の組織及び運営に関する法律33条）。

　学校の設置者による管理については，地方自治の原則（日本国憲法8章）

に則り，地方公共団体の事務及び，その事務執行に際しての必要な経費について地方公共団体がその全額を負担することになっている（地方財政法9条）。同法を受けて，「学校の設置者は，その設置する学校を管理し，法令に特別の定のある場合を除いては，その学校の経費を負担する」（学校教育法5条）とすることが規定されている。このようなことから，市町村立学校の場合は市町村，都道府県立学校の場合は都道府県，私立学校の場合は学校法人が費用を負担する設置者負担主義が規定されているのである。

　上記のように，原則的に設置者負担主義がとられてはいるが，国が費用支出を行う地方公共団体に対して奨励及び助成を目的として支出される国庫負担，国庫補助が例外措置として行われている。たとえば，多額の費用支出を要する校舎や運動場，プール等の学校施設の整備等に関わる経費については，「公立学校施設整備費負担金」が支出される。このように，国がその経費の一部を負担することによって，学校の管理運営を支える仕組みとなっている。

(2)　学校・学級の規模と組織編制

　学校の設置主体ならびに設置基準を踏まえた上で，小学校の学校設置基準からその規模について確認する。

　小学校では，1学級あたりの児童数は「1学級の児童数は，法令に特別の定めがある場合を除き，40人以下とする。ただし，特別の事情があり，かつ，教育上支障がない場合は，この限りでない」（小学校設置基準4条）とされている。学級編制は，「同学年の児童で編制するものとする。ただし，特別の事情があるときは，数学年の児童を1学級に編制することができる」（同基準5条）とし，異学年による複式学級の編制についても定められている。また，教員については「1学級当たり1人以上とする」（同基準6条）こと，学校には教室，図書室，保健室，職員室を備えること（同基準9条）が規定されている。この他にも，児童数に応じた校舎及び運動場の面積についても別途定められている（小学校設置基準別表（第8条関係））。

　学校ならびに学級の規模は設置基準においては学級編制だけではなく，児

童数に応じた教員配置や学校の施設設備についても規定されており，学校での教育水準を満たすための基準として備えられていることがわかる。学校の設置基準は，小学校以外にも中等教育（中学校，高等学校）にも設置基準が定められており，それぞれの学校段階での基準に沿うことが必要となる。

次に，学校，学級について組織編制の観点から確認する。

学校における平素の教育活動は，各学校の教育目標の実現に向けた教育課程の編成，校内の教職員の配置，学校の施設設備の点検等の活動の総体である学校経営として行われている。学校では，関係法令や当該校の子どもの実態，保護者及び地域社会の要望等を踏まえた教育目標と学校経営方針を策定した上で，各学校の取り組みが展開されている。

校務は，「①学校教育内容に関する事務，②教職員の人事管理に関する事務，③児童生徒の管理に関する事務，④学校の施設・設備の保全管理に関する事務，⑤その他学校の運営に関する事務」（林 2017）があるが，これら校務を遂行していくためには組織的に実施することが要請されている。具体的には，各学校の教育目標を実現に向けては教育課程の編成に加えて，「調和のとれた学校運営が行われるためにふさわしい校務分掌の仕組みを整える」（学校教育法施行規則 43 条）ことである。つまり，各学校の教育目標の達成に向けて，校内の分掌組織を整備することが必要となるのである。

校務分掌組織は，学校の運営に関わる様々な業務等を分担する教職員の校務分掌であり，その仕組みは各学校の規模や条件等に応じて構成されるため一様ではないが，校長や教頭等の管理職ならびに各種委員会（職員会議，総務，教務，生徒指導，研修，保健等）の一連の構成で組織化されることが多い（図 3-1 参

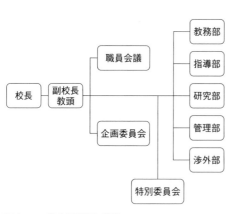

図 3-1　校内組織図（例）

出所：文部科学省（2017a）をもとに筆者作成。

54

照）。校内の組織化に向けては，近年では副校長，主幹教諭，指導教諭を含めた校内の校務分掌の組織化を図ることが各学校には求められている（学校教育法 37 条）。

　こうした学校の組織化の背景には，戦後に形成された従来型の学校経営から脱却し，それぞれの学校が自律的に運営していくことが企図されていた。自律的な学校経営に向けては，各学校の教育目標を明確に打ち出し，その目標達成に向けた校内体制を整備・具現化することが目指されている。学校の自律化に向けた動きは，次節にて詳述する。

3　1990 年代以降の教育改革と初等中等教育行政

(1)　学校管理規則の改正と学校の自主性

　戦後の教育改革において初等中等教育は整備され，国民にひとしく開かれた共通教育として行われてきたが，教育の量的普及と国内外の社会状況の変化から，様々な課題が指摘されるようになった。戦後の教育をめぐる諸課題が示されたものとして，1984 年から 1987 年に設置された臨時教育審議会があげられる。同審議会では，これまでの学校教育の見直しについて規制緩和による教育の自由化を図り，個に応じた教育のあり方として柔軟かつ多様化の方向性を示した。

　同審議会の動きが本格的に実行に移されるのは，1998 年 9 月中央教育審議会答申「今後の地方教育行政の在り方について」においてである。こうした動きは，1990 年代以降の地方分権改革の進展と軌を一にしている。

　同答申では，「地方教育行政の組織及び運営に関する法律」等の学校管理規則によって学校の主体的活動が制約されていたことを改善し，各学校の判断による自主的・自律的な教育活動を展開することがあげられた。さらに，学校の自己評価や学校関係者の参画，学校の裁量権限の拡大ならびに校長を中心とした学校組織運営体制，保護者・地域住民の意向を反映する方向性が示され，自律的な学校を目指した組織としての学校を模索することが課せら

れている。

1990年代以降の地方分権改革では，国と地方の役割分担も大きく変化した。初等中等教育においては，1999年に制定された「地方分権の推進を図るための関係法律の整備等に関する法律」（地方分権一括法）の制定による学級編制基準に関する分権化が進められた。

さらに，2011年の通知「公立義務教育諸学校の学級編制及び教職員定数の標準に関する法律及び地方教育行政の組織及び運営に関する法律の一部改正等について」において，事前協議による同意が廃止され，市町村教育委員会による事後の届出制へと変更された。この変更によって，各市町村による自主的な判断において学級編制を行うことが可能となったと言えよう。

こうした自主的，自律的な学校教育，さらには学校における組織マネジメントの転換にあたっては，学校が主体的に動くことができる仕組みとするだけではなく，主体的に取り組もうとする学校を支える存在は欠かすことができない。2007年には地教行法が改正され，教育委員会との連携や学校と教育委員会をつなぐ指導主事の配置が明示された。近年，矢継ぎ早に進められる教育改革への対応や当該地域の教育課題の解決に向けては，教育行政と学校のつながりはもちろんのこと，指導・助言する立場としての教育委員会の存在はより重要となる。

(2) 教育の公共性と学校体系の多様化

1990年代の教育改革における方向性として，学校の裁量権限の拡大とともに，一人一人のニーズに応じた教育の多様化があげられた。教育の多様化は，従来型の学校体系において生じた様々な教育問題や社会変化への対応を意図して進められたものである。具体的には，戦後に形成された学校体系を変革する多様な教育制度が推進された。その導入例としては，各学校段階を接続する形での中高一貫校や，就学義務による就学を柔軟にする小・中学校の通学区域の弾力化などがあげられる。このような多様な教育形態は，新たな学校段階への移行に伴って生じるとされる「小一ギャップ」や「中一

ギャップ」に代表される教育課題に対応することはもちろんのこと，一貫した教育環境における様々な学びを保障することが期待されている。本項では，現在導入が進められている中等教育学校，義務教育学校について確認する。

中等教育学校は，中学校 3 年間と高等学校 3 年間の教育を接続し，6 年間という時間の流れにおいて中等教育を一体的に行う学校である。中等教育学校は，「小学校における教育の基礎の上に，心身の発達及び進路に応じて，義務教育として行われる普通教育並びに高度な普通教育及び専門教育を一貫して施すことを目的」（学校教育法 63 条）として，1999 年から導入されている。

中等教育学校の導入にあたっては，1997 年 6 月の中央教育審議会第二次答申「21 世紀を展望した我が国の教育の在り方について」において，その意義が示されている。同答申では，「一人一人の能力・適性に応じた教育を進めるため，学校教育における教育内容・方法のみならず，学校間の接続を改善し，教育制度の面で多様かつ柔軟な対応を行っていく」ことが必要であるとの視点から，「中学校教育と高等学校教育とを入学者選抜を課すことなく接続し，6 年間の一貫した教育を行う中高一貫教育については，（中略）教育界からはもとより，幅広く社会的な関心が集まっており，その導入の是非は今日的に極めて重要な課題」であるとし，中高一貫教育の導入について提言された。そして，導入にあたっては既存の学校教育体系の変更ではなく，各自治体による選択的導入とする方針が示された。

同答申の提言を受けて，1998 年 6 月の「学校教育法等の一部を改正する法律」によって，新たな学校として学校教育法 1 条に中等教育学校が位置づけられた。

また，義務教育学校は，1999 年に「心身の発達に応じて，義務教育として行われる普通教育を基礎的なものから一貫して施すことを目的」（学校教育法 49 条の 2）として導入された学校である。義務教育学校は，小学校 6 年間，中学校 3 年間の計 9 年間の義務教育を一貫して行う学校として位置づけられている。義務教育学校の 9 年間は，転入・転出する子どもへの配慮から前期課程 6 年，後期課程 3 年に区分されており，それぞれの課程では小学校ならびに中学校の学習指導要領を準用して教育課程が編成される（文部科学

省 2016：18)。また，各義務教育学校においては，「4-3-2」や「5-4」などに
学年段階を区切り，9年間の教育を柔軟に営むことが可能である（文部科学
省 2016：18)。義務教育学校に勤務する教員は，原則として小学校及び中学
校の両校種の教員免許を併有することとなっているが，いずれか一つの教員
免許しか有していないない場合でも，義務教育学校の活動に取り組むことが
可能となっている（文部科学省 2016：18-19)。

　義務教育学校の制度化にあたっては，これまでも多数指摘されてきた小学
校と中学校の連携及び接続に伴う，学級担任制と教科担任制の違いによる学
習課題や不登校の増加等の様々な課題を改善することが企図されていた。こ
のような義務教育の課題が山積する中，2005年10月の中央教育審議会答申
「新しい時代の義務教育を創造する」において，「設置者の判断で9年制の義
務教育学校を設置することの可能性やカリキュラム区分の弾力化など，学校
種間の連携・接続を改善するための仕組みについて種々の観点に配慮しつつ
十分に検討する必要がある」ことが提言された。また，2008年に策定され
た第一次教育振興基本計画では「6-3-3-4制の弾力化」に関する事項が盛り
込まれ，学校体系のあり方や校種間の接続について検討が行われてきた。そ
の後，2014年12月の中央教育審議会答申「子供の発達や学習者の意欲・能
力等に応じた柔軟かつ効果的な教育システムの構築について」において，小
中一貫教育の制度化の意義とその方向性が示され，2015年6月の学校教育
法改正によって義務教育学校が制度化された。

　義務教育学校の制度化とともに，小中一貫型の「小中一貫型小学校・中学
校」も制度化された。義務教育学校と小中一貫型小学校・中学校は同様の形
態をとっているようにも見えるが，一人の校長と一つの教職員組織によって
運営される義務教育学校と，各校種から構成される小中一貫型小学校・中学
校には表3-2のような違いが見られる。

　たとえば，義務教育学校は，それぞれの学校段階を接続しただけではな
く，一貫した教育環境，教職員組織，教育課程において教育活動を行うこと
によって，9年間の子どもの姿を見通した教育を行うことができるようにな
ると言えるだろう。また，これまで別個の校種で行われていた教職員組織で

表 3-2　小中一貫教育の制度類型

	義務教育学校	小中一貫型・中学校	
		中学校併設型小学校 小学校併設型中学校	中学校連携型小学校 小学校連携型中学校
設置者	―	同一の設置者	異なる設置者
修業年限	9 年 （前期課程 6 年＋後期課程 3 年）	小学校 6 年 中学校 3 年	
組織・運営	一人の校長 一つの教職員組織	それぞれの学校に校長，教職員組織	
		小学校と中学校における教育を一貫して施すためにふさわしい運営の仕組みを整えることが要件	中学校併設型小学校と小学校併設型中学校を参考に，適切な運営体制を整備すること
免許	原則小学校・中学校の両免許状を併有 ※当分の間は小学校免許状で前期課程，中学校免許状で後期課程の指導が可能	所属する学校の免許状を保有していること	
教育課程	・9 年間の教育目標の設定 ・9 年間の系統性・体系性に配慮がなされている教育課程の編成		
施設形態	施設一体型・施設隣接型・施設分離型		
通学距離	おおむね 6 km 以内	小学校はおおむね 4 km 以内，中学校はおおむね 6 km 以内	
設置手続	市町村の条例	市町村教育委員会の規則等	

出所：文部科学省（2017b）「小中一貫教育の導入状況調査の結果」をもとに筆者作成。

の取り組みを一体化することで，一貫教育における新たな学校組織のあり方を模索することにもつながると言える。こうした多様な教育形態は，一貫した教育を支える仕組みとしての新たな学校の姿をとして見ることができよう。

　現在，学校段階の接続は初等中等教育の接続にのみならず，就学前教育から高等教育に至るまで，その取り組みが進められている。

(3)　令和の日本型学校教育が示唆する今後の学校

　1990 年代以降，国の行財政改革と呼応して教育改革が進められているが，近年では，2021 年 1 月に提出された中央教育審議会答申「『令和の日本型学校教育』の構築を目指して」（以下，令和型答申）に沿った教育改革が推進されている。

　令和型答申では，「全ての子供たちの可能性を引き出す，個別最適な学びと，協働的な学びの実現」が打ち出されている。従来型の学校教育にとらわ

れることなく，あらゆる子どもの状況や教育的なニーズに対応した教育が目指されている。具体的な施策の一つには，2020年初頭の新型コロナウイルスの流行もあいまって導入された，ICT整備事業としての「一人一台端末」の導入がある。これらは，一条校における就学義務による学校教育を根本的に見直すものであり，コロナ渦を経て改めて現れてきた日本の学校教育の修正を図ろうとするものと言えよう。また，令和型答申では学校と学校外の社会の連携・協働の推進もいっそう図られている。

　コロナ渦を経て変化が著しい現在，社会における学校のあり方や機能，役割について引き続き検討していくことが重要となる。

参考文献（ウェブ文献はすべて2023年6月1日閲覧）
佐々木享　1976『高校教育論』大月書店。
林孝　2017「学校経営と学校評価」河野和清［編］『現代教育の制度と行政』改訂版，福村出版，74-89頁。
宮原誠一　1990『青年期教育の創造』宮原誠一教育論集3，国土社。
文部科学省　2016「小中一貫した教育課程の編成・実施に関する手引」https://www.mext.go.jp/component/a_menu/education/detail/__icsFiles/afieldfile/2019/08/29/1369749_1.pdf
　──　2017a「学校の組織図（例）」https://www.mext.go.jp/b_menu/shingi/chukyo/chukyo3/079/siryo/__icsFiles/afieldfile/2017/11/08/1397673_5-2.pdf
　──　2017b「小中一貫教育の導入状況調査の結果」https://www.mext.go.jp/a_menu/shotou/ikkan/__icsFiles/afieldfile/2017/09/08/1395183_01.pdf
　──　2023「令和5年度　学校基本調査（速報値）」もとに筆者作成。https://www.mext.go.jp/content/20230823-mxt_chousa01-000031377_001.pdf
吉田昇・長尾十三二・柴田義松［編］　1980『中等教育原理』有斐閣。

●読書案内●

香川めい・児玉英靖・相澤真一
『〈高卒当然社会〉の戦後史——誰でも高校に通える社会は維持できるのか』
　　戦後日本の高校教育の展開過程について，高校教育の機会が広くひらかれて
　　きた構造やその影響をデータやケーススタディを通して考察した書籍である。
　　現在，そして今後の高校教育のあり方を考えることにもつながるものである。
　　［新曜社，2014 年］

木村元『学校の戦後史』
　　戦後日本において，学校教育がどのようにつくられてきたのかを詳細に考察
　　した書籍である。社会との関係から学校教育の基本的な構造および，その史
　　的変遷を網羅しており，戦後日本の学校教育の全体像を把握することができ
　　る。［岩波書店，2015 年］

国立教育政策研究所編『小中一貫　事例編』国研ライブラリー
　　日本における小中一貫教育の推進について，基本的な流れやその実態が記さ
　　れている書籍である。小中一貫教育の基本的な方針や構造について網羅され
　　ているとともに先進的な取り組みを行っている事例も掲載されており，小中
　　一貫教育の現状を確認することができる。［東洋館出版社，2016 年］

第4章

高等教育の制度・行政・政策
大学の自治と国による間接的な統制

白川優治

高等教育は複数の学校種から構成されている。その中でも学位授与権と大学の自治の制度的特徴を持つ大学が中心的な役割を担ってきた。高等教育の制度・行政では，質保証システムとして設置認可制度と認証評価制度が重要な意味を持っている。高等教育政策として財政の果たす役割も大きく，特に近年，競争的経費による選択と集中を意図した政策誘導が進められてきた。

1　高等教育と大学

(1)　高等教育とは何か

　本章は，日本の高等教育の制度・行政・政策について，その基本的特徴を理解することを目的とする。高等教育とは，初等中等教育とともに，学校制度を教育段階として区分する呼称である。しかし，この教育段階の区分は，教育学及び教育制度・政策上での呼称であり，法令において明確に定義されているわけではない。教育基本法や学校教育法は，学校種別の目的や要件等は定めているが，そこに「高等教育」という言葉は用いられていないためである。そのため，法令をもとに運営される教育行政の観点から高等教育を理解するためには，日本の学校制度において高等教育に区分される学校とその特徴を把握することが必要となる。

高等教育とは，中等教育後の進学先として専門教育・職業教育を中心に学修する教育段階を指す用語であり，教育制度の区分として用いられている。これはユネスコが策定している国際標準教育分類における「第三段階教育（tertiary education）」に相当する。しかし，高等教育にどのような学校が含まれるかは，各国・各時代の学校制度により異なる。現在の日本の学校制度においては，大学（学校教育法9章「大学」の中に含まれている，短期大学，専門職大学，専門職短期大学を含む），高等専門学校及び専修学校専門課程（専門学校）が，高等教育の範囲とされている。[1]高等教育は複数の学校種によって構成されていることから，本章ではまず，その基本的な構成と特徴について確認することとしたい。

(2)　高等教育の特徴と現状

　現代日本の高等教育の特徴は，複数の学校種と国公私立の設置形態の組み合わせによって，多元的に構成されていることにある。そのことを具体的に確認するために，学校教育法から，高等教育を構成する学校種の目的を抜き出したものが表4-1である。
　ここから，目的に「研究」を含むかどうか，職業のための能力育成を目的としているか，の二つの観点から各学校種の位置づけが異なるものとなっていることがわかる。具体的には，大学には「学術の中心」として「広く知識を授けるとともに，深く専門の学芸」を「教授研究」することが目的として位置づけられている。学校教育法において大学の中の類型として区分される専門職大学・短期大学・専門職短期大学においても「教授研究」が含まれている。「研究」を含むことが，他の校種と異なっている。他方，大学を除く他の学校種（ここには大学の類型として区分される専門職大学・短期大学・専門職短期大学を含む）では，「職業」に向けた能力育成を目的に含めている。このように目的が異なる複数の学校種によって構成されていることが高等教育

1　「大学等における修学の支援に関する法律」（2019年）により創設された「高等教育の修学支援新制度」によって，高等教育の範囲が明確にされた。

表 4－1　学校教育法における高等教育に含まれる学校の目的

大学（83 条）	学術の中心として，広く知識を授けるとともに，深く専門の学芸を教授研究し，知的，道徳的及び応用的能力を展開させること
専門職大学 （83 条の 2）	深く専門の学芸を教授研究し，専門性が求められる職業を担うための実践的かつ応用的な能力を展開させること
短期大学 （108 条 1 項）	深く専門の学芸を教授研究し，職業又は実際生活に必要な能力を育成すること
専門職短期大学 （108 条 4 項）	深く専門の学芸を教授研究し，専門性が求められる職業を担うための実践的かつ応用的な能力を育成すること
高等専門学校 （115 条）	深く専門の学芸を教授し，職業に必要な能力を育成すること
専門学校 （124 条）	職業若しくは実際生活に必要な能力を育成し，又は教養の向上を図ること

表 4－2　現代日本の高等教育の現状（機関数・在学生数：2023 年度）

	機関数				在学生数			
	大学	短期大学	高等専門学校	専門学校	大学	短期大学	高等専門学校	専門学校
国立	86	0	51	8	600,177	—	50,928	239
公立	102	15	3	179	165,914	5,190	3,814	21,538
私立	622	285	4	2,506	2,179,716	81,496	1,728	533,372
合計	810	300	58	2,693	2,945,805	86,686	56,470	555,149

出所：文部科学省『学校基本調査　令和 5 年度版速報値』。

の特徴の一つである。

　それでは，このような異なる種類の学校はどのような量的状況にあるのであろうか。表 4－2 は，現代日本の高等教育の量的状況を示したものである。高等教育機関は総数 3861 校，在学者では総数 364 万 4110 人となっている。そのうち，機関数では，専門学校が全体の約 7 割を占めており，在学者では，大学在学者が全体の約 8 割を占めている（私立大学の在学者が全体の約 6 割を占めている）。このことは，専門学校は小規模校が多く，大学は相対的に大規模な学校が多いことを示している。また，設置形態を見ると，機関数・在学生数ともに，高等専門学校以外では，国公立よりも私立が多数を占めていることがわかる。これらのことから，現代日本の高等教育の量的中心

は大学であり，特に，私立大学が重要な役割を担っていると言えるだろう。

　日本の高等教育が大学を中心に構成されてきたことは，その歴史的経過からも確認することができる。日本における近代大学の形成は，明治初期の1877年に東京大学が創設されたことに始まり，戦前期の旧制学校制度においては，最終的に9つ創設された帝国大学（東京・京都・東北・九州・北海道・京城・台北・大阪・名古屋）が高等教育の中心として位置づけられてきた。そして，1919年の大学令によって，官立単科大学や公私立大学の設置が認められたことで，旧制大学（帝国大学と官公私立大学），旧制高等学校，旧制専門学校，師範学校（1943年以降）が高等教育段階の学校種として位置づけられ，多元的な学校種によって高等教育が形成されていた。しかし，1945年の敗戦後の戦後教育改革において，旧制学校制度における高等教育機関は，新制大学として一元化されることで再編成されることになった。その後，新制大学に制度的に一元化された後，異なる目的を持つ学校種が高等教育機関として制度化されてきた。1948年に新制大学が発足して以降，短期大学（1954年に制度として恒久化），高等専門学校（1961年），専修学校（専門学校）（1975年），専門職大学・専門職短期大学（2019年）が，学校教育法の改正を通じて新たな学校種や大学の類型として制度化されたためである。このように戦前期においても戦後期においても，大学の存在を前提にしながら他の学校種が高等教育の中に位置づけられてきた経過からも，大学を高等教育の中心として見ることができる（寺﨑 2017）。

　これらのことから日本の高等教育は，大学を中心としながら，複数の学校種から構成される多元的な学校制度によって構成されていると言える。

(3) 大学の特性——「学位授与権」と「大学の自治」

　高等教育の中心となる大学にはどのような特性があるのだろうか。機能的側面からは，すでに見たように，大学は，教育と研究の二つの役割が目的とされることに対して，他の学校種では教育のみが目的とされていることがあげられる。さらに，大学には他の学校種とは異なる二つの制度的特性がある

ことが指摘できる。それは，「学位授与権」と「大学の自治」である。

　学位授与権とは，卒業生に学位を授与することができる権限（学校教育法 104 条，学位規則）であり，初等・中等教育を含め，他の区分の学校にはない権能である。具体的には，大学は，大学を卒業した者には学士，短期大学の卒業者には短期大学士，専門職大学・専門職短期大学・専門職大学院の修了者には専門職学位，大学院修士課程の修了者には修士，大学院博士課程の修了者に博士の学位を与えることができる。学位とは，特定の学問領域に対する能力を公的に認定する栄誉称号であり，国際通用性が認められている。つまり，学位は，他国においてもその教育段階を修了した能力を有すると通用することが保証されたものである。他方，専門学校は卒業者に専門士（一定の要件を満たす専門学校においては高度専門士），高等専門学校では準学士を称号として授与することができるが，これらには国際通用性は保証されていない。大学にのみ国際通用性のある学位の授与権が認められることは，中世ヨーロッパに歴史的淵源を有する近代以降の大学制度が，学術を扱う教育研究機関として，国を超えて対等な存在であることを背景としている。

　もう一つの「大学の自治」とは，大学における教授職その他の教員・研究者の人事，施設の管理，研究・教育の内容と方法における自主決定権，学生の管理・学位授与の判断，及び予算管理の自治が独立した組織として認められるものである。大学の自治は，大学史の観点からは，中世以降，欧州において国家権力や宗教権力との確執の中で成立したものであり，近代日本においても，戦前期に国家と大学の確執の中で大学自治の概念が形成されてきた。現代日本における大学の自治は，「学問の自由は，これを保障する」と定めた憲法 23 条の制度的保障として位置づけられており（「東大ポポロ事件」，最高裁判決昭和 38 年 5 月 22 日），研究・教育の学問的活動に対し外部からの介入や干渉を受けない学問の自由を具現化するものである。たとえば，初等・中等教育では，国によって学習指導要領を通じた教育内容の標準化や定期的な内容改訂が図られているが，大学には学習指導要領のようなものは存在せず，教育課程や教育内容は個々の大学の自主的な決定（自治）によって運営されることが原則となっている。このような学問の自由に基づいた大

学の自治が認められることは，教育基本法において「大学については，自主性，自律性その他の大学における教育及び研究の特性が尊重されなければならない」（7条2項）とされていることにも表れている。学問の自由と大学の自治は大学の存続基盤としての意味を持っている（羽田他［編］2022）。

2　高等教育行政・政策の基本枠組みと 高等教育の質保証システム

(1)　高等教育行政・政策の基本枠組み

　異なる学校種から構成されている高等教育は，制度としてどのように運営されているのだろうか。ここでは，法制度に基づいて高等教育を運営する仕組みを高等教育行政，高等教育の制度変更や財政配分を含め，高等教育のあり方や高等教育に対して国家の意図を実現するための働きかけを高等教育政策として区分して，国としての高等教育制度の運営体制について確認したい。

　日本の高等教育行政の特徴として，まず，対象となる学校種によって所轄庁が異なっていることがある。大学（短期大学を含む，以下同じ），高等専門学校は文部科学大臣，専門学校は都道府県知事が所轄庁とされており，その新設や変更等を許認可する行政主体が異なるためである。大学が国単位で所管され，専門学校が都道府県単位で所管されていることは，大学と専門学校の目的の違い，想定されている進学者の地理的範囲が異なることなどが背景にある。そして，国の行政機関である文部科学省においても，大学・高等専門学校に対しては高等教育局が主な担当部署であることに対して，専門学校は総合教育政策局が担当しており，担当部署が異なっている。専門学校は専修学校制度の一部として，生涯学習の観点から教育行政に位置づけられてきたことが背景にある（総合教育政策局は，2018年9月まで生涯学習局）。

　また，高等教育政策として見ると，大学は教育機関であるだけでなく，研究機関であることから，大学に対しては，文部科学省において高等教育局のみでなく，科学技術・学術政策局や研究振興局等の科学技術・研究政策を担

当する部署も大きな関わりを持っている。さらに，近年は文部科学省以外に
も，内閣府，財務省，経済産業省，厚生労働省，総務省等の各省庁も大学の
あり方に大きな影響を持つようになっている。大学は，教育政策だけでな
く，研究・イノベーション政策，経済・産業政策，労働・雇用政策，地方創
生などの観点から，国の様々な政策の対象となるためである。高等教育機
関，特に大学には，多様な政策形成主体が関与し，異なる政策目標を意図し
た，多様な政策の対象となることに特徴がある。

⑵　質保証システムとしての設置認可制度と認証評価制度

　高等教育においては，個々の機関の自主性が尊重されている。この高等教
育の制度的特徴を背景に，個々の機関の教育研究活動や組織運営の質保証を
どのように行うかは重要な課題である。大学のみを見ても 800 校以上が存在
する中で，すべての大学が同等の社会的評価を得ていると考えることは難し
い。多様な大学が，多様な社会的役割を果たしているのが現実であり，大学
としての教育研究水準に疑念を持たれる機関や適切な組織運営がなされてい
ない機関が生じることもある。このような中，大学を制度としても，個々の
機関としても社会的信頼を維持するための仕組みが質保証システムの役割で
ある。そして，現代日本においては高等教育の質保証システムとして，設置
認可制度と認証評価制度が重視されている。
　設置認可制度とは，学校教育法 3 条及び 4 条に基づいて，学校の設置や改
組において所轄庁の認可を必要とする制度であり，大学においては文部科学
大臣が所轄庁として認可を判断するものである。文部科学大臣は，公私立大
学及び学部の新設にあたっては大学設置・学校法人審議会に諮問し，同審議
会は教育課程，教員組織等が学校教育法や大学設置基準等の関係法令に適合
しているか，また，財政計画や管理運営が適切かどうかを審査し，文部科学
大臣に結果を答申する。その答申に基づいて，個々の大学の申請の可否を文
部科学大臣が判断することが設置認可制度である。このような設置認可制度
は，戦後日本の大学行政の基盤の一つとして存在してきた。特に，1970 年

代から 80 年代にかけて，高等教育全体の量的規模に関する整備計画として
国が策定した高等教育計画において，設置認可制度は重要な役割を果たして
いた。大都市部での大学新設を抑制し，大学の地方分散を求めるなど国の政
策意図を実現する手段として用いられたためである。1990 年代以降，高等
教育計画の策定は放棄され，2003 年以降は設置認可は準則主義とされ，大
学の新増設に対する政策的な統制的機能は弱まっているが，現在においても
大学の要件定義とその審査手続きである設置認可制度と，その前提となる文
部科学省令である大学設置基準は高等教育の質保証の前提となっている。

　他方，認証評価制度は，2004 年度より導入されたものであり，大学は 7
年に一度，国から認証を受けている第三者評価機関（認証評価機関）による
評価（認証評価）を受けることが義務づけられている（学校教育法 109 条）。
この認証評価制度は，大学が定期的に第三者評価を受けることにより，その
大学の教育研究活動及び組織運営の適切さや学校教育法や大学設置基準等の
法令遵守の状況を確認するものであり，大学に対する継続的な事後チェック
の制度である。認証評価には，機関別認証評価と専門分野別認証評価の 2 種
類があり，前者は，一つの機関としての大学の組織的活動全体を対象とし，
後者は，専門職大学院を対象に個々の専門分野別に行われている。

　このような設置認可制度と認証評価制度は，大学を社会的に承認する機能
としての意味を持っている。歴史的に，ある機関が「大学」として認められ
るための方法には，チャータリング（設置認可）とアクレディテーション
（適格認定）の二つが存在してきた。チャータリングとは，権威ある存在（国
家，国王等）がその機関の学位授与権を認めること，つまり大学として認め
ることである。アクレディテーションとは，既存の同業者集団（既に存在す
る大学）が，ある機関を自分達と同等な価値を持つ存在，つまり大学として
認めることである。前者はヨーロッパで，後者はアメリカで，主に大学の社
会的承認のための制度として用いられてきた。20 世紀末から 21 世紀にかけ
て，多くの国が，自国の教育制度の歴史的な経過を前提にしながら，この二
つの方法を取り入れることで，大学の質保証の仕組みを再整備してきた。日
本では，旧来，設置認可が中心であった中で，アクレディテーションとして

の機能を持つ認証評価制度が導入されたのである。このことは，2000 年代初頭に政府全体の行政改革として進められた規制緩和政策を背景にするものであるとともに，1990 年代以降，大学数と大学進学者が増加する中で，事後チェック制度として既存の大学に対する定期的な質保証制度を取り入れたものであった。政府の行政機能の見直しを背景に同時期に進められた国立大学の法人化（2004 年に，それまで国家施設として位置づけられてきた国立大学が，個々の大学ごとに独立行政法人として法人化された）とともに，認証評価制度は 21 世紀の日本の高等教育行政・政策の制度的前提となっている。

　日本の認証評価制度の特徴は，国（文部科学大臣）が，組織体制や評価方法，評価基準等について共通枠組みを定めた上で（学校教育法 110 条，学校教育法 110 条 2 項に規定する基準を適用するに際して必要な細目を定める省令），評価機関の認証を行うことである。そのため，複数の評価機関が認証評価機関として存在している（2023 年 8 月時点で，四年制大学の機関別認証を行う評価機関は 5 団体，専門分野別認証評価は 20 分野を対象に 23 機関）。そして，機関別認証評価では，大学は，複数ある認証評価機関の中から，受審先を選択することができる。このことは，画一的な評価ではなく，個々の評価機関が理念と特徴を持った大学評価を行うことを意味している。他方，国は，大学評価制度全体の共通枠組みの見直しと，評価機関の認証や評価基準の見直し（7 年に一度の評価サイクルに対応して，認証評価機関は評価基準や評価方法を見直すプロセスがある）を通じて，各評価機関が行う大学評価に，高等教育政策の方針や課題を含み込むようにしている。

　たとえば，2017 年，国の定める認証評価の共通枠組みが改訂され，各大学の内部質保証を確認することが認証評価の重点項目として定められた。内部質保証とは，大学内部において，教育研究活動の現状を定期的に検証し，自ら課題を発見し，改善するための自律的な活動が組織的に整備され，機能していることを指す。この改訂により，すべての認証評価機関は，各大学の内部質保証システムを確認し，その状態を評価することが必要となった。各大学は，認証評価での適合を得るために，内部質保証システムの体制を整備し，その実質化に取り組んでいる。このことは，国が直接的に大学に対して

内部質保証システムの整備を要請するのではなく，認証評価に組み込むことで，大学が共通して取り組んでいくことになったことを示している。このような大学に対する間接的な統制機能を持つことも評価制度の一つの特徴である。

3　高等教育財政とその特徴

(1)　高等教育財政の基本的構成

　高等教育政策において，国の財政配分も重要な意味を持っている。高等教育財政は，教育研究活動をはじめとする高等教育機関の様々な活動を維持するだけでなく，財政配分を通じた政策誘導，つまり，国の政策意図の実現，個々の高等教育機関の活動に対する方向づけを意図して行われているためである。他方，高等教育機関に対する財政配分は，学校種や設置形態による違いも存在する。高等教育における財政配分の考え方と現状を見ていきたい。
　まず，財政配分の方法には，対象による区分として機関補助と個人補助，目的による区分として基盤的経費と競争的経費が存在する。機関補助とは，大学等の組織に対する財政配分であり，個人補助とは，学生等の個々人を対象に資金を配分する方法である。他方，基盤的経費とは，組織運営に必要な資金，具体的には，人件費や施設管理費，日常的な活動のために必要となる教育研究経費等の固定的な必要経費を補助するものであり，競争的経費とは，何らかの事業を行うに際してその経費を支援するものである。
　日本の高等教育財政の特徴を見ると，大学を対象とした国の財政措置には，機関補助として基盤的経費と競争的経費を通じた資金配分，個人補助には，学生に対する経済的支援（奨学金）や研究者に対する競争的研究資金（科学研究費等）の配分などが行われている。

(2)　機関補助としての高等教育財政

　日本では，高等教育財政において，機関補助が重視されてきた。国から大

学への財政配分は，国立大学には国立大学法人運営費交付金（約 1 兆 1000 億円），公立大学には基準財政需要額に算入した形での運営自治体への地方交付税措置（1800 億円），私立大学には私学助成として私立大学等経常費補助金（3200 億円）と，それぞれ異なる方式によって個々の大学を単位とした機関補助としての財政配分が行われている[2]。これらの機関補助は，個々の大学の教員数や学生数などの基礎的条件を背景に配分額が算定されるものであり，大学の日常的な教育研究活動，組織運営のための基盤的経費となるものである[3]。このような国からの基盤的経費としての財政措置が，大学財政に持つ意味は設置形態により異なっている。日本の大学の財政状況は，国公私立の設置形態によって大きく異なるためである。具体的には，国立大学では収入の 3 割程度が国からの運営費交付金であることに対して，私立大学では国からの補助金が収入に占める割合は 1 割に留まっている（公立大学については，設置者である自治体の負担額が 3 割程度。公立大学への国からの財政配分は，交付税措置の特性から，設置自治体を経由した配分となる）。他方，授業料等の学生納付金が大学財政に占める割合は，国立大学では 1 割程度，公立大学が 15% 程度であることに対して，私立大学では 5 割となっている。国立大学にとっては国からの運営費交付金，私立大学にとっては学生納付金が占める割合が大きいことが特徴となっている。

　高等教育機関に対する国からの財政措置として，もう一つ重要な意味を持つものが競争的経費である。これは，特定のテーマに基づいて新たな取り組みを行う機関が公募され，選考を経て採択されることで，期限を区切った事業資金を補助するものである。これまで，日本の大学が国際的な教育研究競争の中で卓越性を発揮できるように，また，意欲ある大学が新しい取り組みを進めることができるように，「国公私立大学を通じた大学教育再生の戦略

2　国公私立大学の機関補助の金額は 2017 年の状況であり，2018 年 11 月 26 日中央教育審議会答申「2040 年に向けた高等教育のグランドデザイン」における参考資料に基づいている。

3　ただし，国立大学の運営費交付金には，毎年，概算要求として大学の申請に基づいて新たな取り組みに対する期限を区切った経費配分も行われており，また，私立大学の私学助成には，特定の活動や取り組みを支援する枠組みも存在するため，それぞれ競争的経費配分の側面を持つ内容も含まれている。

的推進」として，大学教育の改革，大学の国際化・グローバル展開，産学連携，大学の地域貢献，特定の研究領域の推進，新たな教育研究領域の創出などを目的に様々なテーマによる公募事業が行われてきた。このような競争的経費は，すべての大学を同等に財政支援するのではなく，選択と集中の考え方に基づいて選抜された大学を対象とするものである。そして，このような公募型財政配分では，国が大学に求める政策課題や方向性をテーマとして設定し，個々の高等教育機関が応募することで，高等教育に新たな取り組みをもたらすものであり，補助金を用いた誘導の機能も持っている。たとえば，2023年には「成長分野をけん引する大学・高専の機能強化に向けた基金による継続的支援」として，日本の高等教育の構造として人文社会科学領域が在学生数全体の半数を占めており理工系領域が少ないことを背景に，デジタルや脱炭素・情報分野などの理工系学部を新設・拡充を行う大学を対象とする財政支援が行われることとなり，公募の結果，国公私立の大学や高等専門学校111校が選ばれた。この事業は，これまで文系学部しかなかった公私立大学に理系学部を設置する動きを導くなど，日本の高等教育の構造を変化させる動きにつながっている。他方，同じく2023年に実施された，世界最高水準の研究大学の創設を目的にこれまでにない財政規模と期間で研究支援を行う国際卓越研究大学制度は，当初から数校のみが選定されることになっており（2023年は認定候補を1校選定），これには過度な選択と集中を懸念する指摘もある。このような競争的経費による財政配分は，大学を誘導するものであり，大学に対する間接的な統制機能としての意味も持つことがわかる。

(3) 個人補助としての学生に対する経済的支援

高等教育段階におけるもう一つの重要な財政支援である個人補助には，学生を対象とした経済的支援である奨学金制度がある。奨学金制度は，経済的に進学や学業継続が困難な状況にある学生に対して，給付もしくは貸与による経済的支援を行うことで，教育機会の均等を実現するための社会制度である。奨学金制度には利用要件として，経済的状況を重視するか，能力を重視

するかなど，制度的論点が存在する。給付型では所得再配分の機能を持ち，貸与型においても，個人を対象とした，無利子もしくは低利子による無担保長期返済貸付として，一般の金融取引（銀行等の貸付）とは異なる社会的機能を持っている。日本の奨学金事業の特徴は，貸与型制度が中心に運営されながら，近年，給付型制度が創設され，その対象が拡充されていることである。貸与型制度に対しても，卒業後の所得状況で返済額が決まる所得連動型返還制度が導入されるなど，制度のあり方が見直されてきた。

　日本における国の奨学金事業は，1943 年に財団法人大日本育英会（その後，特殊法人日本育英会）が創設され，無利子貸与型制度として開始された。その後，一部の対象者（教育職・研究職就職者）に対する返還免除制度が組み込まれ，1984 年に有利子貸与制度が新設されたことで，無利子貸与と有利子貸与の二つの貸与制度として運営されてきた。2004 年に運営組織が独立行政法人日本学生支援機構（JASSO）に再編成される際に，学部段階の貸与型奨学金を対象とする返還免除制度は廃止された。2010 年代に，奨学金制度のあり方が社会的・政治的な課題となる中で，2017 年度には，無利子貸与奨学金に卒業後の所得状況によって返済額が変化する所得連動型返還制度が導入されるとともに，住民税非課税世帯等に対象を限定した給付型奨学金制度（旧給付型）が創設された。2020 年度からは，「高等教育の修学支援新制度」（以下，修学支援新制度）として，給付型奨学金と授業料と入学金（以下，授業料等）の減免を組み合わせた新たな経済的支援が行われている。2021 年度において，日本学生支援機構の貸与型奨学金を利用する学生は，無利子・有利子の合計で 123 万人（うち，四年制大学の在学生 94 万人），給付型奨学金の受給学生は 33 万人（うち，四年制大学の在学生 25 万人）となっており，大学生の半数が何らかの奨学金制度を利用しており，給付型奨学金の受給者も大学生の 1 割程度となっている（日本学生支援機構 2022）。

　特に，2020 年度から新設された修学支援新制度は，これまでの奨学金制度と大きく異なる特徴を持っている。対象となる学生は，経済的要件としては，住民税非課税世帯を基本に，それに準ずる世帯所得として三段階に区分し，区分別に異なる額の給付型奨学金を支給するとともに授業料等減免を行

う制度である。在学する機関の設置形態（国公私立）と通学形態（自宅か自宅外か）で具体的な支援金額が異なる（最も支援額が大きいケースは，住民税非課税世帯の出身者が私立大学に自宅外から通った場合であり，年額約 91 万円の給付奨学金と入学金・授業料が年額 96 万円減免となる）。さらにこの制度には，旧来の奨学金制度には存在しなかった機関要件が設定され，大学等の高等教育機関に対しても，この制度の対象となるための要件（経営要件として指定された学生定員充足率を満たしていることや運営に学外者が理事として加わっていること，教育上の要件として一定の割合の授業科目において実務経験のある教員が授業を担当していることなど）が定められている。その要件を満たしていることは毎年確認され，公表されることになっている。この機関要件は，この制度が 2019 年 10 月に行われた消費税の増税分を財源として創設されたことから，制度に対する政治的・社会的賛同を得るために設定されたものである。そして，このような機関要件は，その設定内容，変更を通じた間接的な政策誘導の機能を持ち，高等教育機関を方向づける効果が意図されている。修学支援新制度は，学生への経済的支援のみでなく，機関要件を通じた，高等教育機関に対する統制手段としての意味も持っているのである。

4　高等教育行政・政策の特徴

　多様な学校種によって構成される日本の高等教育は，進学適齢人口（18 歳人口）の 8 割が進学し，350 万人以上が在籍する大きな教育段階となっている。機関数・在学者数の量的な拡大は，多様な内容や取り組みを包含することとなり，ときに，個々の機関に対して高等教育としてふさわしい教育研究水準を具えているかという質的な疑念も生じる。高等教育の質保証をどのような制度的枠組みにより，どのような方針で行うかは高等教育政策にとって重要な課題であり，設置認可と認証評価のあり方は重要な論点となっている。
　他方，大学を中心とした高等教育は，教育研究のみでなく社会の中で期待される役割が多様である。研究機関として世界的な研究開発競争の中で最先

端であることが期待され，研究成果を通じた社会・経済発展への貢献が求められる一方で，教育機関として学生の専門的・汎用的能力を高め，社会で活躍する人材育成が求められている。急速な社会変容を背景に，グローバル化が進む中で国際的に活躍できる人材の育成が求められ，DX やデジタル社会が進む中でデジタル技術を有する人材の育成が求められるなど，高等教育に対する社会的要請は常に変化しながら，常に新たな期待が課せられている。高等教育に期待される役割の大きさと多様さは，絶えることのない大学改革の要請として，大学に変革を求めてきた。このような大学改革の要請は，大学の教育研究への統制・干渉として批判的に捉えることもできるし，変容する社会における大学の機能強化として肯定的に捉えることもできる。高等教育行政・政策は，後者の立場から推進されていく中で，その方法として財政配分を通じた政策誘導が重要な方法として採用されてきたと言える。

　本章で見てきたように，高等教育行政・政策は，大学の自治や自主性を前提に，国が大学に対して直接的に指示・統制を行うのではなく，間接的な政策誘導を中心に行われていることに特徴がある。他方で，18 歳人口の減少を背景に高等教育の進学機会が供給過剰状態にあり，今後，大学の閉校が増加することも予測されている。また，国際的な政治・経済環境の変化から経済安全保障の考え方が強調される中で，研究の国際化やオープン化に伴う新たなリスクに対して確保が求められる研究の健全性・公正性としての研究インテグリティは，大学等の研究活動のあり方に影響を与える新たな動向である。このような社会・環境の変化により，今後，大学に対する国による直接的な指導・統制が進むことも想定される[4]。国の制度としての高等教育をどのように位置づけ，どのように制度全体を運営するかはこれまで以上に重要な課題となっている。

4　2023 年 12 月に国立大学法人法が改正され，事業の規模が大きい国立大学法人には，中期計画や予算・決算を決定する権限をもつ運営方針会議を設置することが義務づけられた。同会議の委員の任命には文部科学大臣の承認が必要とされており，大学に対する国の統制を強める意図が指摘されている。

参考文献

寺﨑昌男　2017『日本近代大学史』東京大学出版会。

日本学生支援機構　2022『JASSO 年報　令和 3 年度』。

羽田貴史・松田浩・宮田由紀夫［編］　2022『学問の自由の国際比較』岩波書店。

●読書案内●

矢野眞和『「習慣病」になったニッポンの大学』

18 歳主義・卒業主義・親負担主義という観点から日本の大学の特性が整理され，社会経済と大学の歴史的な経過と課題を学ぶことができる。「授業料の無償化」という著者の主張が，出版後 10 年を経た現代社会の中でさらに重要な提案になっていることに気づくだろう。［日本図書センター，2011 年］

広田照幸『大学論を組み替える』

高等教育政策や大学について考えるためには，大学をどのような存在として理解するかという「大学観」が重要である。自分の経験からだけでなく，国の政策に単に順応するのではなく，大学とは何かを深く広い視点で考えてほしい。その材料を提供してくれる一冊。［名古屋大学出版会，2019 年］

市川昭午『教育改革の終焉』

教育行政学の泰斗による 1990 年代以降の教育改革に対する論説集。教育制度全体を対象とするものであるが，教育費負担や無償化をどのように捉えるかなど，高等教育を考えるための論点も多く含まれている。関心のあるトピックを拾いながら読むこともできる。［教育開発研究所，2021 年］

第5章

教育と地方政治

両者はどう関わるか

阿内春生

　本章では教育と政治の関係について検討を進める。特に注目するのは地方自治体における教育と政治の関わりである。地方自治体に教育委員会が設置された戦後改革以降，何度か教育と政治の関わりを変化させる制度改革が行われてきた。本章では教育と地方政治の近年の動向を中心に見ておきたい。

1　教育と政治の関わり

(1)　関わりの整理

　本章は地方自治体の教育と政治との関連を論じる。教育の政治的中立性（教育基本法14条）や，教育行政に対する不当な支配の排除（同法16条）の論理から従来の教育行政研究は教育と政治を関わらないものとすることを目指してきた。しかし，現実の教育行政は首長や議会などの政治アクターと密接，不可分の関係にある。つまり，理念は別として，仕事を進める上で両者は「切っても切れない」のである。本章では教育と政治の関わりについて原理を確認しつつ，その実際を見ていこう。

　個別の話題に入る前に，戦後の教育改革以降の教育と政治の環境変化について，（本章に関する限りで）押さえておきたい出来事を整理した（表5-1）。

　教育と政治の関係を大きく変えた転換点はいくつもあるが，そのすべてを

表5-1　教育と政治の関係の変遷

年	できごと	備考
1947	教育委員会法	教育委員会設置
1956	地方教育行政法	教育委員任命制，予算・条例案提出権首長へ
1993	衆議院に小選挙区比例代表並立制	首相権力の強化につながったとされる
1998	教育長任命承認制度廃止	教育長任命の上位機関の承認性を廃止
1999	地方分権一括法	対等協力の関係へ
2001	小泉純一郎首相就任	新自由主義的改革
2006	安倍晋三首相就任	教育再生会議
	教育基本法改正	戦後初めての改正
2012	安倍晋三首相再就任	教育再生実行会議
2014	教育委員会制度改革	首長関与の強化

出所：筆者作成。

本章で取り上げることはできない。たとえば1990年代以降の中央省庁再編などの改革，選挙制度改革による首相権力・内閣府の強化，地方分権改革による中央地方関係の変化など多様な論点があるが，これらは取り上げていない。これらについては地方自治論などのテキストで詳しく解説されるので，是非そちらも参照してほしい。

(2)　国での関わり

第2章でも見てきたとおり，国の教育行政機関として文部科学省が設置されている。文部科学省は地方自治体の教育委員会とは違い行政委員会として独立しているわけではないので，日常的に内閣，政党など政治との関わりが生じる。国においては，教育政策はそれ以外の政策領域と同じように政策形成・決定されると考えて差し支えない。

たとえば，政権政党である自由民主党には，党内に国会議員で組織する政務調査会文部科学部会が設置されている。内閣が国会に提出する法案を内閣提出法案（閣法）というが，この閣法は与党内での議論を経る。自由民主党内の議論とともに，連立政権を組む公明党との調整も行われるが，ここでは自由民主党内の手続きに絞って見ていこう。自由民主党内で閣法となる法案

を議論するのが政務調査会の部会である。部会には衆・参の委員会所属議員に加え，関係団体・業界とのつながりが深い国会議員（いわゆる「族議員」）が出席し，各省庁の担当者が法案等の説明に当たるとともに，部会の議論を法案などの政策に反映させていく（中北 2017：96-97）。部会→政調審議会→総務会という自由民主党内の意思決定プロセスの中で，部会は政治家・官界・財界からなる「鉄の三角形」のミクロな調整の場を果たしているとされる（中北 2017：97）。

　また，自由民主党からは政府に対して様々な提言も出されている。たとえば，2022 年 6 月 14 日に文部科学大臣に提出された「教師の指導力の確保・向上のための提言」では教員免許更新講習を「発展的に解消」するにあたっての環境整備について 10 項目にわたって言及している（自由民主党政務調査会文部科学部会 2022）。教員免許更新講習の終了にあたって，中央教育審議会では各教員の研修受講履歴などを記録し，管理するシステムの構築が議論されてきた。自由民主党部会の提言では，研修記録のデジタル技術を活用した作成（項目の番号として「六」，以下同じ），オンデマンドコンテンツの開発や履修履歴管理の全国システムの構築（「六」及び「七」）など詳細にわたる言及がある（自由民主党政務調査会文部科学部会 2022）。また，同提言では免許状が失効・休眠状態となっている者を現場に配置する場合には「任命権者が（中略）厳格に選考を行い（中略）適格性を備えた者のみが教壇に立つようにすること」（「九」）を求めている。

　このような自由民主党政務調査会の文部科学部会を舞台とした政治と教育政策の関わりは，文部科学省の政策形成やその後の国会審議にも大きな影響を与えていると見られ，政権与党の中心である自由民主党の教育政策への関わりは非常に大きい。

　また，国政選挙において教育政策が自由民主党に限らず各党の選挙公約に取り上げられたり争点の一つとなったりする。たとえば 2022 年夏に投開票された参議院通常選挙を見すえた各党の公約集を見てみると，自由民主党（「令和 5 年版パンフレット」），立憲民主党（「政策集 2022」），国民民主党（「政策パンフレット 2022」），公明党（「参院選政策集 Manifesto 2022」），日本共産党

（「2022参院選選挙政策」）など主な国政政党の選挙公約にはすべて教育関連のものが掲げられている。また，1990年以降の衆議院議員総選挙の選挙公報を分析した品田は「『文部科学』関連は常によく言及される内容」（品田2018：8-9）であるとする。選挙時の公約やデータに基づく研究からも，多くの国会議員・国政政党にとって教育政策は関心のある分野だといっていいだろう。

(3) 地方自治体での関わり

　次に地方自治体について見てみよう。首長は地方自治体を代表する執行機関（その権限と責任の下で事務を行う機関）であるが，行政委員会制度（地方自治法180条の5）のもと，教育行政は独立して教育委員会が執行権を持つ。これを執行機関多元主義（図5-1）といい，農業委員会（市町村）や選挙管理委員会などいくつかの類例がある。行政委員会は行政の中立性や民主性の確保，住民参加の機会を確保するために用いられており，[1]法制度的には教育行政は政治から相対的に独立した位置にある。ただし，一定の自律性は持ちながらも，人事異動や日常の業務において首長部局との協働が行われている

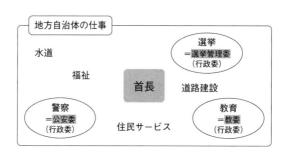

図5-1　執行機関多元主義
出所：阿内 2022：55（一部改変）。
注：ハイライトがそれぞれ地方自治法の執行機関。

1　文部科学省「行政委員会制度の概要」https://www.mext.go.jp/b_menu/shingi/chukyo/chukyo1/gijiroku/__icsFiles/afieldfile/2013/06/24/1336404_03.pdf（2023年6月15日閲覧）。

（金井 2020）。

　地方自治体の政治アクターとしては首長と議会がある。首長，議会はそれぞれ別個の選挙で選出される公選職である。これを二元代表制という。二元代表制の下では，たとえ同日に選挙が行われたとしても，首長と議会多数派の所属政党・会派が異なることがある。執行機関である首長と議決機関である議会が対立的な関係にあると，教育政策も大きな影響を受ける（阿内 2021）。

　地方議会の議員は，都道府県・政令市や県庁所在地レベルの大都市であれば中央政党からの公認・推薦を得た議員も多いが，多くの市町村においては無所属の議員の割合が多い。都道府県議会議員の 23.2％が無所属であるのに対して，市区議会議員の 59.3％，町村議会議員の 87.4％が無所属となっている。地方議会の選挙区について見ると，都道府県では単独の市町村，または複数市町村を区域とする小選挙区と中選挙区の混合制がとられている。小選挙区制とは候補者から 1 名の当選者を出し，中選挙区制は候補者を複数当選させる大選挙区制の一種だが，選挙区を分け複数の当選者を出す方式を指すことが多いとされる（砂原 2015）。政令指定都市では中選挙区制，政令市以外の市区町村では（一部の例外を除いて）全域一区とする大選挙区制がとられている。中選挙区や大選挙区での議員の政治活動は団体や地域の利益を尊重することが指摘されており（砂原 2015），教育もこうした議員活動の利益の中に取り込まれることになる（阿内 2023）。

　一方，首長は保守・革新対立の中で革新系候補が当選する革新自治体が多く登場した時期も見られたが，現在では与野党相乗りや無党派首長が多くなっており，政治環境は大きく変化した（曽我・待鳥 2007）。さらに 1990 年代からの地方分権改革によって，首長が教育政策に政治的利益を見出し，積極的に関与するようになってきたことも指摘されている（青木 2013）。

　行政委員会制度のもと独立した執行権を持つ教育委員会と言えども，予算

　　2　総務省「地方公共団体の議会の議員及び長の所属党派別人員調」https://www.soumu.go.jp/senkyo/senkyo_s/data/ninki/touhabetsu.html（2023 年 6 月 9 日閲覧）。

案や条例案の議会提出権がなく，教育長や教育委員の同意人事で議会の承認も必要であるため，教育委員会は日常的に政治アクターとの関わりを持っている。こうした関わりは，制度的には2014年の地方教育行政法改正により総合教育会議が設置される前から変わらない。首長や議会と教育委員会の関係は，相互に無関心，無関与なのではなく，日常的な業務の中で密接に連携がとられていると見る必要がある。

2 政治と教育の関係変化の動向

(1) 教育委員会制度改革

戦後教育改革において，教育委員会制度が創設された。1947年に成立した教育委員会法の下では，教育委員の公選制や，予算案・条例案の議会提出権が教育委員会に付与されていた。1956年には地方教育行政法が成立したことにより，教育委員会委員は任命制となり，予算案・条例案の議会提出権も首長へ移行した。地方教育行政法は教育委員会と政治アクター，特に首長との関係に大きな変化をもたらしたと考えられる。

首長と教育委員会との関係変化としては，2014年の地方教育行政法の改正も重要である。同改正では教育委員が互選していた教育長を首長が直接任免することが規定されたほか（地方教育行政法4条1項），首長が主宰し教育委員会とともに行われる総合教育会議（同法1条の4）が新設された。また教育長は従来の教育委員長の職務，及び（旧）教育長の職務をあわせたものとされたが，新設された総合教育会議は「教科書採択，個別の教職員人事等，特に政治的中立性の要請が高い事項については，協議題とするべきではない」とされた。2014年の地方教育行政法改正の背景には，教育委員会の不祥事が指弾された「大津市中学生いじめ自殺事件」，「大阪市立高校体罰自殺事件」が引き金となったことにより，首長らの教育委員会制度改革の要求

3　平成26年7月17日26文科初第490号文部科学省初等中等教育局長通知「地方教育行政の組織及び運営に関する法律の一部を改正する法律について」。

が高まったことがあげられる（小川・入澤 2014）。そのため改革は首長による教育行政に対する権限を強化するものとなった。ただし，通知にも示されていたとおり，政治的中立性の要請の高い事項は総合教育会議の協議題から除外されたことなど，一定の制限がある。

　2014 年の地方教育行政法の改革は教育と政治の関係変化と捉えれば，執行機関多元主義の中で行政委員会としての教育委員会を残しつつ，首長の教育政策への関与を肯定したものと整理することができる。また，選挙で選ばれた首長が持つ民主的正統性をより積極的に肯定し，教育の専門職（たとえば教師や教育行政の職員）による自律的な意思決定に対しては，疑念を差し挟んだものと捉えることができるだろう。

(2)　首長主導の教育改革

　2000 年代以降，特に大阪府知事・市長を経験した橋下徹ら大阪維新の会について，教育行政の研究者からは「首長主導の教育改革」という側面から注目が集まった。そして，この時期に首長主導の教育改革について多くの研究が蓄積された。どのようなことが行われれば首長主導なのかを明確に定義することは難しいが（青木 2019），ここでは定義には立ち入らず，注目を集めた大阪府・大阪市を事例として紹介することで，首長主導の教育改革の実際を見てもらうことにしたい。

　大阪府・大阪市の事例では 2008 年に大阪府知事に就任した橋下が率い，その後国政への進出も果たす大阪維新の会が中心となった教育改革に注目する。2008 年に大阪府知事選挙で当選した橋下は，2010 年に地域政党大阪維新の会を組織し，2011 年 4 月の統一地方選挙では大阪府議会の過半数を得た。2011 年 11 月には大阪府知事に松井一郎，大阪市長に橋下がそれぞれ当選し，2012 年に大阪府・市それぞれの教育行政基本条例，大阪府立学校条例・大阪市立学校活性化条例が制定された。この制定過程と議論を見ておきたい。

　2011 年 4 月の統一地方選挙，同年 11 月の大阪府知事・大阪市長同時選挙に勝利し基盤を確立した大阪維新の会は，2011 年 9 月議会に教育基本条例

案を議員提出議案として提出した。しかし，大阪市において9月30日に否決される（朝日新聞「維新の2条例案否決　大阪市議会，他全会派が反対」2011年10月1日朝刊，3-4頁），府教委から大きな反発が出されるなど情勢は困難に陥っていた（朝日新聞「大阪府教育委員5人，辞任以降　維新の会，条例可決なら」2011年10月1日朝刊，1頁）。この間，当時の橋下徹府知事は平松邦夫大阪市長とも大阪都構想などをめぐって対立を深めており，府議会に辞任の意を示し，大阪市長選挙に自らが出馬，大阪府知事選には松井一郎府議（当時）が出馬するダブル選挙を行った。いずれも勝利した維新の会は，当初の教育基本条例案を府教委の修正案に近づける形で修正し，教育行政基本条例，府立学校条例の2条例が大阪府議会で成立した（2012年2月議会）。

　府議会に当初提出された教育基本条例案は，教員の人事，処分に大きな分量が割かれており，公務員制度改革の一環としての性格を持ち合わせていた。内容としては，知事に教育目標の設定権限付与（「案」6条2項），相対評価・連続低評価による免職を含む教員評価制度見直し（「案」19条，28条，30条），3年連続定員未充足で「改善の見込みがない」学校の統廃合（「案」44条）などが盛り込まれていた。

　教育基本条例案は学校関係者や報道関係者，研究者などからも多くの批判が出され（例として，市川2012，志水2012，教育科学研究会［編］2012），文部科学省も知事の目標設定権などが内容によって違法となる可能性があることを伝えた（朝日新聞「違法の可能性指摘　大阪府教育条例案『知事が目標設定』」2011年12月7日大阪，夕刊，1頁）。

　教育委員会の「対案」を踏まえ，その後の修正も反映して最終的に成立した条例（教育行政基本条例（以下，行政条例），府立学校条例（以下，学校条例））では，教育振興基本計画を教育委員会との協議の上で作成すること（行政条例4条），教員評価規定削除・免職事由との結びつけ緩和（行政条例9条3〜4項），3年連続定員未充足で「改善する見込みがない」学校に関しては「再編整備の対象とする」（学校条例2条）とされた。教員評価に関しては授業評価を含め（平成16年大阪府教育委員会規則12号（以下，評価規則）6条3項），生徒または保護者の評価を踏まえる（評価規則6条4項）とされている。

　この修正の評価は，問題点が実質的に改善されていないと否定的に評価す
るもの（中嶋 2012，村上 2012），否定的には評価しないもの（志水 2012，矢野
2013）両方があるが，大阪市の教育委員を務めていた矢野（2013：42）は否
定的な「評価が目立つ」としながら，「制定された条例案が持つアンビバレ
ンス（価値両面性）」（2013：42）を肯定的に見てもよいのではないかとする。
　大阪府・大阪市における「教育改革」に教育行政研究者からは心配する意
見が多く出されていた。たとえば「劇場型」首長として「抵抗勢力」を攻撃
するものだとする批判（高橋 2014）や，「アドバルーンを極限まで掲げ，そ
の後に世論の反応を見ながらスルスルと適度なところまで下ろしていく手
法」（小野田 2014：68-69）といった批判がある。たとえば政治的な中立性が
要請されることや，将来の市民を育成するため中長期的配慮が必要なことな
ど教育の特別な事情を十分考慮せず，選挙による民意を万能なものと捉える
ことに対するこのような批判は，一定の妥当性があると考えられる。
　しかし，教育と政治の関係を考えるという本章の目的からすれば，事例の
本質は政治アクターたる首長とその支持派（大阪維新の会）を中心とした議
会が強い意思を持って教育行政に関わってきたことそれ自体に注目する必要
がある。教育基本条例「案」が示された段階では「違法」との認識が文部科
学省から示される場面はあったものの，その後条例は可決成立しており，実
際，現在も有効である。教育の特別な事情を一生懸命に強調しても，法令に
反しない改革を留める手段はないと考えなければならない。首長は 2014 年
改正前の教育委員会制度の下でも，教育行政に関与できる手段を持っていた
と見る必要があり（村上 2012），教育委員会制度の改革は首長の関与をさら
に強化したものであると言えるだろう。

3　教育委員会と政治の関わりとこれから

(1)　教育委員会と地方議会

　地方議会の権限は地方自治法 96 条に議決事件として列挙されている。条

例の制定・改廃（1号），予算制定（2号）など15号にわたる。また，地方議会の主たる機能の一つに，執行機関の監視機能がある。調査（同法98条1項），（首）長への不信任議決（同法178条），百条調査（同法100条），監査請求（同法98条2項）など多様な機会が設けられている。特に百条調査は「伝家の宝刀」といわれるほどの大きな権限であり，地方自治体の行った事務について，幅広く調査することができる。さらに予算や決算などの審議は予算がつくすべての政策を対象とした審議となるため，議会が事務執行を実質的に議論し，監視する機会ともなり極めて重要である。

　表5-2は，（特に論争的でない）一般的な教育政策を想定して審議の経過を例示したものである。地方議会の審議は各議会が培ってきた慣例によって異なるため表はあくまで例示である。教育政策も他の分野の政策と同じように議会審議の経過をたどるが，議案の説明や質問答弁に教育委員会職員（教

表5—2　教育政策を想定した議会審議の経過例

日程		説明者等	質問者等	説明・備考
議会開会前に質問通告の締め切り，答弁調整がある場合がある。議案によって全員協議会ある場合も。				
開　会				
本会議	（施政方針）	首長	（議員）	議会冒頭に行うことがある。
	議案説明	提案者	議員	
	代表質問／質疑	—	会派代表議員／質問議員	
	委員会付託	議長		
文教関係常任委員会		教育委員会	委員	質疑が中心。委員会の意思決定として採決。
本会議	委員長報告	各委員会委員長	—	委員会審議の結果を報告。
	一般質問	（答弁）首長・各部局	議員	あらかじめ質問と答弁者を指定し，通告することが多い。
	討論	—	議員	賛否を明示し，議案に対して意見を述べる。
	採決	議員	—	
閉　会				
閉会中審査として，視察・報告書作成などを行う場合がある。				

出所：阿内 2021：64（一部改変）。
　注：原表作成時に長野基氏（東京都立大学）にアドバイスをいただいた。もちろん本表の誤りがあればすべて筆者の責任である。

育長などの幹部職員が多い）が当たることなどが大きな違いである。予算や条例案を伴う教育政策は，議会審議を回避することができないため，必ず地方議会が関わる機会がある。

　一方，予算や条例案のない教育政策では，教育委員会による学校管理規則の制定・改廃等によって，政策導入や改廃の意思決定が行われる。つまり，ある程度教育委員会の自律的な意思決定に委ねられているのである。しかし，予算や条例案のない教育政策においても，住民からの請求（監査委員による監査後，議会にも提出される）があった場合や，請願（地方自治法124条）・陳情の常任委員会での審査などを通じて，議論することができる（阿内 2021）。

　教育委員会と首長の関わりは執行機関同士の関わりであり，相互に指揮監督や命令などの権限を持たないため，法制度上の関わりは総合教育会議にほぼ限定される（ただし，繰り返し述べてきたとおり，日常業務上の連携があると考える必要がある）。一方，地方議会は地方自治体の議事機関（憲法93条1項）であり，すべての行政領域を対象とする審議・議決がその職務である。筆者は以前，地方自治体内において公選職として首長と議会とを想定し，政治的中立性の観点から関わるべきでないとだけ理解してきた教育行政学の研究状況を批判的に論じた（阿内 2021）。もちろん教育行政研究として地方議会が十分検討されてこなかったことが問題であるという課題認識に変わりはないが，実際の教育政策決定過程においては，議会が関わる機会があるのは当然であると言え，法制度上の位置づけが首長と大きく異なることに注意する必要がある。

　では，地方議会の教育政策に対する関与の限界はどこにあるのだろうか。前にも述べたとおり，行政委員会として教育委員会は首長から独立した執行権を持つ。予算を必要とする場合など制約はあるものの，政策を作るとき，政策を実施するときに首長からある程度独立して政策を進めることができる。議会との関係についてはどうだろうか。地方議会は予算や条例を作ったり修正したりする場でもあり，その審議の対象は地方自治体内の行政すべてに及ぶ。当然，教育行政もその中に含まれるため，議員が教育政策について

質問したり（答弁を教育委員会事務局が準備する），議員が選挙時に教育関連の公約を掲げたりすることもある。さらに，審議の対象という点では予算や条例案がなくても一般質問等の機会で議員が質問内容に教育関連を盛り込むことも多い。

　さらに，こうした制度上想定されている関与とは別に，予算・条例がない場合でも陳情・請願を契機として委員会審査に時間をかける場合や，首長が教育委員会とともに提出した教育予算を議会が別の教育政策に付け替える事例も見られた（阿内 2021）。こうした事例からは，地方議会は教育政策について予算や条例の審議を通じて提案を拒否できるだけでなく，自ら審議対象の政策を設定したり，新たな教育政策を提案したりすることも，不可能ではないことが明らかとなる。こうなると教育委員会が制度上保持している教育行政の執行権が，実態としてはとても弱い制度的基盤の上に成り立っていることがわかるだろう。

(2)　教育と政治のこれから

　このように地方の教育行政と政治の関わりは，地方分権改革以降の地方自治体内の政治環境の変化によって，流動的になっていると言える。さらに2014年の地方教育行政法改正は首長の教育行政に対する権限を拡大したと受け止められてきた（高橋 2013，中嶋 2014 など）。本章で取り上げた大阪府・大阪市の教育改革では，橋下らが中心となって教育に関しても大きな影響をもたらしていた。この改革事例について教育行政学からは多くの批判が提出されたが，その後，改革論議と研究状況が2014年の地方教育行政法の改正によって小康を得た状態になっている。

　しかし，その小康状態も10年ほどが経過し，地方自治体の教育行政と政治の環境変化について研究報告が蓄積されつつある。たとえば，都道府県を対象として，知事選挙における教育と子育て関連政策の公約と，総合教育会議の議題を分析した橋野（2020）は，選挙時の公約において教育関連の公約が掲げられることが増えたこととともに，総合教育会議の協議題は「選挙公

約に掲げた施策よりも広範」(2020：26)で，個別政策については「首長の選好が協議題に反映されるという事態は現時点では観察されない」(2020：26)という。つまり，首長と対立的な教育委員会が一般的な教育行政像というわけではなく，教育委員会制度改革前の今までどおりの運用がなされていると推察されるのである。このような状況を見ると，首長の教育政策への関心は地方分権改革や教育委員会制度の改革など，政治と行政の環境が変化する中で高まったが，首長と教育行政はいまだ一定の独立性を持っていることが確認できるだろう。

　一方で，先行研究が示してきたように（阿内 2021，村上 2012）教育行政に対する首長や地方議会など政治アクターは関与の手段を備えていると捉える必要がある。首長や議会とはできる限り距離を置きたいという理念上の要請と，制度的な保障が弱く，関わらねば行政の運営が立ちゆかないという実際上の要請とがある。教育行政研究は今後，政治アクターの関与を前提として，その中でどうすれば学校現場での「教育の政治的中立」を確保することができるのか，望ましい政治アクターとの「付き合い方」はどのような形か，という次の探究のステップに進んでいく必要があるだろう。

参考文献

阿内春生　2021『教育政策決定における地方議会の役割――市町村の教員任用を中心として』早稲田大学出版部。

――　2022「教育委員会と学校の関係」田中博之［編］『実践教育法規 2022』総合教育技術 7 月号増刊，小学館，54-55 頁。

――　2023「政令市議会議員の教育政策への対応――組合出身議員に焦点を当てて」『教育学年報』14，世織書房，329-346 頁。

青木栄一　2013『地方分権と教育行政――少人数学級編制の政策過程』勁草書房。

――　2019「増税忌避社会における政治主導教育改革の帰結」『教育制度学研究』26，2-19 頁。

市川昭午　2012『大阪維新の会「教育基本条例」何が問題か？』教育開発研究所。

小川正人・入澤充　2014「インタビュー　中教審・教育制度分科会長小川正人氏に聞く　教育委員会制度改革の方向性――中教審の議論から（特集どうなる？教育委員会制度）」『季刊教育法』180（2014 年 3 月 25 日），6-13 頁。

小野田正利　2014「大阪の教育の長期的崩壊——制度は開始校と大阪を超えた問題へ」日本教育行政学会研究推進委員会［編］『首長主導改革と教育委員会制度——現代日本における教育と政治』福村出版，64-80 頁。

金井利之　2020「自治体の組織管理」磯崎初仁・金井利之・伊藤正次『ホーンブック地方自治』新版，北樹出版，198-219 頁。

教育科学研究会［編］，中田康彦・佐貫浩・佐藤宏美［編］　2012『大阪「教育改革」が問う教育と民主主義』かもがわ出版。

品田裕　2018「1990 年以降の総選挙における選挙公約」『選挙研究』34（2），5-17 頁。

志水宏吉　2012『検証大阪の教育改革——いま，何が起こっているのか』岩波書店。

自由民主党政務調査会文部科学部会　2022「教師の指導力の確保・向上のための提言」（2022 年 6 月 14 日）。

砂原庸介　2015『民主主義の条件』東洋経済新報社。

曽我謙悟・待鳥聡史　2007『日本の地方政治——二元代表制政府の政策選択』名古屋大学出版会。

高橋寛人　2013『危機に立つ教育委員会——教育の本質と公安委員会との比較から教育委員会を考える』クロスカルチャー出版。

――　2014「地方分権改革に伴う首長権限拡大と教育委員会の意義」日本教育行政学会研究推進委員会［編］前掲書，84-96 頁。

中嶋哲彦　2012「新教育基本法と大阪府教育関係 3 条例——法制論的対抗戦略試論」教育科学研究会［編］前掲書，92-104 頁。

――　2014『教育委員会は不要なのか——あるべき改革を考える』岩波ブックレット 98。

中北浩爾　2017『自民党——「一強」の実像』中央公論新社。

橋野晶寛　2020「地方教育政策における政治過程」『教育社会学研究』106，13-33 頁。

村上祐介　2012「教育目標は誰が決めるのか——教育と政治を巡る課題」教育科学研究会［編］，前掲書，105-117 頁。

矢野裕俊　2013「地方教育行政における教育委員会と首長の関係——2012 年大阪市の事例を検証する」『教育学研究』80（2），日本教育学会，39-51 頁。

●読書案内●

阿内春生

『教育政策決定における地方議会の役割——市町村の教員任用を中心として』

　　手前味噌ながら。教育と政治の関わりについて，市町村議会の事例研究に取り組んだ書籍。先行研究では首長との関係が多く論じられる一方，議会との関係に焦点が当たっていなかった。事例研究部分の会議録を使った分析は，読み物としてもお楽しみいただけるはず。［早稲田大学出版部，2021年］

辻陽『日本の地方議会』

　　地方議会についての理解のため，体系的に扱った入門書。新書の手軽さの一方で，しっかりとした制度紹介と論点の提示がなされており，初学者も手に取りやすい。これをきっかけに地方議会についても関心を持っていただければ。［中央公論新社，2019年］

村上祐介［編］

『教育委員会改革五つのポイント——「地方教育行政法」のどこが変わったのか』

　　2014年の地方教育行政法の改正をわかりやすく説明した解説書。改正による現場での懸念にも目が向けられており，教育行政の実務家が手に取ることを想定されているようだ。もちろん教育と政治に関心を持った大学生にも最適。［学事出版，2014年］

現代教育の諸課題と
教育行政

第6章

教育課程行政

教育課程・学習指導要領はどのように決まるのか

小野まどか

　本章では，教育行政や学校が教育課程をどのようにして定めているのかを
中心に取り上げていく。日本では，教育課程には国・中央教育行政が定める
法令等と学習指導要領，それらをもとに地方教育行政や学校が編成する教育
課程がある。本章ではそれらの用語や歴史的な変遷，学習指導要領と各学校
の教育課程が定められるまでのプロセスを学んでいく。

1　教育課程と教材

(1)　教育課程とは何か

　みなさんにとって「教育課程」という言葉は，あまり聞き慣れない言葉か
もしれない。中には，教育過程や教職課程と混同していることもあるかもし
れない。教育課程とは何を指すのか，まずはそこから確認していきたい。な
お，「教育課程」とは別に「カリキュラム（curriculum）」という言葉があ
る。「カリキュラム」も「教育課程」であることには変わりないが，田中ら
（2018：2）によれば日本において両者はそれぞれ，「カリキュラム」は研究
的な用語として，「教育課程」は公式の用語として使い分けられてきたとさ
れる。本章の内容は，教育課程の基準として位置づけられる学習指導要領に
対する教育行政や学校の役割が中心となるため，公式の用語である「教育課

程」を基本的に用いていくこととしたい。

　「教育課程」は，文部科学省が告示した2017年改訂小学校学習指導要領によれば，「各学校において教育の内容等を組織的かつ計画的に組み立てた」ものであるとされている。この文言をより詳細に見ていくと，「教育の内容等」については，日本の場合には教育課程に関する法令のほか，教育課程の基準である学習指導要領の中で示されているものが主要な内容であると言える（学校教育法施行規則52条，74条）。また，文中の「組織的かつ計画的に組み立てたもの」とは，具体的な例として各学校が設定・作成する目標や年間指導計画，指導案，時間割等があげられる。これらを組み立てる作業を「教育課程の編成」ともいう。

(2)　教育課程に関わる教材

　各学校が編成した教育課程を実施する，つまり授業を行う際に重要な影響を及ぼすものとして教材があげられる。教材には，教科書（教科用図書）や参考書，辞書，問題集，新聞，書籍，雑誌，デジタル教材等，児童生徒が学習内容に対して理解を深めるために役立つものが用いられる。

　これらの教材の中でも，教科書は特に重要な教材であると言える。教科書は，「教科書の発行に関する臨時措置法」2条1項によって「教科の主たる教材」とされており，その教材は文部科学大臣の検定を経たもの（検定教科書）か，文部科学省が著作の名義を有するもののみに限定されている。加えて，学校教育法34条1項等によって「教科用図書を使用しなければならない」ことが規定されていることから，各教科において授業を行う際には教科書を使用する義務があると理解されている。この見解は，「伝習館高校事件」の最高裁判決（最高裁判所第一小法廷判決平成2年1月18日）等の裁判例においても使用義務が肯定されていることからも，教科書を使用する義務があるという考え方は妥当であると言える。

　なお，教科書について，2021年度以降GIGAスクール構想の実現を目指して1人1台端末環境の整備が進められており，学習者用デジタル教科書も

利用されるようになってきた。教科書はこれまで紙媒体のものに限られてきたが，学校教育法34条2項が改正されたことにより，紙媒体の教科書に代えて学習者用デジタル教科書を使用することが可能となった。

　一方，教科書以外の教材である参考書，辞書，問題集，新聞，書籍，雑誌，デジタル教材等は「補助教材」とされており，学校教育法34条4項によって使用が認められている。補助教材を使用したい場合には教育委員会の承認が必要とされているが（地方教育行政法33条2項），実際には日々の補助教材の承認手続きは行わず，「教育委員会において関与すべきものと判断したものについて，適切な措置を取るべき」であるとされている[1]。このほか，地域や児童生徒の実情に応じて適切な教材を用いることができるように教育委員会が指導・助言を行う場合がある。

2　学習指導要領の変遷

　学習指導要領は，先に述べたとおり，日本において各学校が教育課程を編成する際の基準となっている。1947年に初めて発行されて以降，おおむね10年に一度改訂されてきた。最新の学習指導要領は2017・2018年改訂学習指導要領であり，これまでの学習指導要領の変遷を示したものが次頁の表6-1である。教員免許を取得する予定のみなさんの中には「教育課程論」等の講義を履修している方もいるだろう。学習指導要領に示された教育内容がどのように変容してきたのか，その変遷については「教育課程論」等の講義や書籍に譲ることにして，ここでは，各学校が教育課程を編成する上での裁量や制限がどのように変容してきたのかを中心に取り上げていく。なお，この節では基本的に小学校の学習指導要領を取り上げていくこととしたい[2]。

1　平成27年3月4日文科初第1257号文部科学省初等中等教育局長通知「学校における補助教材の適切な取扱いについて」。
2　各年の学習指導要領については，国立教育政策研究所教育研究情報データベース「学習指導要領の一覧」https://erid.nier.go.jp/guideline.html（2023年8月31日閲覧）を参照し紹介している。

表6-1　学習指導要領の変遷

発行年／改訂年	内容
1947（昭和22）年 学習指導要領一般編（試案）	「自由研究」の時間 経験主義
1951（昭和26）年改訂 学習指導要領一般編（試案）	「自由研究」の時間の廃止，「教科以外の活動」新設 各教科を4領域に分類 経験主義
1958（昭和33）年改訂 学習指導要領	基礎学力の充実，科学技術教育の向上，系統的な学習を重視 最低授業時数 「試案」が消え，「官報告示」として出される（法的拘束力をもつ）
1968（昭和43）年改訂 学習指導要領	「教育内容の現代化」 標準授業時数，授業時数の弾力的運営
1977（昭和52）年改訂 学習指導要領	基準の「大綱化」 標準授業時数の大幅な削減，「ゆとりの時間」や「創意工夫の時間」 「ゆとりあるしかも充実した学校生活」
1989（平成元）年改訂 学習指導要領	「新学力観」，小学校低学年の社会科・理科を廃止，生活科の新設 合科的な指導，体験的な活動の重視
1998（平成10）年改訂 学習指導要領	「生きる力」，「総合的な学習の時間」の新設，学校週5日制の導入 教育内容の削減
2003（平成15）年一部改正	学習指導要領の「基準性」の明確化
2008（平成20）年改訂 学習指導要領	「生きる力」，「確かな学力」，授業時数の大幅増 言語活動の充実，小学校高学年の外国語活動導入 ※ 2006（平成18）年　教育基本法改正
2015（平成27）年一部改正	「特別の教科　道徳」
2017（平成29）年改訂 学習指導要領	「生きる力」の理念の具体化，「主体・対話的で深い学び」 「社会に開かれた教育課程」，カリキュラム・マネジメント

出所：各年の学習指導要領をもとに筆者作成。なお，各年の学習指導要領については，国立教育政策研究所
　　　教育研究情報データベース「学習指導要領の一覧」を参照。

　学習指導要領は，1947年に「学習指導要領一般編（試案）」として初めて
旧文部省によって発行されたことから始まる。タイトルに「試案」とあるよ
うに，「教師自身が自分で研究して行く手びきとして書かれたもの」とされ
ており，戦前の反省を踏まえ，「自由研究」の時間を設けて「児童の現実の
生活」に基づいて教育を行う経験主義が取り入れられた。また，各教科等に
必要となる「一応の規準」として時間数が示されているものの，様々な活動
の適切な時期や教育的価値があるかどうかによって時間数を計画することが

認められていた。

　1951年改訂学習指導要領一般編（試案）においても経験主義による教育が継承されたものの，前回より整理が行われている。たとえば，「自由研究」の時間は削除され「教科以外の活動」が設定された。また，各教科は4領域に分けられ，それぞれ必要となる授業時数を時間数ではなく割合で示すとともに，各学校での裁量の余地が広げられた。

　しかしながら，1958年改訂学習指導要領では一転して各学校の教育課程編成を制限する方向へ転換していく。基礎学力の充実や科学技術教育の向上を重視し，子どもの生活に合わせて教えるのではなく，系統的に整理し，原理・原則や基本的な内容を身につけさせることが示された。同様に，各教科の授業時数も最低授業時数が示された。加えて，この改訂のときに「試案」の表記が消え，「官報告示」として出されることにより，学習指導要領が法的拘束力を持つようになった。[3]

　さらに，1968年改訂学習指導要領では，系統的な教育を継承するとともに「教育内容の現代化」が図られた。各教科等の授業時数は「最低授業時数」から「標準授業時数」に表記が変わり，学校によって増減させるなどの弾力的運営が可能となった。

　1977年改訂学習指導要領では，基準の「大綱化」が図られ，各教科等の標準授業時数は大きく削減された。主に国語や算数，社会科，理科等で週当たり1〜3時間分が削減され，教える内容を削除あるいは中学校への移行が図られた。このようにして削減された時数分は「ゆとりの時間」や「創意工夫の時間」として設けられ，「ゆとりあるしかも充実した学校生活」を実現することが目指された。

　1989年改訂学習指導要領ではさらに「新学力観」を標榜し，小学校低学年の社会科・理科を廃止して生活科を新設する等の改訂が行われた。また，小学校における教育方法について，生活科を中心とした「合科的な指導」を

　3　学習指導要領が法的拘束力を持つか否かについては，先に示した「伝習館高校事件」の裁判等を通じて争われてきた。この論争は，最終的に「旭川学力テスト事件」の最高裁判決（最高裁判所大法廷昭和51年5月21日）において，学習指導要領が大綱的基準として法的拘束力を持つと示されたことによって決着したと考えられる。

行うことや，各教科等の指導において「体験的な活動」を重視することが示された。

　その後，1998年改訂学習指導要領では，「生きる力」が打ち出され，「総合的な学習の時間」の新設や学校週5日制の導入，それらに伴う教育内容の削減等が行われた。一方で，メディア等では当時の学習指導要領を「ゆとり教育」と称し，基礎学力低下への懸念や批判が指摘された（岡部他1999や山内他2006等）。「ゆとり教育」批判に対して文部科学省は2003年に一部改正し，「学習指導要領は最低基準であり，理解の進んでいる子どもは，発展的な学習で力をより伸ばす」ことが明記された。これにより，学習指導要領の「基準性」が明確化された。

　2006年の教育基本法改正後，初めて改訂されたのが2008年改訂学習指導要領である。「生きる力」を継承したものの，「確かな学力」を身につけさせるために国語，算数，社会科，理科の授業時数が大幅に増加され，「言語活動の充実」や小学校高学年における外国語活動が導入された。

　2017年改訂学習指導要領では，「生きる力」の理念の具体化が図られたほか，各教科等の授業において「主体的・対話的で深い学び」の実現を目指すことが示されている。また，これを実現するために教育課程編成の際に「社会に開かれた教育課程」であることと，カリキュラム・マネジメントを用いることが示されている。各学校が教育課程を編成する際には，社会との連携・協働をいかに行っていくか，教育課程をどのように改善していくかがより明確に求められるようになったと言える。このほか，2015年3月に先んじて，小中学校の学習指導要領が一部改正され，「道徳の時間」が「特別の教科　道徳」として実施されるようになった。教科となったことにより，主たる教材である教科書の使用義務が道徳教育においても求められることや，子どもたちを評価することなどの懸念が指摘されている（谷田2020や，朝日新聞「道徳教科化　教材の吟味，悩む現場」2019年6月20日埼玉首都圏，朝刊，19頁等）。

3　教育課程行政の役割

(1)　国の役割

　教育課程における国の役割として，文部科学省において行われる学習指導要領改訂・実施のプロセスと教科書検定のプロセスがあげられる。

　まず，学習指導要領の改訂・実施のプロセスについて，学校教育法 33 条によれば「小学校の教育課程に関する事項は，第 29 条及び第 30 条の規定に従い，文部科学大臣が定める」とされている。また，学校教育法施行規則 52 条において，「小学校の教育課程については，この節に定めるもののほか，教育課程の基準として文部科学大臣が別に公示する小学校学習指導要領によるものとする」ことが定められている。これらの法令により，小学校の教育目的と目標に基づいて，小学校において取り扱う教科等や授業時数，学習指導要領を文部科学大臣が定めることとなっている。

　実際に学習指導要領を改訂する際には，文部科学大臣が中央教育審議会（中教審）に諮問し，中教審より学習指導要領改訂の方向性についての答申を受けることで，答申に基づく改訂作業が進められる流れとなっている。[4] また，学習指導要領の改訂後には，各自治体や学校，教員への周知が行われ，その後学校段階ごとに順次移行期間での実施，全面実施が行われ，新学習指導要領への移行が完了する。図 6-1 は 2017・2018 年改訂学習指導要領のスケジュールである。図中にあるように，2014 年 11 月 20 日に中教審への諮問が行われ，2016 年 12 月 21 日に答申，2017 年 3 月 31 日に改訂された小・中学校学習指導要領が告示されている。その後 1 年間の周知・徹底期間を経て，小学校では 2018 年度から 2019 年度までの間に移行が行われ，2020 年度から全面実施となっている。最初に諮問が行われてから実に 5 年余りの期間をかけて，新学習指導要領への移行が行われていることがわかるだろう。

　4　中央教育審議会が関わる諮問や答申については，文部科学省組織令 76 条に基づいて行われるが，学習指導要領の改訂に向けた諮問の時期や答申をどの程度学習指導要領改訂に反映するかについて明確な規定はない。

このように，学習指導要領の改訂において中心となるのは文部科学省や中教審といった，いわゆる中央教育行政内である。一方で，2000 年代以降，中央教育行政以外，特に政治側による教育課程政策への関与が強まっているとして批判的な指摘も出ている（広田 2014 等）。たとえば，第二次安倍政権下（2012～2020 年）において首相の私的諮問機関として教育再生実行会議が設置され，様々な教育課程政策についての提言が出されてきた。中でも，2013 年 2 月に教育再生実行会議によって提言された道徳の教科化は，2014 年 10 月 21 日中教審答申「道徳に係る教育課程の改善等について」につながり，2015 年 3 月には小・中学校の学習指導要領が一部改正されることによって「特別の教科　道徳」が実現している（2018 年 4 月に小学校，2019 年 4 月に中学校において全面実施）。このようなプロセスに関して問題となるのは，これまで文部科学省・中教審において学習指導要領改訂の議論が行われていたのに対し，首相の私的諮問機関として設置された組織によって議論された内容を文部科学省・中教審が追従する形で答申を出しているという点である。このような動向に対し，磯田（2019：332）は「教育行政の敗北」として批判的に捉えており，中央教育行政以外の組織が教育課程政策へ介入することの問題点を指摘している。

　次に，教科書検定のプロセスについて取り上げていく。学習指導要領の改訂に伴い，教科書も新学習指導要領に沿ったものが新たに作成される。教科書は第 1 節において述べたとおり，文部科学大臣の検定を経たものと文部科学省が著作の名義を有するものが用いられる。国語や算数，理科，社会科等，多くの教科で用いられるのは民間が著作・編集し，教科書検定制度による検定を通過したものである。図 6-2 は，教科書が使用されるまでの基本的な流れを示したものである。

　民間（教科書発行者）が教科書として出版することを希望する場合，学習指導要領が改訂された翌年度（図 6-2 の 2 年度目）に検定の申請を行う。これに対し，文部科学省内に設置される教科用図書検定調査審議会は申請された図書が教科書として適切であるかを審議し，同時に教科調査官による調査が行われる。この審議会における審査後，教科書として適切か否かを文部科

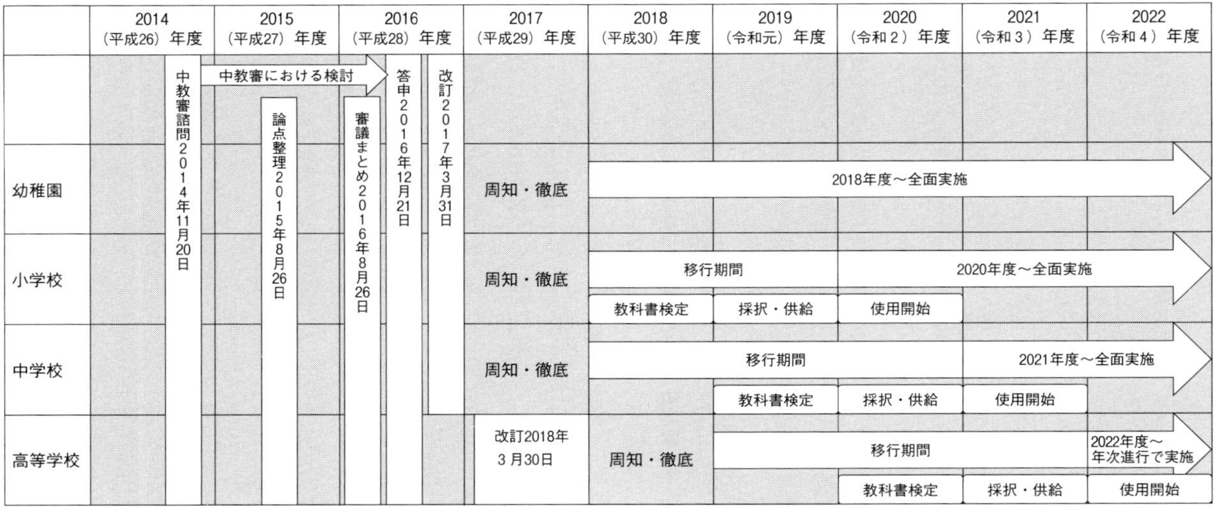

図6-1 2017・2018年改訂学習指導要領のスケジュール

	2014年度(平成26)	2015年度(平成27)	2016年度(平成28)	2017年度	2017年度(平成29)	2018年度(平成30)	2019年度(令和元)	2020年度(令和2)	2021年度(令和3)	2022年度(令和4)
	中教審諮問 2014年11月20日	中教審における検討　論点整理 2015年8月26日	審議まとめ 2016年8月26日　答申 2016年12月21日	改訂 2017年3月31日						
幼稚園					周知・徹底	2018年度～全面実施				
小学校					周知・徹底	移行期間／教科書検定	採択・供給	使用開始 2020年度～全面実施		
中学校					周知・徹底	移行期間	教科書検定	採択・供給	使用開始 2021年度～全面実施	
高等学校					改訂2018年3月30日	周知・徹底		教科書検定	採択・供給	採択・供給／使用開始 2022年度～年次進行で実施／使用開始

出所：文部科学省（2019）をもとに筆者作成。

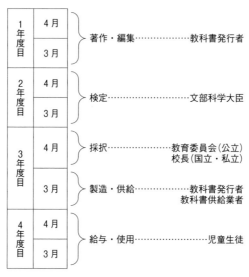

図6-2　教科書が使用されるまでの基本的な流れ

出所：文部科学省（2021）をもとに筆者作成。

学大臣に答申し，これを受けて大臣による合否の決定が行われる。合格だった場合，教科書発行者のもとに検定合格の通知が出され，教科書の発行が認められる。一方で，不合格の場合には，発行者に事前に通知し，発行者からの反論書の提出が認められている。発行者が反論書を提出した場合には再審査となり，最終的に不合格となった場合は検定不合格の通知が出される[5]。

　以上のプロセスを経て，教科書を出版することが可能となるが，教科書検定においても課題が存在している。たとえば，2014年に改正された義務教育諸学校教科用図書検定基準では社会科において「閣議決定その他の方法により示された政府の統一的な見解（中略）が存在する場合には，それらに基づいた記述がされていること」などが示されており，政府見解を記載することが検定を合格する上での基準とされている。このような基準によって，学術上の知見とは異なる歴史的見解が教科書に記載されてしまう可能性がある。

　5　教科書検定については，文部科学省（2021）において紹介されている。

(2)　地方教育行政の役割

　教育課程における地方教育行政の役割として，都道府県及び市町村教育委員会における教育課程に関わる役割と，教材に関わる役割があげられる。

　まず，教育課程に関わる役割として，学習指導要領に基づく各学校の教育課程の編成や実施に対する指導・助言，教育振興基本計画の策定，自治体独自カリキュラムの編成等がある。なお，学習指導要領に関わる国―地方の関係や地方教育行政―学校の関係を法律上の規定から確認すると，次のような関係にあることがわかる。まず，地方教育行政法 48 条 2 項において，文部科学大臣は都道府県または市町村に対し，都道府県教育委員会は市町村に対し，教育課程や教材に関する指導及び助言を行うことが認められている。また，各地方自治体の教育委員会に配置される指導主事によって指導を行うことが認められている（同法 18 条 3 項）。これにより，改訂後の新学習指導要領が円滑に周知され，各学校が新学習指導要領の内容に移行・実施できるように促すことが可能となっている。

　このほか，地方教育行政において教育課程や教材に関して教育委員会規則の規定（同法 33 条）を設けることや事務の管理・執行（同法 21 条 5 項）も認められている。また，教育基本法 17 条 2 項において，各地方自治体で教育振興基本計画を策定することが努力義務となっている。これらの裁量を行使することで，地域の実情に応じた教育課程編成や教育課程政策の方向性を示すことなどが可能となっている。

　2000 年代以降には地方自治体独自の教科を実施するなどの事例が見られるようになっている。たとえば，東京都品川区では 2004 年度より「道徳／特別の教科　道徳」「総合的な学習の時間」「特別活動」を統合した独自教科として「市民科」を区内の小中学校において実施している（品川区教育委員会［編］2011）。このような地方自治体の独自カリキュラムを下支えするものとして構造改革特別区域研究開発学校制度（教育特区）／教育課程特例校制度があり，この制度によって認められた地方自治体では学習指導要領によら

ない教育課程の編成が可能となっている（大桃・押田［編］2014）。

　次に，教材に関わる地方教育行政の役割として，前出の補助教材に関する指導・助言や教科書の採択，独自教材の刊行等がある。

　教科書の採択を行う際には，公立学校の場合は都道府県及び市町村教育委員会が検定を経た複数の教科書の中からどの教科書を採択し学校で用いるのかを決定する権限を持つ。たとえば，小・中学校で使用する教科書を採択する権限は市町村教育委員会にある。ただし，採択に当たって，都道府県教育委員会が「市町村の区域又は区域を併せた地域」を採択地区として設定するため，採択地区内の市町村教育委員会は採択地区協議会における協議結果に基づいて種目ごとに一種の教科書を採択する（共同採択）ことになっている。この採択地区を設定する際には地域の自然的，経済的，文化的諸条件等を考慮して決定することになっており，様々なコストを軽減させるメリットがある（以上，文部科学省 2021 より）。その一方で，2011 年に沖縄県八重山地区での教科書採択の意見が割れた事例があり（八重山教科書問題），八重山地区のうち竹富町のみが採択地区協議会の協議結果に従わず，独自に教科書を採択した。結果的に，沖縄県教育委員会が竹富町を採択地区から分離させることによって決着を見たが，教科書を共同採択することによる課題が明らかになった事例であると言える（朝日新聞「八重山の教科書，再び育鵬社版に公民，協議会が選定」2015 年 8 月 19 日西部本社，朝刊，34 頁）。

　最後に，地方教育行政が独自教材を刊行する事例を取り上げたい。先にあげた教育特区／教育課程特例校制度では，地方自治体の独自カリキュラムに取り組むため，地方自治体において作成された独自教材が用いられることもある。東京都品川区の「市民科」においても独自教材『市民科』を刊行しており，独自教材が地方自治体の独自カリキュラム実現の下支えをしている。

4　教育課程に関する学校の役割

　教育課程に関する学校の役割として，教育課程の編成，実施，評価，改善

があげられる。この四つは PDCA サイクルにも位置づけられるが，より重
要なのは 2017・2018 年改訂学習指導要領において示されたカリキュラム・
マネジメントをもとに確認していくことである。この四つを確認した上で，
教育課程に関わる問題について言及していきたい。

(1)　教育課程の編成と実施

　2017 年改訂小学校学習指導要領によれば，カリキュラム・マネジメント
に関する説明の中で「組織的かつ計画的に各学校の教育活動の質の向上を
図っていくこと」とあり，カリキュラム・マネジメントにおいて重要となる
のは持続的に各学校の教育活動の質の向上を図ることにあると言える。
　カリキュラム・マネジメントの中で，教育課程の編成は「児童生徒や学
校，地域の実態を適切に把握し，教育の目的や目標の実現に必要な教育の内
容等を教科等横断的な視点で組み立てていくこと」とされている。教育課程
の編成には年間指導計画や時間割の作成等が含まれるが，この作業をするた
めには教育基本法や学校教育法等の各種法令や学習指導要領を確認するだけ
ではなく，児童生徒や学校，地域の実態を適切に把握する必要があることが
示されている。その上で，各学校の教育目標を設定し，それを実現するため
に必要な教育内容は何かを選定していくことになるだろう。
　また，先に示したとおり，各教科や領域の学ぶ内容を関連させるような教
科等横断的な視点で組み立てていくことが示されるとともに，教育課程の実
施に向けては「必要な人的又は物的な体制を確保する」ことも記載されてい
る。教育内容によっては，各学校に配置される教職員の他に専門家や地域の
人材，教材等が必要となる場合もあるだろう。教育課程を編成し，実施する
とは，それらを確保することも視野に入れる必要があるということがわかる。

(2)　教育課程の評価と改善

　教育課程の実施後に行わなければならないのが，評価と改善である。2017

年改訂小学校学習指導要領のカリキュラム・マネジメントの説明では「教育課程の実施状況を評価してその改善を図っていくこと」が示されている。

　評価については学校教育法42～43条や同法施行規則66～68条によって学校の教育活動や学校運営の状況の自己評価と結果公表が義務づけられている。このように教育課程は，計画を立て実施するだけでなく，評価や改善をすることで，よりよく実現することが目指されている。しかしながら，これまで学校での日々の教育活動に対し，その教育活動の評価が適切に行われ，また改善が図られているのかという懸念が指摘されてきた（2016年12月21日中央教育審議会答申「幼稚園，小学校，中学校，高等学校及び特別支援学校の学習指導要領等の改善及び必要な方策等について」）。カリキュラム・マネジメントの実現のためには，教育活動の評価を行って終わりではなく，評価をもとに改善を図る必要がある。

(3) 教育課程に関わる問題

　ここまで，教育課程の編成，実施，評価，改善について取り上げてきた。基本的に各学校における教育課程の編成は，各種法令や学習指導要領に基づいて行われることになるが，地方自治体において独自カリキュラムを編成している事例があるように，研究開発学校制度やスーパーサイエンスハイスクール等に指定されることによって学習指導要領によらない教育課程の編成を行っている学校もある。また，これらの指定を受けていない学校でも，学習指導要領の「基準性」の明確化や「総合的な学習の時間」の新設によって，よりいっそう，教育課程編成の創意工夫ができるようになってきている。

　一方で，2008年以降学習指導要領において扱うべき教育内容が増加していることや「主体的・対話的で深い学び」の導入といった教育方法への言及が見られる。このような改訂によって，各学校の負担を増やしたり，ある特定の教育活動のみを採用する方向に進んでいく可能性もある。学習指導要領がどの程度学校の活動を制限し，どの程度の裁量を認めるべきなのか，そのつど検討していくことが必要である。

参考文献

磯田文雄　2019「カリキュラムの行政学的研究」日本カリキュラム学会［編］『現代カリキュラム研究の動向と展望』教育出版，332-339 頁。

大桃敏行・押田貴久［編］　2014『教育現場に革新をもたらす自治体発カリキュラム改革』学事出版。

岡部恒治・西村和雄・戸瀬信之　1999『分数ができない大学生──21 世紀の日本が危ない』東洋経済新報社。

品川区教育政策研究会［編］　2009『検証教育改革──品川区の学校選択制・学校評価・学力定着度調査・小中一貫教育・市民科』教育出版。

田中耕治・水原克敏・三石初雄・西岡加名恵　2018『新しい時代の教育課程』第 4 版，有斐閣アルマ。

谷田増幸　2020「道徳科の現在，"祭り"のあと──理念と現実の乖離をどう埋めるのか」『教育学研究ジャーナル』25，中国四国教育学会，101-106 頁。

広田照幸　2014「教育課程行政をめぐるポリティクス──第二次安倍政権下の教育改革をどうみるか」『教育學雑誌』50，1-15 頁。

文部科学省　2019「今後の学習指導要領改訂に関するスケジュール」https://www.mext.go.jp/component/b_menu/shingi/giji/__icsFiles/afieldfile/2019/06/25/1418185_12.pdf（2023 年 7 月 4 日閲覧）。

──　2021「教科書制度の概要」https://www.mext.go.jp/a_menu/shotou/kyoukasho/gaiyou/04060901.htm（2023 年 8 月 31 日閲覧）。

山内乾史・原清治・広田照幸　2006『リーディングス日本の教育と社会 1　学力問題・ゆとり教育』日本図書センター。

●読書案内●

日本カリキュラム学会［編］『現代カリキュラム研究の動向と展望』
　　本書は日本カリキュラム学会設立 30 周年を記念して出版された書籍であり，現代カリキュラム研究の動向を幅広く取り上げている。カリキュラム研究の変遷だけでなく，学習指導要領の変遷や諸外国の動向まで網羅しており，調べ学習にも活用できる。［教育出版，2019 年］

品川区教育委員会市民科カリキュラム検討委員会［編］
『小中一貫教育　市民科セット』2011 年度版
　　東京都品川区の小・中学校「市民科」において用いられている教科書と指導の手引きのセット。教科書は 1〜2 年生，3〜4 年生，5〜7 年生，8〜9 年生の4 冊で構成されており，品川区における独自カリキュラム・独自教材の内容を知る上で参考になる。［教育出版，2011 年］

大桃敏行・押田貴久［編］『教育現場に革新をもたらす自治体発カリキュラム改革』
　　教育課程特例校に指定された地方自治体において取り組まれている自治体独自カリキュラムについて調査・分析した成果をまとめた書籍。量的調査による全国的の動向だけでなく，石川県や熊本県等様々な地方自治体で取り組まれている事例を紹介する。［学事出版，2014 年］

第7章

教員養成・教員人事行政

教員には何が期待されているのか

太田知実

　本章では，教員養成・教員人事行政の基本的仕組みや現代的動向・論点を整理する。目下，教員不足や教職のブラック化など，教員をめぐる問題が山積する中，教育行政・制度でも対応が迫られている。教員にはどのようなことを期待しているか，教員の質をどう保証しようとしているか，それらは時代によってどう変わってきたかなどに注目して読み進めてほしい。

1　教員の養成・免許──教員を目指す際に何が期待されるか

(1)　教員養成

　教員になりたいと思ったら，教員免許を取得できる大学を探すだろう。しかし，それは教育学部とは限らないだろう。それは，教員養成の二大原則として，「大学における教員養成」と「開放制」があるからである。この二大原則は，戦前の教員養成の反省に基づく。戦前，教員は，教員養成のみを目的とする専門的な機関，すなわち師範学校で養成された。師範学校では，国による管理的な教育が行われていたという。そこでは教員になる者に対して，気質面では厳しい規律や秩序に従うこと，能力面では，学問的な素養や幅広い教養よりも，教育実践に必要な限りでの理論と技術など実践的な力量を獲得することが期待されていたとされる（海後［編］1971）。

戦後を迎え，師範学校で養成された教員は，気質面で卑屈・内向的になりがちだったこと，能力面では視野が狭く型にはまった画一的な教育を行う傾向にあったこと，何よりも，子どもに「国民は天皇に仕えるもの」と教える教員を育てたことが反省的に総括された。「民主主義のための教育」を実現できる教員を育てるためには，教員養成を抜本的に改革することが必要と考えられた。そこで打ち出されたのが上述の二大原則であった（海後［編］1971）。つまり，養成を担う機関として，戦前は官立の師範学校のみが教員養成を専門として存立していた点が「閉鎖的」であったと反省され，教員養成ではなく学問研究を主とする「大学」が担うこと，それは国立・公立・私立いずれでも，また教育学部に限らずとも担えることになったのである。

　養成で扱う内容として，狭い視野や画一性に陥らず「幅広い視野と高度な専門的知識」を持つ教員を育てるべく，学問研究が重視されることになった。ここでいう学問が，教育学か，各教科の学問（数学，文学など）か，教科教育学（教科の指導法を専門とする学問）かは，未だ議論され続けている。だが，いずれにせよ，従属的・受動的な学びではなく自ら問いを立て探求するという学問的態度や，その結果として得られる高度な専門的知識が民主主義国家における「よい」教員の条件と考えられた（船寄 2009）。こうして教員養成では，各大学が自主的・主体的に教職課程を運営し，教職志望学生は自ら学問研究を教育につなげて探求を深めることが期待されたのである。

　では現在，教員養成はどのように運営されているのだろうか。

　まず，養成を担う機関としては，戦後からの国立大学に加えて，近年，私立大学の参入が増加している。たとえば，2022 年現在，小学校教員免許を取得できる大学は，国立 52 校，公立 5 校，私立 192 校である。私立大学における教職課程は 10 年前と比べて 3 割増加した（2022 年 12 月 19 日中央教育審議会答申「『令和の日本型学校教育』を担う教師の養成・採用・研修等の在り方について」）。様々な機関が参画している点では，まさに「開放制」が実現されているとも言える。一方で，学問研究が軽視されがちなことや教職志望学生の学力の幅が広がることなどの懸念も示されている（岩田 2022：172-182）。

　次に，養成で扱う内容については，「教職課程認定」という制度を確認す

る必要がある。大学は，自由に教職課程を設置・運営できるわけではなく，文部科学省の示す基準（課程認定基準）に則して審査を受け，「認定」されなければならない。これは，教育職員免許法の別表第1備考第5号イに規定されている。同法で免許授与に必要な学位や単位数が，同法施行規則で設置すべき科目の大枠が定められている。

　たとえば，小学校教諭の一種免許状を授与する場合には，「教科及び教科の指導法に関する科目（30単位）」，「教育の基礎的理解に関する科目（10単位）」，「道徳・総合的な学習の時間等の指導法及び生徒指導，教育相談等に関する科目（10単位）」，「教育実践に関する科目（7単位）」，「大学が独自に設定する科目（2単位）」の計59単位を開講しなければならない。特に現在は，教育実習のみならず早い時期に学校体験活動などを行うことが推奨され，理論と実践との往還を促すことが求められている（同答申）。

(2) 教員免許

　教員になるには，教員免許状を取得しなければならない。教育職員免許法1条において，教員免許状が「公教育を担う教員の資質の保持・向上とその証明」を担うものだと規定されているからである。

　教員免許状には，いくつかの種類がある。大学の教職課程を修了して得られる免許状を普通免許状という。それ以外にも臨時免許状と特別免許状というものがある。それぞれの概要は，表7-1のとおりである。

　教員免許状は学校種や担任教科ごとに発行される。これを「相当免許状主義」という（同法3条）。小学校教諭を目指すなら小学校教諭の免許状を，中学校理科の教諭を目指すなら中学校理科の免許状を取得せねばならない。

　中等教育学校や義務教育学校については，今のところ専用の免許状はなく，それぞれ中学校と高等学校，小学校と中学校の両方の教員免許状が必要である。しかし，「当分の間」の特例として，いずれかしか持っていなくとも，保有する免許に相当する課程ならば教えられることになっている（小学校の免許を持っていれば義務教育学校の前期課程で教えることができる）。さらに

表 7-1　免許状の種類と概要

免許状の種類	授与の条件	有効期限有効範囲	資格の種類
普通免許状	大学等の教職課程を修了後，授与。以下のとおり，修了した教育機関により種類が異なる。短期大学卒ならば二種免許状。大学卒ならば一種免許状。大学院卒ならば専修免許状。	期限：なし範囲：全国	教諭養護教諭栄養教諭
臨時免許状	「他に有効な普通免許状を有する者を（略）採用することができない」場合に限り，教育職員検定を経て授与。	期限：3年範囲：授与された都道府県内	助教諭養護助教諭
特別免許状	主に社会的経験を有する者に授与。「担当教科に関する専門的な知識・経験・技能」や「社会的信望，教員の職務に必要な熱意と識見」が必要。教育職員検定を経て授与。任命又は雇用しようとする者の推薦が必要。	期限：なし範囲：授与された都道府県内	教諭

出所：文部科学省（2022b）をもとに筆者作成。

中学校または高等学校の相当教科の免許があれば，前期課程で教えることができる場合がある（中学英語の免許状を持っていれば義務教育学校前期課程の外国語活動を教えることができる）（教育職員免許法附則 20 項）。

　特別支援学校の教員は，特別支援学校と特別支援学校の各部（幼稚部，小学部，中学部，高等部）に相当する学校種の両方の教員免許状が必要となる。特別支援学校の免許状は当該障害種ごとに授与されるが，保有者が少ないことから，「当分の間」は所有しなくても教壇に立てるという特例がある（教育職員免許法附則 15 項）。現在，特別支援学校教員のうち 87.2％が当該障害種の免許状を持っている（文部科学省 2023b）。すべての教員が当該障害種の免許状を取得するよう促すことが課題とされる。

(3)　教員養成・免許をめぐる現代的動向

　ここで，教員養成・免許をめぐる現代的動向を押さえておく。

　第一に，養成で扱う内容をめぐる改革が進められている。2017 年に「教職課程コアカリキュラム」（以下，コアカリ）が策定された。コアカリでは，各科目を通じて学生が身につけるべき最低限の学修内容が目標の形で定められる。たとえば，教育行政学に関係する「教育に関する社会的，制度的又は経営的事項」というテーマでは，扱うべき到達目標として「教育制度を支える教育行政の理念と仕組みを理解している」「地域との連携・協働による学校教育活動の意義及び方法を理解している」などがあげられる。15 コマの中で，こうした到達目標 8 つを扱わねばならない。

　コアカリは，教員になる者が共通して身につけるべき資質能力を示すこと，大学の教職課程の質を保証することを目的としており，その点では一定の意義があると言える。一方で，コアカリの策定過程に教育関連学会が関わっておらず学問の体系性が軽視されている点，コアカリの法的拘束力の根拠は確かではないにもかかわらず，認定を得るためには従わざるをえない点は問題だと指摘されている（牛渡 2017，浜田 2017，高野 2021）。

　コアカリの策定背景には，大学が理論的な学びを重視する傾向にあり，学校現場が抱える課題に対応できる教員を十分に育てられてこなかったとの批判がある。こうした批判は，大学教員が教員養成に忌避感を示しがちで真剣に向き合ってこなかった結果だとも考えられる（船寄 2009：34）。学問研究を主とする大学教育が教員の力量形成・向上にどのように貢献しうるかを明示することが求められていると言えよう。

　第二に，危機的な教員不足の問題を解決することを視野に，免許制度の改革が行われている。まず，2022 年，教員免許更新制が廃止された。更新制は 2009 年に施行され，免許状の有効期間が 10 年間となり，更新するためには 30 時間以上の免許更新講習を修了せねばならなくなった。しかし，教員免許の未更新により現職教員が教壇に立てない事態が起きたこと，臨時的任用教員を雇用できず教員不足を加速させたことなどが問題として指摘された（嶺井 2023）。こうした問題を受け，教員免許更新制は廃止され，後述するように，その代わりに研修制度の充実が図られている。

　次に，臨時免許状や特別免許状の授与件数が増加している。臨時免許状授

与件数は 2021 年度，全免許状授与件数の約 5% を占めた。例えば福岡県では，交付件数が 904 件にのぼり，中学校の普通免許状を持つ人に対して小学校の「臨時免許」を交付し，欠員を埋めている（NHK 2023）。一方，特別免許状の授与件数はいまだ 0.15% で少ないが，文部科学省はその活用を強く推奨している。従来は看護師が高等学校の教科「看護」，外国人の英会話学校講師が中学校の教科「英語」の免許状を取得することが多かった（2022 年中央教育審議会答申）。より多様な人材を登用できるよう，2021 年に「特別免許状の授与に係る教育職員検定に関する指針」が改訂され，民間の勤務経験がなくとも，外国の教員資格，修士号・博士号の学位，各種協議会・コンクール・展覧会等における実績があれば，授与が認められることになった。こうして，教員不足への対応が迫られる中，「大学における教員養成」を必ずしも前提とせず，様々な実績・経験を教員として活かす方向へと改革が進んでいる。

2　教員の人事——どのように教員としての位置を得るか

(1)　教員採用

　教員として働くには，免許状を取得した後，学校や地方自治体に「採用」されなければならない。ここでは公立学校の教員の「採用」について確認する。それは地方公務員法の特別法である教育公務員特例法に規定されている。公立学校の教員は地方公務員であるため，基本的には地方公務員法に従わねばならない。だが，教職は一般の地方公務員の職務とは異なる面も大きい。そうした職責の特殊性を踏まえるべき点については教育公務員特例法に規定されている。採用もその一つで，地方公務員は「競争試験」によるのに対し，公立学校の教員は「選考」によるとされ，選考権者は教育長であり，任命権者は教育委員会と定められている（同法 11 条）。

　採用されたとしても，1 年間は「条件付任用」とされる（養護教諭・栄養教諭は半年）（同法 12 条）。1 年間，「職務を良好な成績で遂行した」場合に初めて正式採用になる（職員の条件付採用の期間及びその期間の延長に関する規則

2 条）。1 年で退職する割合は 1.61％でそれほど多いわけではないが（文部科学省 2022a），初任教師が過度に不採用におびえず安心して職務を遂行できる支援体制は重要である。

(2)　教員の異動

　公立学校教員として採用されたら，各地方自治体に配置され，基本的には数年ごとに異動がある。ここでは公立学校教員の異動の基本的な仕組みを確認する。

　異動の根拠となるのは，「県費負担教職員制度」である（地方教育行政法40 条）。これは，都道府県が政令指定都市を除く各市町村の公立学校教員の給与を負担するという制度である（同法 42 条）。本来，学校に関わる費用は，学校の設置者が負担することになっているが（設置者負担主義，学校教育法 5 条），教員給与については例外的な措置がとられている。その理由は，市町村の財政基盤に依らず，優秀な教員を確保し，一定の範囲内での教育の機会均等を保証するためである（苅谷 2009）。

　人事異動は，県費負担教職員制度を根拠として，各市町村内ではなく，都道府県や政令指定都市等を単位とする広域的な異動を行うことを原則としている。各地方自治体の異動パターンとしては，「本庁型」（都道府県教育委員会（本庁）が調整を主導）と「中間型」（都道府県教育委員会の出先機関（教育事務所等）が調整を主導）と「市町村型」（市町村教育委員会が調整を主導）があるといわれる（川上 2013）。

(3)　教員の人事をめぐる現代的動向

　ここでは，教員人事をめぐる現代的動向として二点あげる。

　第一に，教員採用試験の倍率低下や教員不足が問題視されている。この問題を考えるとき，教員の需要と供給に注目せねばならない。教員の需要と供給は，子どもの出生率に大きく左右される。1980〜85 年，ベビーブームの

団塊ジュニア世代（1971～74年生）が学校に通った時代に，教員は大量に採用された。1990～2000年代に入ると，子どもが減り，退職教員も少ないために教員需要は減少した。そのため，2000年の教員採用試験の倍率は13.3倍まで上がった（図7-1）。

　現在，団塊ジュニア世代の就学に際して大量採用された教員が退職を迎えようとしているため（図7-2），教員需要は増加している。一方で，近年は民間企業の就職がそれほど難しくないこと，教職の職務環境の印象が悪いことから，教員採用の受験者が減少しているとされる（朝日新聞「教員になる，魅力よりも……　長時間労働，『残業代ゼロ』」2023年1月20日，朝刊，32頁）。教員採用試験の倍率は，2022年度時点で，全体では3.7倍で，小学校は2.5倍である。

　文部科学省は採用人数を増やすべく，採用試験の早期化と複線化を行おうとしている（2022年中央教育審議会答申）。具体的には，採用試験の実施時期として，数ヶ月の前倒しや3年次受験を促進し，民間企業の就職への流出を止めようとしている。採用試験の内容として，民間企業の提供する適性検査を用いて民間との併願を容易にしたり，教育委員会が独自に実施する教師養成塾での学習成果を利用したりするなど，人数の確保を試みている。

　第二に，教職のブラック化という問題である。その原因の一つとして，1971年に教員給与特別措置法が制定され，残業代の代わりに，当時の教員の残業時間（ひと月8時間程度）に見合う額として，給与の4％分を一律に上乗せして支払われることになったことがあげられる（髙橋2022）。これを教職調整額という。同法制定時，教員には宿泊行事への引率や家庭訪問など，特有の職務内容があり勤務時間の管理が難しいと考えられた（文部科学省2006）。そこで，原則として時間外勤務を命じないこととされ，命じる場合は，①生徒の実習に関する業務，②学校行事に関する業務，③教職員会議に関する業務，④非常災害等のやむをえない場合の業務の4項目（超勤四項目）に限定された（公立の義務教育諸学校等の教育職員を正規の勤務時間を超えて勤務させる場合等の基準を定める政令）。だが，今やこの仕組みは「定額働かせ放題」と化し，見合う給与が払われないまま，国が残業の上限として示

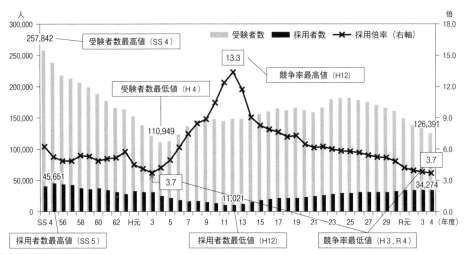

図7-1 受験者数・採用者数・競争率（採用倍率）の推移

出所：文部科学省 2022c：10（第9表）（一部改変）。

注：「統計」は小学校，中学校，高等学校，特別支援学校，養護教諭，栄養教諭の合計。

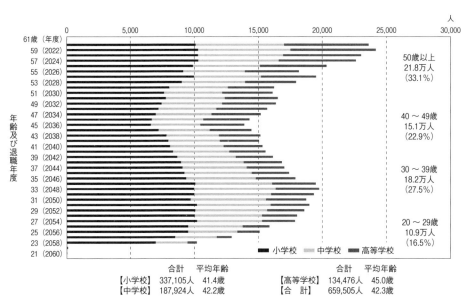

図7-2 公立学校における年齢別教員数（令和3年度）枠

出所：文部科学省 2022c（一部改変）。

注1：令和3年5月1日現在で在職する正規教員の数（校長，副校長，教頭，主幹教諭，指導教諭，教諭，助教諭，講師（非常勤除く））。

注2：年齢は，令和3年度末時点。

す45時間を超える残業をしている教員も少なくない（文部科学省 2023c）。早急な制度改革が求められている。

3　教員の評価・研修
──どうすれば"よい"教員であり続けられるか

(1)　教員評価

　AIの発展に見るように，社会の変化に応じて教員に期待されることも日々変化する。教員は自らの力量を絶えず向上させることが求められる。それを保障する仕組みの一つとして，地方公務員法6条に基づく能力評価と業績評価がある。評価基準・方法として全国共通のものはない。能力評価は，各地方自治体で定められる「標準職務遂行能力」に照らして行われる。業績評価は，多くの地方自治体で「自己目標管理型」が用いられている（文部科学省 2022a）。各教員が学校教育（経営）目標に沿う内容で自己目標を設定し，年度末にその目標に基づいて取り組みの成果を自己評価して，各教員の自己評価の結果を参考に，管理職と面談をして評価を受けることが多い。評価結果は，勤勉手当，昇任，昇給・降給，免職・降任，などに活用されることもある（文部科学省 2022a）。ただし，過度に教員の序列づけに用いると，教員が安心して働けないことや，相対的に評価の低い教員が子どもや保護者から不信感を持たれることなど，子どもの教育に悪影響を及ぼすおそれがある点には留意が必要だとされる（勝野 2020）。

(2)　教員研修

　教員の力量向上を保障するもう一つの仕組みとして研修があげられる。
　教育基本法9条と教育公務員特例法21条において，教員は「その職責を遂行するために，絶えず研究と修養に努めなければならない」と規定される。ここで押さえておくべきは，研修は教員にとって，義務であるのみならず権利であることである。その根拠は，教育公務員特例法22条に，「研修の

機会が与えられなければならない」ことや，「長期間にわたって勤務場所を離れて研修を行うことができる」ことが定められている点にある。

　このように教員には自主的な研修が認められているが，他方で，すべての教員が行わねばならない法定研修もある。それが，初任者研修と中堅教諭等資質向上研修である。

　初任者研修とは，その名のとおり，正式採用1年目に必ず参加する研修である。1988年，「実践的指導力と使命感を養うとともに，幅広い知見を得ること」を目的として制度化された。基本的には，校内研修と校外研修が組み合わされている。校内研修は，週10時間以上，年間300時間以上行われ，指導教員が授業を観察し助言をしたり，実際に授業を実施して見せたりする。指導教員の配置においては約半数の地方自治体で拠点校方式がとられている（文部科学省 2023a）。拠点校方式とは，一人の指導教員が一校または複数校の，複数（4〜6名）の初任者を指導するものである。校外研修では，年間25日以上，教員研修センターで研修を受けたり，企業・福祉施設での体験活動を行ったりする。

　中堅教諭等資質向上研修とは，「学校組織の中でミドルリーダーとなるべき人材を育成」することを目指して作られた制度である（2015年12月21日中央教育審議会答申「これからの学校教育を担う教員の資質能力の向上について」）。学校組織において，教員同士の年齢差が大きいことや若手教員が自ら相談できないまま悩みを深めることが問題視される中（後藤 2014），教員同士の円滑な関係構築を促しうるミドルリーダーの育成が図られている。

(3)　教員研修をめぐる現代的動向

　近年，教育公務員特例法が改正され，研修制度の充実が進められている。
　まず，2016年の改正により，①校長及び任命権者が，教員の研修を効果的に実施するための計画（教員研修計画）を定めること，②教育委員会と大学等が相互に議論し，養成や研修の内容を調整するための制度として「教員育成協議会」（以下，協議会）を創設すること，③協議会においては，教育委員会

と大学等が教員の資質に関する指標（教員育成指標）を定めること，とされた。

　各地方自治体の教育委員会は教員育成指標において，キャリアステージ（初任，若手，中堅，ベテランなど）に即して，学習指導・生徒指導・学校組織への参画などの観点ごとに，教員の獲得すべき能力を示している。そして各教育委員会は，教員育成指標に従い教員研修計画を策定し，自らの設置する教育センター等において，法定研修をはじめ，オンラインも含めて様々な研修を準備して，教員が研鑽を積む機会を設けている。また，各教育委員会のみならず，同年の改正により発足した独立行政法人教職員支援機構によっても研修のコンテンツが用意されている。同機構は，研修の指導助言に加えて，教員の資質能力向上に関する調査研究や教員育成指標に対する専門的助言を行うほか，オンデマンド型の研修コンテンツを多数ウェブサイトに掲載し，教員の資質能力の向上に努めている。

　次に，2022年の改正では，先述した教員免許更新制の廃止を受けて，教員研修制度の充実が図られている。同改正では，①指導助言者および研修実施者の定義，②任命権者は，校長及び教員ごとに研修等に関する記録を作成しなければならないこと，③指導助言者は，校長及び教員に対し資質の向上に関する指導助言等を行うものとすること，が規定された。

　ここでいう指導助言者とは，県費負担教職員の場合は市町村教育委員会，その他の校長及び教員の場合は任命権者を指す。研修実施者は，中核市以外の校長及び教員の場合は原則，任命権者を，中核市の県費負担教職員の場合は中核市教育委員会を指す。研修等に関する記録については，データで研修履歴を管理し，この記録を活用して，教師と学校管理職とが対話を繰り返し，教師が主体的に研修を実施することが目指されている（2022年中央教育審議会答申）。

　現在，悩みを抱える教員が多いといわれることを踏まえれば，行政による教員研修の充実は，教員（志望者）の不安を軽減し，解決を支えうる点で歓迎すべきとも思われる。一方で，教育委員会や校長などの「指導・助言」のもとで，教員がどれほど「主体的に」学び，自らの実践を反省的に見直し改善することにつなげられるのかは今後，検討していく必要があるだろう。

4 今後の教員養成・教員人事行政の課題
——教員志望者・教員が期待に応えることをどう支えるか

　以上のように，近年は，教育行政が教員に期待する資質能力について，基準や指標を示す傾向にあると言える。これは教員の質保証・向上につながる可能性もある一方で，大学や教員の自主性・主体性を妨げることが懸念される。

　この点を考えるときに検討すべきは，近年，教員志望者や教員自身が，基準や指標を求める向きがあるとされる点である（油布 2013：484）。教員志望者や教員のそうした姿勢を責めることもできるが，現在の教員離れを踏まえれば，それだけでは問題は解決しないだろう。若者の間では，職場環境の劣悪さに加え，保護者・世間からの批判や子どもの複雑化する課題への対応など高まる期待により，教職に対する複層的な不安が強まっていることが指摘されるからである（同上）。こうした状況に対して，教育学や教育行政学・教育制度論はどのように向き合うことができるだろうか。

　東京学芸大学では，いち早く教員志望者の不安に向き合い始めている。今の学生は「昔かたぎの先生や，上昇志向が強い活躍する教員にはしらけてしまうことがある」ことや「仕事上のミスや人に迷惑をかけることを必要以上におそれている」ことに注目し，大学の講義の中で教員志望者の気持ちを解きほぐすことが意識され始めている（教育新聞「揺れる教員志望学生　学生の不安に向き合う　養成大学の模索」2022 年 8 月 17 日）。

　高野（2003）は「青年期教育としての教員養成」を提唱している。教員離れが加速する今，教員養成では，資質能力の向上だけではなく，志望者の不安・葛藤の緩和や教員としての自己・主体性の確立を支えることが必要だとも考えられる。そこでこそ教育学が貢献できることもあるかもしれない（高野 2003）。教育行政学・制度論では，教員志望者の不安を緩和したり，保護者や世間の教員に対する過度な批判を反省的に見直したりするような仕掛けを作るなど（山下 2012），教員が期待に応じるとともに，教員を取り巻く人々の意識と行為も変えるような仕組みを考えることが必要になるだろう。

参考文献

岩田康之　2022『「大学における教員養成」の日本的構造』学文社。

牛渡淳　2017「文科省による『教職課程コアカリキュラム』作成の経緯とその課題」『日本教師教育学会年報』26, 28-36 頁。

NHK　2023「教員確保の "切り札"『臨時免許』急増のわけは」5 月 23 日, https://www3.nhk.or.jp/news/html/20230523/k10014074801000.html（2023 年 7 月 4 日閲覧）。

海後宗臣［編］　1971『教員養成』東京大学出版会。

勝野正章　2020「教員の評価と職能成長」勝野正章・村上祐介編『新訂　教育行政と学校経営』放送大学教育振興会, 245-258 頁。

苅谷剛彦　2009『教育と平等』中央公論新社。

川上康彦　2013『公立学校の教員人事システム』学術出版会。

後藤郁子　2014『小学校初任教師の成長・発達を支える新しい育成論』学術出版会。

高野和子　2003「教員養成と大学改革」『教育学研究』70（2）, 176-184 頁。

──　2021「『教職課程コアカリキュラム』と『参照基準（教育学分野）』」『明治大学教職課程年報』43, 9-19 頁。

髙橋哲　2022『聖職と労働のあいだ』岩波書店。

浜田博文　2017「ガバナンス改革における教職の位置と『教員育成指標』をめぐる問題」『日本教師教育学会年報』26, 46-55 頁。

船寄俊雄　2009「『大学における教員養成』原則と教育学部の課題」『教育学研究』76（2）, 197-207 頁。

嶺井正也　2023「教員免許更新制廃止の理由」『専修大学教職教育研究』3, 1-10 頁。

文部科学省　2006「資料 4-2　教職調整額の経緯等について」https://www.mext.go.jp/b_menu/shingi/chukyo/chukyo3/041/siryo/attach/1417551.htm（2023 年 8 月 27 日閲覧）。

──　2022a「令和 3 年度　公立学校教職員の人事行政状況調査について　4-1. 人事評価システムの取組状況（教諭等に対する評価）」2022 年 4 月 1 日。

──　2022b「教員免許制度の概要」2022 年 7 月 28 日。

──　2022c「令和 4 年度（令和 3 年度実施）公立学校教員採用選考試験の実施状況について」2022 年 9 月 9 日。

──　2023a「初任者研修　令和 3 年度実施状況調査結果」2023 年 1 月 16 日。

──　2023b「令和 4 年度　特別支援学校教員の特別支援学校教諭等免許状保有状況等調査結果の概要」2023 年 3 月。

──　2023c「教員勤務実態調査（令和 4 年度）の集計（速報値）について」2023 年 4 月 28 日。

山下晃一　2012「教員の専門性と社会的予期の相互調整をめぐる問題」『教育制度学研究』19, 158-164 頁。

油布佐和子　2013「教師教育改革の課題」『教育学研究』80（4），478-490 頁。

●読書案内●

内田良・広田照幸・髙橋哲・嶋﨑量・斉藤ひでみ
『迷走する教員の働き方改革』岩波ブックレット

　　目下，教員の給与法制は改革が進められようとしている。本書は，近年の改革が始まった初期に，研究者，弁護士，教員の立場から教員の給与法制をめぐる論点が示されたものである。様々な観点から給与法制の考察を深め，今後を見通す視座に富む一冊である。［岩波書店，2020 年］

浜田博文編『学校ガバナンス改革と危機に立つ「教職の専門性」』

　　本書は，教職の専門性が軽視される傾向にあることへの危機感を出発点とする。教職の専門性は，行政・市民の意識あるいは教員の自己認識において，どのように受け止められているか。事例検討を通じて現状を的確に捉え，危機を乗り越える方途を見出している。［学文社，2020 年］

佐藤学『専門家として教師を育てる』

　　以前より教員の質や信頼の低下などは指摘されてきたが，十分な教師教育改革は行われてこなかった。本書では，そうした問題意識から，教師政策・教師教育改革のグランドデザインが提示されており，教員養成・研修をめぐる重要論点を押さえることができる。［岩波書店，2015 年］

第8章

教育財政・学校財務

教育の費用を誰がどう負担するか

澤里　翼

　本章では学校教育を担う費用の調達から支出までの流れとそこに生じる課題について述べる。教育財政という場合にはふつう社会教育や高等教育，幼児教育に向けた費用の流れを含むことになるが，本章では主に小学校から高校までの教育費について，国，地方自治体，学校，家庭のそれぞれの役割と責任について，現状を踏まえた上で，課題となっている点を紹介する。

1　教育の費用を誰が負担するのか

(1)　教育費とその負担

　現在の学校は，実にたくさんの人や物に支えられている。従来の教職員に加え，スクールカウンセラー等の専門家や支援員，ボランティア等がいたり，一般的な黒板，机，椅子だけでなく，電子黒板やタブレット等を日常的に使用していたりする学校も多い。こうした人や物を配置する上では当然ながらそれなりに多くの費用がかかる。その費用は，誰がどのように負担しているのだろうか。

　こうした教育費の負担を考える上でまず押さえておかなければいけないのは，日本国憲法 26 条の以下の規定だろう。

すべて国民は，法律の定めるところにより，その能力に応じて，ひとしく教育を受ける権利を有する。

　すべて国民は，法律の定めるところにより，その保護する子女に普通教育を受けさせる義務を負ふ。義務教育は，これを無償とする。

　実際，日本の公立の小・中学校では授業料の徴収がなく，教科書も無償で提供される。どうしてこんなことが可能なのだろうか。その理由は，いうまでもなく，学校教育の多くの部分が公費によってまかなわれているからである。税による教育費の負担額は小学生から高校生まで子ども1人あたり年間およそ100万円前後となる（文部科学省 2022a）。もっとも少子高齢化の影響もあり，国内総生産（GDP）に対する教育費の割合は他の先進国に比べて少ない水準である（図8-1）。

　一方で，学校に通うために保護者や本人が負担している費用も少ないわけではなく，日本の教育は「公私混合型負担構造」（白石 2000：73）とされる。小学校から高等教育まで私費負担となる学習費の総額は，すべて公立学校だとしても1000万円近くになり（文部科学省 2022a），私費と公費をあわせた子ども1人あたりの学校教育費は欧米の水準に追いつきつつあるようだ

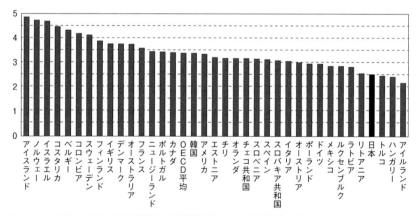

図8-1　GDPに占める初等教育から高等教育までの公教育費の割合

出所：OECD 2023（一部改変）。

(OECD 2023)。後に触れるように「無償」とされている義務教育段階ですら，授業料の支払いのある私立学校はもちろん，公立学校でも給食費や制服，教材，通学にかかる費用など多くの費用がかかる。これらが無償でないのはなぜだろうか。

(2)　教育財政と学校財務

さて，まず法律上では，学校教育法 5 条により学校の経費は原則として設置者が負担することになっている（設置者負担主義）。学校の設置者は最も数の多い市町村立学校であれば地方自治体，国立大学附属学校であれば国立大学法人，私立学校であれば学校法人がそれに当たる。そして地方自治体や国立大学法人であれば税金が，私立学校であれば授業料等の集金が，その主な出所となる。地方自治体間の財政格差を是正する仕組み（地方交付税交付金）を除くと，義務教育段階で国が負担している教育費の割合はそれほど多くはなく，小学校の場合，都道府県と市区町村の学校教育費総額の負担が約 4 割ずつであるのに対して国の負担は約 2 割である（文部科学省 2023a）。

学校教育の経費を国が一部負担する仕組みは，負担すべきものによって少しずつルールが異なるが，義務教育段階では国が使途を限定する①国庫支出金及び教科書無償給与と，使途を限定しない②地方交付税交付金に大きく分けられる。

2　学校教育における国と地方の責任と補助

(1)　国庫支出金

義務教育の運営に必要ないくつかの項目に対しては法令によって国からの支出が義務づけられているが（地方財政法 10 条），その筆頭にあげられているのが教職員の給与である。教職員の給与は学校教育を運営するための費用において最も大きく，学校教育費全体の 4 割ほどを占める（文部科学省

2023a）。市区町村立学校の教員の給与は市町村立学校職員給与負担法により都道府県から支出されている（県費負担教職員制度）が，そのうちの３分の１が国庫により負担されることになっている（義務教育費国庫負担法）。

　一方，公立義務教育諸学校の建設費は法律で定められた一定の設備に対して費用の２分の１を国庫が負担することになっている（義務教育諸学校等の施設費の国庫負担等に関する法律）。また教科書は，各地方自治体の教育委員会が採択したものを国が購入して，無償で学校に納付される（義務教育諸学校の教科用図書の無償措置に関する法律）。

　学校教育に必要な経費の一部を国庫から負担する制度は，義務教育の成立の歴史とともに発達してきた。1872 年の「学制」に基づき明治期の日本に小学校が作られた当初，授業料は私費負担が原則であった（受益者負担主義）。教員の俸給（給与）の一部に対する国庫補助の仕組みは，1900 年に市町村立小学校の授業料の無償化とともに確立したとされる（それ以前にも少額の国庫補助の仕組みがあった）。その後，市町村の財政状況の窮乏を受けて国庫負担額は少しずつ拡充された。1940 年には市町村教員給与の負担が市町村から府県にかわり，同時に定額制による補助から教職員給与と教員旅費の２分の１の定率制の補助に改められた。戦後の一時期は財政再建を優先して国庫負担制度は廃止されるものの，1953 年には義務教育費国庫負担法が復活した。さらに子どもの数の急激な増加に対応して 1958 年に義務教育諸学校施設費国庫負担法，1961 年には教科書の無償給与制度が相次いで整備され，これらの仕組みは現在も基本的に維持されている。しかし規制緩和の流れを受けて，1985 年には義務教育費国庫負担制度のうち図書費，教材費，教員旅費が国庫負担の枠から外れて一般財源化され，さらに 2005 年にはいわゆる「三位一体の改革」に伴って教職員給与の国庫負担率が２分の１から３分の１に引き下げられた。

　このように法律によって使途を限定して国庫から教育費を負担する方法

1　このように「国がその全部又は一部を負担する法令に基づいて実施しなければならない事務に要する経費」（地方財政法 10 条）に対する国からの負担分を国負担金という（同法 17 条）。一方，補助金は必ずしも法令による根拠がなくとも「財政上特別の必要があると認めるとき」に交付される（同法 16 条）。

は，授業料を保護者が負担するいわゆる受益者負担主義から，学校を設置する地方自治体や国が負担する設置者負担主義に移行する上で大きな役割を果たしてきたが，近年は大きな転機を迎えている。瑣末なことのように思えるかもしれないが，国が何に対して何割負担してくれるのか，というルールは以下に見るように個々の学校のありように大きな違いをもたらすことが明らかになってきている。

　とりわけ懸念されているのは，教職員の非正規化や教員不足である（文部科学省 2022b，佐久間・島崎 2020）。国庫負担率の引き下げに先立って行われた 2001 年の義務標準法の改正では，国庫負担の対象となる教職員定数の配置基準が弾力化され，再任用の教職員や非常勤の教職員が含まれるようになった。これにより，それまで常勤の教員 1 人で担っていた授業の担当時間数を非常勤の教員 3 人に置き換えても同等の国庫負担金が得られるようになった。さらに 2004 年には総額裁量制が導入され，国の定めた基準によって算定される給与費の総額の範囲内であれば，都道府県が給与の水準や配置について自由に決めてよいことになった（その影響については渡辺 2005）。加えて国立大学の法人化とともに公立学校教員給与を国立学校教員給与に準拠する仕組みもなくなり，教職員の給与を下げて人数を増やしたり，人数を減らして給与を上げたりすることが可能になった。その結果，それまでどの地域でも同じような水準であった教員の給与や配置の数に地域差が見られるようになってきている（図 8-2）。

　こうした教職員の配置不足は，当時の行財政改革や，学校や教員の質に対する要求を背景としている[2]。各都道府県はその後ますます進むことが見込まれた少子化に向けて新規採用を抑制し，退職教員の再任用や就職氷河期の高い採用倍率のもとで生まれた臨時任用の教員たちを中心に少人数学級や加配に対応してきた。そこに教員免許更新制や教員養成課程の抑制といった教員供給の厳格化，他方で道徳の教科化，小学校での外国語活動の導入といった学校業務の増大が重なる。ところがその後，第二次ベビーブームに対応する

2　佐久間・島崎（2020）は教員の未配置（教員不足）の現状と要因について実証研究に基づく詳細な分析を行っているので参照されたい。

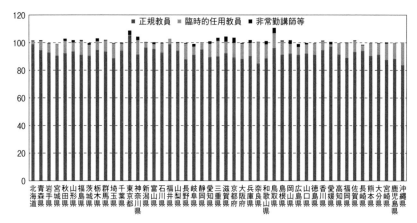

図8-2　都道府県別公立小・中学校等の教員定数の標準に占める正規教員の割合（令和2年度）

出所：文部科学省総合教育政策局「公立小・中学校等の教員定数の標準に占める正規職員の割合（令和2年度）」（令和3年5月17日）（一部改変）。
注：令和2年5月1日現在。「臨時任用教員」には産休代替教員，育児休業代替教員，配偶者同行休業代替教員を含む，「非常勤講師等」には非常勤講師のほか再任用短時間勤務以外の短時間勤務者（育児短時間勤務代替等）を常勤一人あたり勤務時間で換算。

ために大量に採用された教職員が退職の時期を迎え，小学校を中心に採用倍率は低下した。こうして近年では，臨時任用として働くことを希望する教員の数が減少し，一部の学校では学級担任不足や教科担任不足が発生している（文部科学省 2022b）。

(2)　地方交付税

　義務教育費国庫負担金の減額に伴ってより重要性を増しているのが，使途を限定せずに国から地方自治体に交付される地方交付税の仕組みである。教職員給与に先立って教員旅費や図書費など，これまで国庫負担金が「一般財源化」された場合，国庫負担金の減額または廃止分を地方交付税交付金で補う措置（交付税措置）がなされてきた。公的な教育費の総額で見ると，地方交付税中の教育費充当額はおよそ2兆7000億円であり，国庫からの支出に

匹敵する額となっている（文部科学省 2022c）。地方交付税の交付金額（地方交付税交付金）は，各地方自治体の規模等に応じて一般的に必要となるものの総額（基準財政需要額）から，標準的な課税をした場合にその地方自治体が収入として得られる額（基準財政収入額）を引いた額となる。基準財政需要額は教育費分の場合，人件費であれば教職員数，運営経費であれば設置地方自治体の児童・生徒数（都道府県及び市町村），学級数（市町村），学校数（市町村）に 1 単位あたりの費用（全国共通）をかけあわせた額をもとにし，それに個々の地方自治体の事情を考慮したものである。

例）都道府県の小学校費＝教職員数×教職員 1 人あたりの費用（単位費用）×
個々の自治体の事情（補正係数）

したがって地方交付税交付金は，税収を十分に得られない多くの地方自治体にとっては重要な財源保障機能を持っているとともに，東京都など基準財政収入額の大きい富裕な自治体には交付されず，地方自治体間の税収のアンバランスを抑制する財政調整機能を持っているとされる。しかし一方で，国庫負担金を一般財源化した場合，一定水準の教育を保障する機能は弱まり，教育水準の低下や自治体間の格差の拡大が懸念されている。

そのため近年では，「学校図書整備 5 か年計画」や「教育の ICT 化に向けた環境整備 5 か年計画」といった文部科学省の施策が，地方交付税交付金の単位費用に予算を上乗せする形で行われることがある[3]。この場合も各地方自治体の一般財源となるため，文部科学省の意図したとおりに財源が使われるとは限らないものの，呼びかけや整備状況の調査公表などによって地方自治体が自ら教育環境の整備を行うことが促されている。

3　文部科学省（2022d）には，各地方自治体の地方交付税交付金のうち図書費，新聞費，学校司書費として措置されている金額の算定方法が示されている。

(3) 家庭の教育費を補う仕組み

　日本でいう高校段階を含む中等教育はすでに多くの先進国で無償となっているが，日本では2010年度から公立高校等の無償化と私・国立高校の授業料の一部減額が実現した。政権交代の影響を受けて2014年度から所得制限が設けられたが，少しずつ緩和し，2020年度からは私立高校についても多くの世帯が実質無償化の対象となっている。この間，経済的理由による高校中途退学者数は無償化以前と比べて大きく減少し（文部科学省2022e），教育にかかる費用が子どもたちの進路に及ぼす影響が改めて浮き彫りとなった。

　私立学校については第9章で詳しく扱うことになるが，私立の小中学校に通う子どもは全体の1割に満たないものの少子化の中でも都市部を中心に増加しており，高等学校では3割を超える（文部科学省2023b）。私立学校は義務教育国庫負担制度の対象からは外れているが，先ほど述べた高校就学支援制度のほか，私学助成法に基づく国からの助成（私学助成）の対象となっている。

　そのほかに経済的に厳しい家庭の教育費負担を補う仕組みとして生活保護費における教育扶助と，生活保護の受給者とそれに準ずる家庭に支給される就学援助がある。これらの制度では，学用品や給食費等，子どもを学校に通わせるために必要な経費の多くが支給される。令和3年度の就学援助率は約14％で（文部科学省2023c），児童生徒のおよそ7人に1人が利用している。ただし地方分権，一般財源化の流れはここにも及んでおり，要保護世帯に対する就学援助制度は2分の1の国庫負担率を維持しているものの，準要保護世帯に対する国庫負担は2005年度から廃止され一般財源化がなされ，地域間格差の拡大が懸念されている（湯田2009）。

3　学校財務と公費・私費

(1)　学校財務の仕組み

　学校予算も地方の教育財政と同様に近年裁量の余地が大きくなっている。1998 年 12 月 13 日の中央教育審議会（中教審）答申「今後の地方教育行政のあり方について」では，それまでの学校管理規則が「学校の自主性を制約している」として，「教育委員会の関与を整理縮小し，学校の裁量権限を拡大する観点から」の見直しが求められた。その後，校長の予算における権限や学校の裁量は少しずつ拡大し（文部科学省 2017），2020 年度では都道府県，政令指定市の約 4 割で学校裁量予算，約 3 割で学校提案による予算措置を導入している。しかし，まだ大半の地方自治体では配当基準等に基づいた配当予算や臨時的事態等への対応などを行うための教育委員会による支援の比重が大きい（末冨［編］2016）。

(2)　公費・私費の区分と隠れた教育費

　前述のように日本では，憲法で義務教育無償の原則が示されて以後も私費による学校教育費の一部負担が広く行われてきたが，そこに問題はないのだろうか。

　学校で扱われる公費と私費の区分は地方自治体や学校によっても異なる場合があるが，おおむね以下のようなものである（たとえば，つくば市 2023，岐阜県教育委員会 2013）。まず「公費」は市区町村からの配当予算や学校ごとの委託費，補助金等をもとにしたもので，学校全体のために使うものや共用するものに当てられる。一方，個人が使う物は「私費」によってまかなわれることが多く，このうち教材費や生徒会費など個人の利益に還元されるものであっても学校や学級で共通して使用するものについては「学校徴収金」として保護者から徴収されることが一般的である（表 8-1）。

　こうした学校教育費における私費負担分が適切な水準であるか，そもそも

表 8-1　学校予算における公費・私費

	学校配当予算等	学校徴収金	個人購入
負担者	住民（公費）	保護者（私費）から学校が徴収	保護者（私費）
意思決定者	教育委員会等からの予算要求をもとに首長，議会が決定	地方自治体や学校ごとにルールが異なる	学校や学級，関連団体の指定に基づき個人が選択

出所：筆者作成。

必要なのかについては議論の分かれるところである。[4] 子育ては親の責任という社会的風潮は根強いものの，学校における私費負担の実態と問題点を指摘し，保護者の負担軽減を求める声も大きい（柳澤・福嶋 2019 等）。実際，スウェーデンやフィンランドなど，教材費はもちろん，筆記用具やバッグ，通学費など日本では当たり前に個人が負担しているものを公費負担としている国や地域もある。また仮に「個人のものは私費」を受け入れるとしても，指定用品の廃止，給食費などの自治体予算による無償化，アサガオの鉢や彫刻刀など家庭で使い道の少ない教材を学校の共用物とするなどの工夫によって私費負担は減額できる部分も大きい。

　ただし学校教育における私費・公費の負担のあり方を見直す場合には，少なくとも以下の点に注意が必要だろう。1 点目は，教育の質と費用のバランスである。私費負担によって不要なものや過剰に高価なものを買わされていないか，逆に公費負担によって 1 人あたりの教材費や給食費などが大きく削減されないか確認し，必要に応じて見直していかなければならない。2 点目は費用負担者へのアカウンタビリティの確保である。学校徴収金にせよ自治体予算にせよ，集められたお金が適切に使われていくには，意思決定を一部の人や集団，あるいは慣例に委ねず，取り組みの是非や改善の余地を含めた費用負担者の意思決定への参加や異議申し立て，あるいは少なくとも納得のいく説明が必要だろう。3 点目は個別の事情への配慮である。学校には様々

4　私費負担に批判的な立場から近年の学校における私費負担の実態と問題点を指摘した著作として，柳澤・福嶋（2019）を参照されたい。

な社会経済上，宗教上の背景や，病気，障害等を持つ子どもたちがいて，追加的な費用負担だけでなく特別な対応が必要になることも多い。たとえば生活困窮世帯の場合，制服を廃止して私服による通学にすると生活保護における教育扶助や就学援助の対象から外れてしまうことから，かえって負担増となる懸念もある。一般に，生活保護や就学援助のように所得制限などを設けて一部の人々に対してのみ行う社会給付を選別的（現金）給付という。選別的給付には選別のコストや目的外の使用などの問題点が指摘されているが，同じ予算であれば普遍的給付に比べて高い水準での給付が可能である。最後に意思決定，お金の管理，監査等，その他の事務作業にかかる金銭的，時間的コストである。ここまでにあげた諸問題には，保護者を含めた議論の場や見直しの仕組み，一部希望制を導入するなど様々な対応が可能だが，そのためのコストをどういった形で負担すべきかは，地方自治体の規模や保護者の就労状況，地域の教育への関心の高さなどによっても異なるかもしれない。

(3) 給食費の未納問題

給食費については，学校給食法により，人件費や施設設備費を除く食材費等は保護者が負担することとなっているが，2005年ごろから給食費の徴収に苦慮する事例が多数報告されるようになった。[5]当初は給食費の納入に消極的な保護者の責任感や規範意識の欠如が問題視されたが，その後子どもの貧困率の高さや，就学援助率の高い地方自治体では未納率が抑えられていることなどが指摘され，[6]議論の焦点は給食費の徴収方法や教職員の負担軽減に移っていった。近年では文部科学省が通知「学校給食費等の徴収に関する公会計化等の推進について」（令和元年7月31日元文科初第561号）を出し，「地方公共団体の会計に組み入れる『公会計制度』を採用するとともに，徴収・

---

5 平成19年1月24日18文科ス第406号文部科学省スポーツ・青年局長通知「学校給食費の徴収状況に関する調査の結果について」。

6 平成24年4月24日24ス学健第1号文部科学省スポーツ・青年局長通知「学校給食費の徴収状況に関する調査の結果について 別添学校給食費の未納問題への対応についての留意事項」。

管理を学校ではなく地方公共団体が自らの業務として行う[7]」ことが推進されている。

4　教育財政・学校財務をめぐる諸問題

(1)　学校の自律的な経営と財務マネジメント

　このように近年では学校に自律的な経営が求められる一方で，学校財務に対してますます多くの課題が指摘されている[8]。上述のように学校では，私費を含めた複数の収入源をもとにした予算からカリキュラム等の学校活動と連動した支出を行うことが求められている（藤原他［編］2022）。そのためには，透明性の担保や適正な運用と同時に，関係者間で教育目標を共有し，それに即した予算の有効な活用方法について意見を調整することを図らなければならない。

　しかし，それを可能にするだけの経済的，時間的余裕を持ち合わせている学校は必ずしも多くないといわざるをえない（末冨［編］2016）。学校経営の専門性が高まり，予算の自由度が増すことは，他方でそれができない学校や地域が取り残され荒廃していく危険もはらむ。

(2)　家庭や地域の社会経済環境と教育

　同様の問題はより広い文脈でも生じている。先進的な地方自治体においては国の補助を利用した学校の防災機能の強化やバリアフリー化，ICT 環境の整備，専門家の配置やボランティアとの連携などが進められている。教育行財政の地方分権や学校の自律的な運営を何のために行うのかを突き詰めれば，税収の大きな地域や教育熱心な地域に住む人々が税負担に見合うより充

7　令和元年 7 月 31 日元文科初第 561 号文部科学省初等中等教育局長通知「学校給食費等の徴収に関する公会計化等の推進について」。
8　学校財務の実務的課題についての実証的な研究として本多（2015）がある。

実した学校教育を選択できるようにするという側面が大きく，こうした方向性そのものは間違っているとは言えない。

　一方で，一部の地方自治体では教員不足により学級担任や教科担当を確保することすらできなくなっていることが報告されている（佐久間・島崎 2020）。こうした地方自治体では，法的に規定された水準を満たしていないために国からの補助を最大限に活用することができなくなってしまうだけでなく，そもそも憲法上認められているはずの教育の機会均等を保障できていない。地方分権や学校の自律的な経営のための予算は国負担を小さくする形で確保されてきたが，より厳しい地域，よりしんどい立場の子どもたちへの教育の保障の重要性はむしろ高まっていると言える。

　各地域，各家庭の多様なニーズを調整しながら，すべての子どもたちへの教育をいかに保障するのか。厳しい財政状況の中でも，地方自治体の努力が，国からの補助額と地方自治体の負担額との差をできる限り小さくすることでなく，よりよい学校，教育環境を整備することに向くにはどうしたらよいのか。そして目の前の苦しい学校や家庭，子どもたちをどう支援するのか。乗り越えるべき課題は多い。

参考文献

岐阜県教育委員会　2013『県立学校の運営にかかる経費——その適正執行と使途区分〈公費・私費負担区分等ガイドライン〉』。

佐久間亜紀・島崎直人　2020「公立小中学校における教職員未配置の実態とその要因に関する実証的研究」『教育学研究』88（4），558-572 頁。

白石裕　2000『分権生涯学習時代の教育財政』京都大学学術出版会。

末冨芳［編］　2016『予算・財務で学校マネジメントが変わる』学事出版。

つくば市　2023「学校徴収金取扱要項〈公費・私費負担区分等ガイドライン〉」令和5年3月改訂版。

藤原文雄・谷明美・福嶋尚子・吉村由巳［編］　2022『スクールビジネスリーダーシップ研修テキスト3　カリキュラム・学校財務マネジメント』学事出版。

文部科学省　2017「平成29年度　学校運営改善の在り方に関する取組」。

　——　2022a「令和3年度　子供の学習費調査」。

　——　2022b「『教師不足』に関する実態調査」。

── 2022c「令和3年度　地方教育費調査　文教費の概観」。

── 2022d「第6次『学校図書館図書整備等5か年計画』に基づき学校図書館の整備を進めましょう」https://www.mext.go.jp/content/20221024-mxt_chisui01-00020025_02.pdf（2023年9月20日閲覧）。

── 2022e「児童生徒の問題行動等生徒指導上の諸問題に関する調査結果」。

── 2023a「令和4年度　地方教育費調査」。

── 2023b「令和4年度　学校基本調査」。

── 2023c「令和4年度　就学援助実施状況調査」。

柳澤靖明・福嶋尚子　2019『隠れ教育費』太郎次郎社エディタス。

湯田伸一　2009『知られざる就学援助──驚愕の市区町村格差』学事出版。

渡辺恵子　2005「義務教育費国庫負担制度の『総額裁量制』への移行についての考察」『国立教育政策研究所紀要』134, 129-142頁。

OECD 2022. Education at a glance.

── 2023. Public spending on education（indicator）. doi: 10. 1787/f99b45d0-en

●読書案内●

柳澤靖明・福嶋尚子『隠れ教育費──公立小中学校でかかるお金を徹底検証』

公立小中学校での私費負担の実態と課題が，調査に基づき詳しくかつわかりやすく解説されている。多岐にわたる保護者の負担やそれらを解消する方法が実例を交えて紹介されているだけでなく，受益者負担の制度や理念についても問い直すきっかけを与えてくれる。[太郎次郎社エディタス，2019年]

本多正人『公立学校財務の制度・政策と実務』

公立学校における財務の実際について，多様なあり方を豊富な事例調査等をもとに明らかにし，その問題点等について分析。地方自治体からの学校配当金や学校徴収金をめぐる意思決定や現金の取り扱いなど，本章では取り上げられなかった多様な問題も取り上げられている。[学事出版，2015年]

末冨芳『教育費の政治経済学』

学校における私費負担の問題からもう一歩進んで，歴史や法，政策の観点から教育費について考えたい人にお薦め。日本の戦後教育財政学の理論的展開や課題の整理，教育費に対する保護者の意識調査などがなされていて，すべてを理解できなくても学ぶところが多いだろう。[勁草書房，2010年]

第 9 章

私立学校行政

自主性と公共性を高めるための仕組み

木村康彦

　本章では私立学校行政の特徴を概説する。キーワードは「自主性」と「公共性」である。両者は相反する概念に見えて，実は相互依存的な側面を持つ。たとえば私立学校は学校ごとに教科書採択が行われて教育課程上の自主性が尊重される一方，教科書使用義務が課されて公共性も担保されている。各制度が両者のバランスをどのようにとっているのかを考えつつ，お読みいただきたい。

1　私立学校の歴史と概況

(1)　私立学校のあゆみ

　意外かもしれないが，長い歴史を見たとき，私的セクターが大衆教育において重要な役割を果たしてきたのは間違いない。そもそも国民皆学を標榜する本格的な公教育制度は 18 世紀末以降に登場したものであり，前近代社会においては，一般大衆向けの学びの場は教会や寺社仏閣，私塾などの私的セクターが担っていた。一説によれば，日本では私塾の起源が奈良時代にさかのぼるとされ（馬場 1969），様々な紆余曲折を経ながら，大衆教育が広がっていった。そして，江戸時代には寺子屋が発達し，その数は累計 1 万 5000 校を超えたともいわれている（五味 2021）。総じて明治維新まで，大衆教育

は私教育ということで放任されている状態だったと言えるだろう。

ところが明治時代に入り，1872年の学制及び1879年の教育令で私立学校設置が届け出制に，1880年の改正教育令で認可制となり，1899年の私立学校令発布を受けて私学法制が一応の整備を見たという（市川 2006：256-272）。こうして公教育の一翼を担う近代的な私立学校が現れたが，1899年文部省訓令12号で各種学校を除き，宗教教育が禁止されるなど（上田 2009），政府による厳しい規制の下で運営された。そして，敗戦を機に私立学校制度は再び転換点を迎えることとなる。

(2) 現在の私立学校が果たす役割とその状況

現在の私立学校制度は，1947年の学校教育法及び1949年の私立学校法が成立して確立された。学校教育法2条の定めにより，学校は国，地方公共団体，または学校法人のみが設置可能であるとされている。この学校法人が設置する学校が私立学校である。私立学校の重要性は教育基本法8条でも謳われているところであるが，戦後の私立学校は，いったいどのような役割を果たしてきたのだろうか。

一つは，私立学校では建学の精神に基づき，特色ある教育研究が展開され，魅力ある学校づくりが進められていることがあげられる。後述のとおり，たとえば私立学校は戦前と異なり，宗教教育を行うことが認められているなど，多様な教育機会の提供に質的な側面から寄与していると言える。

もう一つは教育機会の量的な充足である。学校基本調査によると，現在の各種教育統計で私立学校が占める割合は図9-1のとおりとなっている。特に大学，幼稚園は私立の割合が非常に高くなっており，高等学校も1955年統計では私立の在学者割合が17.6％だったところ，現在は3割を超えてきている。私立学校は非常に多くの教育需要を満たしてきたといってよい。

戦後教育改革により，行政は私立学校の自主性を重んじ，公共性を高めることによって，私立学校の健全な発達を図ることが求められるようになっており，今や質と量の両面から日本の公教育を支えている。中には地方自治体

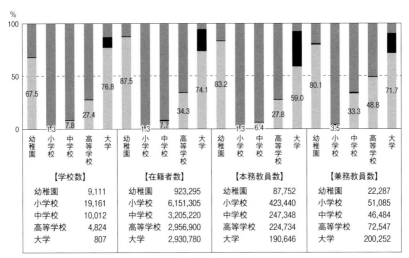

図 9 - 1　2022 年度各種統計と国公私立全体に占める割合

出所：文部科学省「学校基本調査」（http://www.e-stat.go.jp/SG1/estat/NewList.do?tid=000001011528）より
　　　筆者作成。
　注：図中の数値は国公私立学校全体における私立学校の占める割合を示す。また，各項目の学校種の横に記
　　　載の数値は国公私立学校全体の実数を示す。

が様々な事情から公立学校を新設せず，校地・校舎等を提供することで私立
学校を誘致するケースなどもある（高橋 2004）。一般にこうした私立学校を
「公私協力学校」や「公設民営学校」「公設民営大学」と呼んでおり，表 9 - 1
のような特徴がある。ただし，構造改革特別区域法 20 条の適用を受けて地
方自治体と協力学校法人が「公私協力学校」を設置すると，当該学校法人の
設置認可にかかる資産審査を省略できるが，様々な制約があるためか，実際
に特区認定された実績はない。一方で，国家戦略特別区域法 12 条の 3 で定
める「公立国際教育学校等管理事業」というものがあり，国家戦略特区の指
定を受ければ，公立学校の管理を学校法人や一般社団法人などの民間法人に
も委託できるようになっている。こちらは実際に公立の大阪府立水都国際中
学・高等学校が学校法人大阪 YMCA に管理を委託している。
　これに加えて，構造改革特別区域法 12 条及び 13 条により，地方自治体が

表9-1　公設民営学校，公私協力学校，公私立学校の違い

	国家戦略特区による公設民営学校	構造改革特区によらない公私協力学校	構造改革特区による公私協力学校	公立学校	私立学校
設置者	地方自治体	学校法人	協力学校法人	地方自治体	学校法人
学校の位置づけ	公立学校	私立学校	私立学校	公立学校	私立学校
学校の管理・運営	受託法人（民間法人）	学校法人	協力学校法人（自治体の支援・間接的な関与）	教育委員会	学校法人
学校運営のチェック	教育委員会が運営を監督	学校法人の責任		教育委員会が運営を監督	学校法人の責任
対象	併設型中学校・高等学校，中等教育学校	制限なし	幼稚園，高等学校	制限なし	制限なし
私学助成	－	都道府県の判断	なし	－	あり

出所：第40回大阪府学校教育審議会（2021年9月13日開催）参考資料（https://www.pref.osaka.lg.jp/attach/5185/00406848/sankou.pdf）より筆者作成。
　注：構造改革特区を活用した公私協力学校の設置実績はこれまでない。

特区の認定を受けることで，株式会社（学校設置会社）や特定非営利活動法人（学校設置非営利法人）が学校教育法1条に規定する学校の設置者となれる。ただし，株式会社立学校や特定非営利活動法人立学校（NPO法人立学校）は，学校教育法上は「私立学校」に読み替えられるが，私立学校法上は私立学校として定義されない。よって，後述する私学助成金は交付されていない。

2　私立学校制度の構造

(1)　学校法人制度と学校内部のガバナンス

「学校法人」とは，どのような組織なのだろうか。戦前は1911年の私立学校令改正以降，私立学校は財団法人が設置することとされていたが（荒井2011），戦後教育改革の中で学校法人という特別法人を新たに設けることで，私立学校が有する公の性質，すなわち公共性を高める制度設計となっている。
　文部科学省によれば[1]，学校法人制度が他の民法法人との特徴的な違いとしてあげている点は三つあり，第一に「学校法人が解散した場合の残余財産の

1　文部科学省「私立学校法」https://www.mext.go.jp/a_menu/koutou/shinkou/07021403/001/001.htm

帰属者は学校法人その他教育の事業を行う者のうちから選定しなければならないこととし，残余財産の恣意的処分の防止を図っていること」（私立学校法30条3項），第二に「学校法人の運営の公正を期するため，役員の最低必要人数を法定するとともに，役員が特定の親族によってのみ占められることを禁止していること」（同法35条1項，38条7項），第三に「学校法人の業務執行の諮問機関として評議員会の設置を義務づけ，学校法人の運営について意見を反映させることとしていること」（同法41〜44条，46条）であるとされる。

　2023年私立学校法改正後の学校法人の組織図を例示したのが図9−2である。学校法人には理事5人以上及び監事2人以上を置くことが義務づけられており，法人の種類に応じて理事・監事ともそれぞれ外部から所定の人数を選任する。理事のうち1名は学校法人の代表である理事長を務める（同法35条）。また，校長等のうち1名以上は必ず理事としなければならず，理事長との兼職も可能である。学校法人の業務に関する最終的な意思決定機関が理事会であり，その監査などを行うのが監事の役割である（同法36〜37条）。評議員会は，理事の定数を超える数の評議員をもって組織され，学校法人の職員や設置する私立学校の卒業生で25歳以上の者などから選任される。評議員会では予算や事業計画，寄附行為（寄付金を払うことではなく，学校法人の定款を「寄附行為」と呼ぶ）の変更などについて，理事長の諮問に基づき意見を述べることとされている。

　従来は評議員の中から選任された者が理事を兼職することが必須であったが，2023年私立学校法改正で，逆に兼職が禁止されることとなり，2025年度最初の定時評議員会終結時をもって兼職が解除される見込みである。また，監事の選任も評議員会の同意の下で理事会が行っていたが，こちらも同法改正で評議員会の決議により行われることとなった。行政上の所轄庁については次節で詳説するが，さらに文部科学省が所轄する学校法人では，評議員会が決議する会計監査人を新たに置くことが義務化され，重要な寄附行為変更にも評議員会の決議が必須となるなど，評議員会の機能が高められている（文部科学省 2023a）。2019年の私立学校法改正でも，文部科学大臣所轄の学校法人は事業に関する中期計画策定を義務づけられ（小野 2020：223-

231)，いっそうのガバナンスの強化が図られている。そして，2023年改正で理事は理事選任機関が選ぶことが明文化されることとなった。

(2)　二元的教育行政の仕組み

　第2章および第5章では，地方教育行政の政治的中立性を確保するために，行政委員会として教育委員会制度が組織されることを見てきた。ところが，私立学校行政は表9−2のとおり，文部科学大臣または都道府県知事が所轄庁として主管することとなっている。たとえば図9−2で登場した〇〇学園の場合は大学が設置された法人（大学法人）であり，もし法人内に新たな小学校を設置する場合は文部科学大臣と学校所在地の都道府県知事の両方から認可が必要である。

　ただし，私立学校法8条，31条，60条ほかの規定により，所轄庁が学校の設置／廃止や学校法人の解散命令／措置命令（違反の停止，運営の改善その他必要な措置をとるべきことを命ずること）などの行政処分を行う場合は，文部科学大臣は大学設置・学校法人審議会，都道府県知事は私立学校審議会という諮問機関から意見を聴かなければならない。これら審議会の意見は強制力を持たないが，十分に尊重される必要がある。たとえば，2012年に岡崎女子大学，札幌保健医療大学，秋田公立美術大学の設置認可が諮られ，大学設置・学校法人審議会が判定を可としたのにもかかわらず，政策的判断で当時の田中真紀子文部科学大臣が当初は不認可としたが，批判を受けて後に撤回するという事例があった（阿内他 2019）。

　地方教育行政では一般行政から独立した都道府県教育委員会があるにもかかわらず，なぜ都道府県知事が私立学校行政を所轄するのだろうか。このような二元的教育行政がとられた理由としては，知事が戦前とは異なって官選から公選へと変わり，知事よりもむしろ公立学校主体の教育委員会による私学教育への干渉を避けようとしたことが背景にあるといわれており，加えて教育委員会のような私学行政機関を新たに設置するのは法制上困難であることから，地方教育行政においては「私立学校審議会を設置することにより都

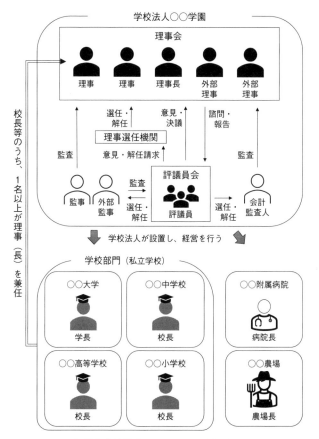

図 9−2　2023 年私立学校法改正を反映した学校法人の組織図の例

出所：文部科学省ホームページ（https://www.mext.go.jp/content/20230801-mxt_
　　　sigakugy-000021776-0.pdf）より筆者作成。

表 9−2　学校法人及び各学校部門の所轄庁

	法人	大学等の学校部門	高等学校以下の学校部門
法人内に大学等の設置あり	文部科学大臣	文部科学大臣	都道府県知事
法人内に大学等の設置なし	都道府県知事	——	都道府県知事

出所：筆者作成。
注：指定都市及び中核市の幼保連携型認定こども園は都道府県知事ではなく，当該指定都市等の長が所轄庁
　　となる。また，表中の「大学等」とは，短期大学を含む大学・高等専門学校を指す。

道府県知事が所管するということで決着が図られた」とされる（松坂 2020：21-25）。ただし，地方自治法 180 条の 2 の定めにより，私立学校行政に関する事務の一部を教育委員会に補助執行（小入羽 2019）または委任させることは可能である。

このほか，「公私立高等学校協議会」という名称で，公私立高校が生徒の収容数（公私比率）や入学者選抜について協議する会議体が多くの都道府県に置かれている。これは第一次及び第二次ベビーブーム世代が高校進学するにあたり，生徒の急増・急減が見込まれ，その対策のために旧文部省が通知を出し，組織されたもので，現在まで継続しているものである。

(3) 建学の精神に基づく特色ある教育課程

私立学校は建学の精神に基づき，多種多様な教育課程が編成されている点が最大の魅力である。個々の実践は紙幅に限りがあり，具体的に取り上げることはできないが，特に高等学校以下の私立学校では，どのような制度上の裏づけがなされているのだろうか。

第一に，私立学校では宗教教育が認められている点である。国公立学校は宗教教育が日本国憲法 20 条 3 項及び教育基本法 15 条 2 項で禁止されているが，私立学校には適用されない。学校教育法施行規則 50 条 2 項及びその準用規定により，私立小・中学校では宗教科を加えることで道徳の時間に替えることが認められていたが，2017 年の同規則及び小・中学校学習指導要領の改正で「道徳の時間」が「特別の教科である道徳」（以下，道徳科）となって必修化されても，それは変わらない。同様に道徳科は道徳教育推進教師が置かれるものの，教育職員免許状が発行されないが，宗教科は従前から教育職員免許法 4 条により，教育職員免許状が発行されている。

第二に，私立学校は授業の基本となる教科書の採択を校長が行える点にある。義務教育諸学校の教科用図書の無償措置に関する法律により，多くの公立小中学校は市町村教育委員会ごとに教科書が採択されているが，私立学校は学校単位となっている。これにより，自主的な教育活動が実現できる。な

お，私立小中学校の児童生徒にも教科書は無償で給与される。

　第三に，私立学校は現在でも広く土曜授業（児童生徒の代休日を設けずに，土曜日，日曜日，祝日を活用して教育課程内の学校教育活動を行うこと）がなされているように，休業日などの設定が柔軟に行われている点である。かつては公立学校も土曜授業が行われているのが一般的であったが，1992年から段階的に縮小され，2002年に完全週5日制へ移行した。2013年から再び土曜授業の実施を促進するために学校教育法施行規則が改正されて，地方自治体の教育委員会が必要と認める場合には公立学校も授業が行えるようになったが，2022年度時点で土曜授業を実施している小学校等の割合は11.3％，中学校等の割合は11.9％に留まっている（文部科学省 2023b）。

　第四に，私立学校は入学者選抜を自由に行うことができる点である。公立小中学校は学区があり，基本的に自由な学校選択はできない。公立高校では全県一区制がとられていることもあるが，住所地でない他県の学校は原則として受験資格がない。入学者選抜を通じて，学校は自校の建学の精神やアドミッションポリシーなどと合致した生徒を募集でき，逆に受験生にとっても志望校を決定する判断材料の一つになる。公立と比べて私立は現在でも男女別学が多いが，これは男女別の募集定員を所轄庁の認可の下で自律的に設定できるのも一因だろう。

　その他に，私立学校では学校種を超えた一貫教育，全寮制教育，多様な課外活動，校風にあった特色ある教育などが展開されていることがある。現在は義務教育学校や中等教育学校などの制度化やチーム学校の推進，「歯止め規定」撤廃による学習指導要領の基準性のいっそうの明確化で，公立学校でも見られるようになったが，私立学校の存在は今なお大きい。

3　私立学校財政と教育費負担

(1)　私立学校の経営状況と日本国憲法89条

少子化が進む中で，私立学校の経営状況はどのようになっているのだろう

表9-3　2021年度資金収支計算書の収入に占める各収支科目の構成比率

	小学校 部門	中学校 部門	高等学校 部門	大学 部門
学生生徒等納付金収入(%)	58.4	57.7	48.0	73.2
手数料収入（%）	1.0	2.5	1.4	2.5
寄付金収入（%）	4.2	2.4	1.7	1.7
補助金収入（%）	24.5	26.5	34.6	10.7
その他の収入（%）	11.9	10.8	14.3	12.0
収入計（百万円）	91,039	294,133	1,203,776	3,796,863
人件費支出（%）	59.5	59.5	58.5	48.4
教育研究経費支出（%）	17.1	15.6	16.4	25.5
その他の支出（%）	16.9	16.4	20.1	18.1
支出計（百万円）	85,297	269,082	1,145,525	3,492,633
回答学校数（校）	218	721	1285	611
回答校の在籍者数（人）	74,916	241,046	994,671	2,126,951

出所：日本私立学校振興・共済事業団（2022，2023）より筆者作成。
　注：構成比率とは，収支いずれも収入計を100%としたときの割合。
　　　端数調整などの関係で，合計が一致しない場合がある。
　　　「その他の収入」は「資産売却収入」「付随事業・収益事業収入」「受取利息・配当金収入」「雑収入」
　　　「借入金等収入」の合計。
　　　「その他の支出」は「管理経費支出」「借入金等利息支出」「借入金等返済支出」「施設関係支出」「設備
　　　関係支出」の合計。
　　　大学部門は短期大学を除く。中学校部門・高等学校部門は中等教育学校部門を除く。法人部門，附属
　　　病院などの別部門は省略している。

か。それを示したのが表9-3である。学校財政の1〜3割が補助金，すなわ
ち公費で支えられているのが読み取れる。私学助成法では，国は，短期大学
を含む大学または高等専門学校を設置する学校法人に対し，当該学校におけ
る教育または研究に係る経常的経費について，その2分の1以内を補助する
ことができるほか，中等教育段階以下の学校法人に対して，都道府県が補助
を行う場合には，その一部を補助することができるとされている。

　ところで，日本国憲法89条には「公金その他の公の財産は，宗教上の組
織若しくは団体の使用，便益若しくは維持のため，又は公の支配に属しない
慈善，教育若しくは博愛の事業に対し，これを支出し，又はその利用に供し
てはならない」と定められている。宗教系私立学校は前段の「宗教上の組織
若しくは団体」に該当するかという論点があるが，学校法人は宗教団体とは
異なるものと解して私学助成は合憲とするのが有力である（結城 2014：103-

138）。同様に，私立学校が後段部分の「公の支配に属しない」教育の事業に含まれて，私学助成は違憲という説もある。立法趣旨がどこにあるか，どの程度の行政監督や規制を加えることで「公の支配」に属していると解釈できるかは諸説あるが，私学助成法ほか現行法の定める行政監督を受ければ，政府解釈上，私学助成は合憲とされている（松坂 2020：553-581）。先ほどの表9-3で補助金比率が正確にわかるのも，私学助成法14条に基づき学校法人会計基準という同じ会計ルールに則って計算書類が作成されているためである。私学助成を受けるためには，計算書類を所轄庁へ公認会計士または監査法人の監査報告書とともに財務情報を報告する必要がある。

(2)　私立学校振興助成の様相

　私立学校振興助成政策の最も大きい柱は機関補助として行われる「経常費補助」である。経常費とは私学経営にコンスタントにかかる人件費などを主に指している。私立大学等は日本私立学校・共済事業団が国から私立大学等経常費補助金が付託され，交付事務を担っている。一方，私立高等学校以下については都道府県が経常費補助をしているが，その財源としては国の国庫補助金（国庫支出金の一つ）である「私立高等学校等経常費助成費補助金」に加えて，「地方交付税」の形で積算されており，さらに都道府県の独自財源が用いられる場合がある。経常費補助の予算積算方法や配分方法も都道府県ごとに異なる（日本私立中学高等学校連合会 2023）。

　特に問題となるのが，私立高等学校以下では都道府県間で生徒1人あたりの補助単価に格差が生じる点である。国から都道府県へ経常費補助を行うために財源措置されている金額が表9-4であるが，地方交付税は積算された目的以外にも執行できるため，実際には金額に違いが生じる。2021年度では私立高等学校（全日制・定時制）の補助単価の平均が35万1453円のところ，補助単価の最大値と最小値の差が1.55倍で，国からの財源措置額を下回った都道府県が16ある。同様に2021年度の私立中学校の補助単価平均が30万8868円で，差は2.01倍となり，国の財源措置額を下回ったのが28都

表9-4　2022年度私立高等学校等経常費助成にかかる生徒1人あたり単価（円）

区分	国庫補助金	地方交付税	合計
高等学校（全日制・定時制）	57,410	292,500	349,910
中学校	50,249	291,900	342,149
小学校	48,666	291,900	340,566
幼稚園	24,698	170,100	194,798
高等学校（広域以外通信制）	17,342	62,740	80,082

出所：日本私立中学高等学校連合会（2023：1）より筆者作成。

道府県だった（日本私立中学高等学校連合会 2023）。財源措置の柱である国庫補助金の一般財源化や地方自治体間で見られる，この差の拡大が懸念されている（日本私学教育研究所 2017）。

　そのほかに，補助金以外にも，収益事業を除いた教育研究事業の法人税を非課税にするなどの，税制上の優遇措置もとられている[2]。

(3)　私立学校の教育費負担

　設置者負担主義の原則から，表9-3でも見たとおり，私立学校教育費は学生生徒など本人またはその保護者が負担する学費（学生生徒等納付金）によって，多くが支えられている。私立学校に通うには家計負担が大きいことから，長年にわたって，国公立学校と私立学校の学費格差が問題になってきた。ただし，第8章で見たように，国公私立を問わず教育費無償化政策が漸進的に進められ，個人補助の拡充により改善されつつある。

　特に格差が顕著なのは義務教育段階である。日本国憲法 26 条では義務教育の無償を定めているが，実際は私立学校に通うために重い学費負担が求められている。ただし「私立義務教育学校における授業料負担も無償原理に沿うように助成措置によって低くとどめられていなければならない」（兼子 1978：238）という説や「義務教育機関である私立小・中学校の授業料の有償化は憲法 26 条からみて問題である」（吉田 1981：12）とする説もある。

2　文部科学省「私立学校関係税制」https://www.mext.go.jp/a_menu/koutou/shiritsu/shigakuzeisei.html

　私立小・中学校では，2017～2021年度に一定の所得以下の世帯に属する児童生徒を対象として，国が「私立小中学校等に通う児童生徒への経済的支援に関する実証事業」を行っていた[3]。所得に応じて授業料を最大で年額10万円まで支援されていたが，本事業は終了し，2022年度以降は都道府県が独自に授業料軽減助成金を拠出しているケースはあるが，国からの直接支援は行われていない。今後の動向が注目される。

4　私立学校教員の働き方

　まとめにかえて，私立中高教員の働き方について概説する。学校法人及び私立学校の教職員は，公立学校とは異なり，一般企業の従業員と同様に，労働基準法をはじめとした労働関係法令が適用される。そのため，学校法人には労働時間の客観的把握や36協定などの労使協定締結，就業規則などの整備が義務づけられている。私学経営研究会（2020）の調査によると，62.9％の私立中高は教員に対して給与制度の運用に係る人事考課／業績評価は実施しておらず，給与体系は年齢給や公務員準拠型が中心となっている。そして，およそ1割程度の学校ではあるが，中には図書手当（個人研究費）が支給される学校もあるとされる（私学経営研究会 2015）。

　逆に，一部の学校においては，公立学校もしくは他業界の民間企業などと同様に様々な労働問題を抱えていることもある。そのため，働き方改革には国をあげて取り組んでおり，2019年には「文部科学省においては，今後，厚生労働省及び日本私立中学高等学校連合会と連携し，私立学校における変形労働時間制の活用等の優良事例を収集・共有するとともに，働き方改革関連法を含む関係法令等の周知を行う予定である」[4]と通知され，改善に努められている。また，図9-1のとおり，学校種によっては本務教員数と比べて

3　文部科学省「私立小中学校等に通う児童生徒への経済的支援に関する実証事業について」https://www.mext.go.jp/a_menu/shotou/shugaku/detail/1385578.htm
4　2019年3月28日文部科学省高等教育局私学部私学行政課事務連絡「学校における働き方改革に関する取組について（事務連絡）」。

相対的に兼務教員数が多いこともある。公立学校と同様に教員の非正規労働についても，よりよいあり方を考える必要があるだろう。

付記
本章の内容は，JSPS 科研費 JP20K22180 の成果を含むものである。

参考文献
阿内春生・植田啓嗣・江口和美　2019「首長主導による公立大学四大化構想を巡る政治過程」『教育行財政研究集録』14，14-41 頁。
荒井英治郎　2011「戦前私学法制の形成と特質——『規制』と『助成』に着目して」『教職研究』3，11-43 頁。
市川昭午　2006『教育の私事化と公教育の解体——義務教育と私学教育』教育開発研究所。
上田学　2009『日本と英国の私立学校』玉川大学出版部。
小野元之　2020『私立学校法講座』令和 2 年度改訂版，学校経理研究会。
兼子仁　1978『教育法』新版，有斐閣。
小入羽秀敬　2019『私立学校政策の展開と地方財政——私学助成をめぐる政府間関係』吉田書店。
五味文彦　2021『学校史に見る日本——足利学校・寺子屋・私塾から現代まで』みすず書房。
私学経営研究会　2015『私学教職員の諸手当等に関するアンケート調査報告書』。
——　2020「学校法人における給与制度・人事考課に関するアンケート調査結果」『私学経営』548，78-84 頁。
高橋寛人　2004『公設民営大学設立事情』東信堂。
日本私学教育研究所　2017「私学振興に関するキーワード 2017」https://www.shigaku.or.jp/news/keyword.pdf
日本私立学校振興・共済事業団　2022『令和 4 年度版　今日の私学財政　大学・短期大学編』（DVD），学校経理研究会。
——　2023『令和 4 年度版　今日の私学財政　高等学校・中学校・小学校編』（DVD），学校経理研究会。
日本私立中学高等学校連合会　2023『私学助成状況調査報告書』。
馬場英雄　1969『私学百年史』東出版。
松坂浩史　2020『逐条解説私立学校法』三訂版，学校経理研究会。
文部科学省　2023a「私立学校法の改正について（令和 5 年改正）」https://www.

mext.go.jp/a_menu/koutou/shiritsu/mext_00001.html

――　2023b「令和 4 年度公立小・中学校等における教育課程の編成・実施状況調査の結果について」https://www.mext.go.jp/a_menu/shotou/new-cs/1415063_00001.htm

結城忠　2014『憲法と私学教育――私学の自由と私学助成』協同出版。

吉田善明　1981「私立高校の学費と憲法 26 条――いわゆる私学訴訟第一審判決を中心にして」『判例タイムズ』445, 8-14 頁。

注記

本章のウェブ文献閲覧日は，いずれも 2023 年 9 月 10 日である。

●読書案内●

小入羽秀敬『私立学校政策の展開と地方財政――私学助成をめぐる政府間関係』
本書は主に私立高等学校以下の私学助成について，様々なアプローチから分析された研究書となっている。学部生のみなさんにはやや難しいかもしれないが，私立学校財政に関心があれば，1 章だけでもいいので，ぜひ挑戦してみていただきたい。[吉田書店, 2019 年]

小針誠『〈お受験〉の歴史学――選択される私立小学校　選抜される親と子』
本書では私立小学校の沿革や入学者選抜の変遷などを歴史的・社会的に紐解きながら，その実態を明らかにしている。私立小学校と言えば，「お受験」と呼ばれる厳しい入学者選抜の存在が目を引くが，少し距離を置いて客観的な視点を提供してくれる良著である。[講談社, 2015 年]

橘木俊詔『公立 VS 私立――データで読む「学力」「お金」「人間関係」』
本書は「歴史」「学力」「お金」「人間関係」という 4 つの視点から公私立学校間の比較検討がなされている。データ分析だけでなく事前に必要な知識についても，わかりやすく解説されており，読み物としても面白いので，ぜひご一読いただきたい。[KK ベストセラーズ, 2014 年]

第10章

官／民および教育／福祉の連携

学校に行かない／行けない子どもをめぐって

武井哲郎

　長期欠席の子どもたちが増加の一途を辿る中，国や地方自治体が講じてきた対策を，教育ガバナンスの視点から概説する。「不登校」に分類される子どもたちが「居場所」を持てるような環境づくりが，官／民および教育／福祉の垣根を越えて試みられつつある点が，ガバナンス上の特色だと言える。

1　長期欠席の子どもたち

(1)　長期欠席と不登校

　毎年10月頃になると「不登校〇万人」というニュースが流れる。前年度に文部科学省が実施した「児童生徒の問題行動・不登校等生徒指導上の諸課題に関する調査」（以下，生徒指導調査）の結果が，この時期に公表されるためだ。過年度に比べてその数が増加したとなれば，友人関係に悩む子どもの声があわせて紹介されたり，学校側の「不登校を減らす」ための取り組みに注目が集まったりする。不登校児童生徒の数は増加の一途を辿っていて，2022年度の生徒指導調査の結果では，小・中学校であわせて29万人を超えた。

　ただ，学校に行かない／行けない状態にあるのは「不登校」の子どもたちだけではない。年間に30日以上学校を休んだ子どもは「長期欠席」としてカウントされ，そこから病気や経済的理由，あるいは新型コロナウィルスの

感染回避によるケース（感染に対する不安を理由に自主的に休むといったケース）等を除いたのが「不登校」だからだ。2022年度の生徒指導調査の結果を見ると，長期欠席児童生徒全体の数は小・中学校であわせて46万人にものぼる。「不登校〇万人」と報じられているより多くの子どもが，学校に行かない／行けない状態にあると言えよう。

(2) 学校に行かない／行けないことの要因

　では，なぜ学校に行かない／行けない子どもがこれほどまでに多く存在するのだろうか。「不登校の要因」については生徒指導調査の結果がまとまっていて，たとえば2020年度であれば最も高いのが「無気力・不安」で，「生活リズムの乱れ・あそび・非行」が続く（表10-1）。それ以下を見ても「親子の関わり方」が4番目に高い割合を示すなど，本人や家庭に関わる状況が主たる要因としてあげられる傾向にある。

　ただ，不登校の要因については，異なった傾向を示す調査結果も存在する。それは，同じく2020年度に行われた「不登校児童生徒の実態把握に関する調査」（以下，不登校調査）だ。不登校児童生徒の実態把握に関する調査企画分析会議による報告書（2021）を見ると，学校へ最初に行きづらいと感じ始めたきっかけを尋ねた設問があり，「先生のこと」という項目が上から2番目に高い割合を示している（表10-2）。また，「友達のこと（いやがらせやいじめがあった）」がきっかけだと答えたのが25.4％にのぼり，生徒指導調査で「いじめを除く友人関係をめぐる問題」が10.6％となっているのに比べて高い値となっている。教員や友人との関係性など学校生活上の問題が影響して行きづらさを抱えている子どもが一定の割合を占める様子が見て取れる。

　では，なぜこうした結果の違いが生じるのか。設問の文言や形式が同一ではない点に留意しなければならないが，有力な理由の一つとして考えられるのが，両調査の回答者が異なるという点だ。生徒指導調査は都道府県・市町村の教育委員会や国公私立の学校が回答しているのに対して，不登校調査の

表 10 - 1　生徒指導調査の結果に表れる「不登校の要因」(主たるもの)
　　　　　上位 5 項目

	項目	割合(%)
1	無気力・不安	46.9
2	生活リズムの乱れ・あそび・非行	12.0
3	いじめを除く友人関係をめぐる問題	10.6
4	親子の関わり方	8.9
5	学業の不振	5.4

出所:「令和 2 年度生徒指導調査」の結果より筆者作成。

表 10 - 2　不登校調査の結果に表れる「きっかけ」上位 5 項目
　　　　　(複数回答可)

	項目	割合(%)
1	身体の不調(学校に行こうとするとおなかが痛くなったなど)	30.5
2	先生のこと (先生と合わなかった,先生が怖かった,体罰があったなど)	28.3
3	勉強がわからない (授業がおもしろくなかった,成績がよくなかった,テストの点がよくなかったなど)	25.6
4	生活リズムの乱れ (朝起きられなかったなど)	25.6
5	友達のこと (いやがらせやいじめがあった)	25.4

出所:「不登校調査」の結果より筆者作成。

　上記設問は児童生徒本人,より具体的には前年度 (2019 年度) に不登校であった者のうち調査対象期間 (2020 年 12 月 1～28 日) に学校に登校または教育支援センター (後述) へ通所の実績がある児童生徒が回答者となっている[1] (不登校児童生徒の実態把握に関する調査企画分析会議 2021：1)。ここからは,①教育委員会や学校の想定以上に,子ども本人は教員や友人との関係性に悩んでいる可能性が考えられる一方,②学校や教育支援センターとつながって

---

[1] ただし,報告書では小学校と中学校で別々にその結果が掲載されていたため,再計算の後に二つを統合して「学校へ最初に行きづらいと感じ始めたきっかけ」の上位 5 項目を割り出した。なお,表 10 - 1 についても小・中学校を合計したデータをもとに作成している。

いない子どもについては，不登校の要因・きっかけがいまだ十分に明らかとなっていないことが窺える。また，そもそもこうした調査は「不登校」の子どもを対象として行われる傾向にあるため，「長期欠席」にまで射程を広げれば，さらにその要因・きっかけが掴みづらくなることも考えられる。学校に行かない／行けない子どもへの対応は，試行錯誤が続く状況にあるといわざるをえないだろう。

2 「不登校」という教育課題

(1) 不登校の子どもと居場所

さて，聡明な読者であれば，ここで一つ疑問がわくかもしれない。それは，保護者には子どもを学校に通わせる義務があるのではないか，というものだ。確かに，日本国憲法26条は「すべて国民は，法律の定めるところにより，その保護する子女に普通教育を受けさせる義務を負ふ」ことを定めている。そしてこの規定を受けて，保護者には子どもを小・中学校等へ就学させる義務（いわゆる就学義務）があると，学校教育法17条には記されている。保護者が督促を受けてもなお就学義務を履行しない場合は「10万円以下の罰金に処する」（学校教育法144条）こともできる。

ただ，学校に行かない／行けない子どもへの対応として，保護者に就学義務を果たすよう求める声が上がることは，今ではほとんどない。その理由を考える上で重要な意味を持つのが，1992年に当時の文部省が出した「登校拒否問題への対応について」という通知だ。この通知では「登校拒否はどの児童生徒にも起こりうるものであるという視点に立ってこの問題を捉えていく必要がある」として，「いじめや学業の不振，教職員に対する不信感など学校生活上の問題が起因して登校拒否になってしまう場合がしばしば見られるので，学校や教職員一人一人の努力が極めて重要である」と明記されてい

2　平成4年9月24日文初中第330号文部省初等中等教育局長通知「登校拒否問題への対応について」。

る。これは，学校に通おうとしない子どもやその保護者の側に問題があるという考え方を示すのではなく，教職員が対処すべき教育課題の一つとして「不登校」を位置づけたという点で，重要な意味を持っていた。実際に，「児童生徒にとって自己の存在感を実感でき精神的に安心していることのできる場所——『心の居場所』——としての役割を果たすこと」を，同通知は学校に求めている。これは，学校を子どもたちが通いたくなる場とする責任を教職員の側に課すもので，日本の不登校政策の大きな転換点となった。

(2)　教育支援センターとフリースクール

さらに，1992 年の通知で示された方針として，次の二つに注目したい。

一つは，教育支援センター（適応指導教室）の設置促進である。教育支援センターとは，学校以外の場所や学校の余裕教室において，カウンセリングや教科指導を組織的・計画的に行うべく，都道府県・市町村教育委員会等が設置するものだ。通常の学校に比べると時間は短いことが多いものの，不登校の子どもが勉強等にも取り組みながら平日の昼間の時間帯を過ごせるよう開設されている。1992 年の通知以降，国は一貫して教育支援センターの設置を地方自治体に促してきたため，1991 年の時点でわずか 133 ヶ所しかなかったものが，2001 年には 991 ヶ箇所に，2011 年には 1239 ヶ所に，そして 2021 年には 1634 ヶ箇所まで増えている。利用した子どもの数についても，1991 年は 3500 人ほどだったが，1998 年には 1 万人を，2019 年には 2 万人を超えた。ただ，不登校児童生徒数そのものが増加の一途を辿っていることもあって，教育支援センターを利用する割合としては 10〜12％程度にとどまる状況が続いている（各年度の生徒指導調査より）。

もう一つは，民間の相談・指導施設の活用が認められたことである。教育委員会が教育支援センターの設置を本格化するより前から，不登校の子どもたちに居場所を提供してきたのが，フリースクールやフリースペースと呼ばれる民間の相談・指導施設だ。この通知では，不登校の子どもを受け入れる場として公的機関が適切であるとしながらも，それが困難な場合で本人や保

護者の希望があるときには,「民間の相談・指導施設も考慮されてよい」とされた。さらに,「当該施設への通所又は入所が学校への復帰を前提とし,かつ,登校拒否児童生徒の自立を助ける上で有効・適切であると判断される場合」には,校長の判断でフリースクール等に通った日を指導要録上の出席扱いとすることが可能となった。

なお,民間の相談・指導施設に関する公式の調査は文部科学省(2015)に限られるため,その実態は必ずしも明らかでない。ただ,この調査で回答のあった317の団体・施設の会費(授業料)の平均は,およそ3万3000円／月となっていた。行政が運営する教育支援センターであれば授業料がかからないことを考えると割高に見えるかもしれないが,フリースクール等はあくまで民間の団体であるため,保護者が納めた会費の中から施設の賃料や光熱費,さらにはスタッフの人件費を捻出しなければならない。フリースクール等に勤務するスタッフの3割が無給であることもあわせて明らかとなっていることから,財務状況は総じて厳しい様子が窺える。

(3) 普通教育機会確保法の成立

1992年の通知と並んで,日本の不登校政策におけるもう一つの大きな転換点となりうるのが,2016年12月の「義務教育の段階における普通教育に相当する教育の機会の確保等に関する法律」(以下,普通教育機会確保法)の成立である。同法は,既存の学校とは異なる場や形態での多様な学びが認められるよう,フリースクールをはじめとする民間の団体が国会議員らに働きかけたことが糸口となって,法制化に向けた検討が始まった。検討の過程では国会議員のみならず当事者(不登校の子どもを持つ保護者など)の間からも慎重な意見が出されるなど,紆余曲折を経て成立に至ったこともあって,フリースクール等が当初提起していた案とはその中身がやや異なる。ただ,「不登校児童生徒に対する教育の機会の確保」に関する国や自治体の責務や,「民間の団体」とも「密接な連携」を図ってその施策を進めねばならないことが定められた点(3~5条),「不登校児童生徒の休養の必要性」が明記

された点など（13 条），フリースクール等の求めていた内容が反映されたところもある（高山 2019a, 2019b）。

　ここで注目したいのは，普通教育機会確保法の成立をきっかけとして，「不登校児童生徒に対しその実態に配慮して特別に編成された教育課程に基づく教育を行う学校」（10 条）や「夜間その他特別な時間において授業を行う学校」（14 条）を新たに設置する動きが各地で見られることだ。前者は「不登校特例校」と呼ばれるもので，学習指導要領に縛られることなく教育課程を編成できる学校として，文部科学大臣の指定を受けたものを指す。以前から設置は可能であったが，同法において国や自治体にその整備が求められたことから，2017 年以降は「公立」の特例校の開設が増えている。

　他方で後者は「夜間中学」と呼ばれるもので，義務教育を修了しないまま学齢期を経過した者，不登校など様々な事情から実質的に十分な教育を受けられないまま形式的に卒業した者，外国籍の者が，その対象として想定されている。また，不登校となっている学齢生徒を夜間中学で受け入れることも可能だとされていて，その場合は「不登校特例校」の指定を受けることが求められている（文部科学省 2023）。学校内外のいずれの機関でも相談・指導等を受けていない子どもが 2021 年度には 8 万 8000 人を超えていることから（生徒指導調査の結果より），「不登校特例校」や「夜間中学」に対する期待は否が応でも高まっていると言えるだろう。

3　学校に行けない子どもへの福祉的対応

(1)　子どもの貧困と複合的な困難

　ここまで見てきたように，「不登校」が教育課題として認識されてからは，学校を子どもたちが通いたくなる場とすることが求められるとともに，教育支援センター，不登校特例校，夜間中学の設置あるいは民間のフリースクールの活用が進められてきた。これらは主に学校生活上の問題が影響して行きづらさを抱える子どもたちの存在を念頭に講じられてきた対策と言える

が，長期欠席の背景には，日々の生活に根ざした要因が複雑に絡み合うケースもある。困難な家庭環境を抱える子どもほど学校の文化に馴染むことができずに脱落（ドロップアウト）を余儀なくされる傾向にあると以前から指摘されてきたが（保坂 2000），特に近年問題となってきたのは「貧困」の影響である。

　たとえば，経済的な厳しさからどうにか脱却しようと保護者が深夜まで働いているような家庭の場合，子どもが代わりに家事を担わざるをえず，友人と遊ぶ時間が持ちにくいことがある（人間関係構築の難しさ）。そもそも塾や習い事に通えないことも多く，自分より幼いきょうだいや祖父母の面倒を見る「ヤングケアラー」となれば，学校の宿題をするための時間すらとれないことも考えられる（学力向上の難しさ）。また，長時間労働を強いられる保護者の中には，子どものことを考える余裕が持てない者もいる。学校で今頑張って取り組んでいることを子どもが伝えようとしても，そのための時間がとれなければ，保護者から褒めてもらうことも叶わない（自己肯定感醸成の難しさ）。その他にも，家族で旅行に出かけるといった文化的な体験を積むこともできないなど，「貧困」は子どもに対して複合的な困難となって襲いかかる。授業を聞いてもその内容がよくわからず，クラスメイトとの関係づくりにも苦労しているとなれば，学校から足が遠のいてしまうことも十分に起こりうるだろう。

(2)　スクールソーシャルワーカーの配置

　ただ，こうした複合的な困難を抱える子どもに対して，教員だけで支援体制を組むのには限界がある。たとえば「貧困」の問題であれば，保護者の就労や転職，あるいは必要な福祉的支援を受けるための手続きをサポートすべき場面も出てくるはずだが，「教育」の専門家である教員にはさすがに難しい。そこで近年，スクールソーシャルワーカー（School Social Worker，以下では SSW と表記する）の配置が各地で進んでいる。

　SSW とは，子どもたちを取り巻く環境に働きかけることによって問題の

解決を図る存在で，関係機関とのネットワークを構築することが期待される。スクールカウンセラー（School Counselor，以下では SC と表記する）が子どもやその保護者へのカウンセリングを担う「心理」の専門家なのだとすると，SSW はいわば「福祉」の専門家に当たる。たとえば学校を休みがちな子どもがいて，その背景に「貧困」の問題があるのならば，上述したような手続きをサポートするために，行政の担当部署と情報共有を進める。保護者の力だけで必要な手続きを完結させるのが難しいということであれば，SSW が行政の窓口に同行することも考えられる。また，同じ学校を休みがちな子どもの中でも，家庭内の「虐待」が疑われるような事案であれば，児童相談所とも連携しなければならない。さらに，「貧困」や「虐待」といった背景を抱えているとしても，当該の児童生徒が学校には安心して通えるよう校内における支援体制を整備することも SSW の役割としては重要だ。

　2015 年 12 月 21 日の中央教育審議会答申「チームとしての学校の在り方と今後の改善方策について」でも，子どもを取り巻く複雑化・多様化した課題の解決に向けて，教員以外の専門スタッフの配置を拡充するよう求めていた。そこでは，教員が子どもと向き合う時間を確保できるよう ICT 支援員や部活動指導員等の活用についても言及されているが，特にその重要性が強調されているのは SC や SSW だといってよい。なぜならば，SC や SSW については，学校教育法等において正規の職員として規定するとともに，義務教育標準法において教職員定数として算定し，国庫負担の対象に入れることを検討すると明記しているからだ。これは，教員と同様に国の責任で SC や SSW の配置を進めることが不可欠だという認識を示すものと考えられる。

(3)　多機関の連携

　このように，複合的な困難を抱える子どもに対しては，教員と SC や SSW が「チーム」となって向き合うことが推奨されてきた。「チームとしての学校」という言葉がそれを端的に表すものだが，多職種（人と人）の連携だけで問題が解決できるかと言えば，残念ながらそう簡単ではない。たとえ

ば，経済的に厳しい家庭環境の中，「ヤングケアラー」として自分より幼い
きょうだいの面倒を見なければならない中学生がいたとする。宿題をこなす
時間がとれないことも影響してか，次第に学校を休む日が増えていたため，
「不登校」の事案として，SSW が関わりを持ち始めた。もちろん SSW が家
庭訪問を繰り返せば保護者との関係づくりも進み，その子の背景にある上述
のような生活の実態も見えてはくるだろう。しかし，実態がわかったからと
いって，すぐに家庭の経済状況を改善させられるわけではない。保護者が昼
夜を問わず仕事に追われる中，幼いきょうだいの面倒をいったい誰が見れば
よいのかという問題も残る。多忙を極める教職員の勤務実態を考えれば，い
くら SSW の力添えがあったとしても，学校が講じうる対策には限界がある。
　そこで近年注目を集めているのが，地域を拠点として行われる子ども支援
の取り組みだ。この中学生が仕事に出ている保護者に代わってきょうだいの
夕飯を準備し，入浴や寝かしつけまで面倒を見ているのだとすれば，自分の
勉強に時間をとるのは難しい。必要なのは，夕飯を作って後片づけをしてく
れる人やきょうだいの相手をしてくれる人，そしてこの中学生自身も安心し
て過ごせる場だ。一例として滋賀県では，社会福祉施設（高齢者福祉施設や
障害者支援施設など）の協力を得て，厳しい家庭環境を抱える子どもたちに
夕食や入浴の機会を提供する試みが行われてきた（上村・武井 2020）。地域
のボランティアがこの中学生に代わって夕食を準備し，幼いきょうだいの入
浴を手助けし，遊び相手になってくれれば，少なくともその時間は「ヤング
ケアラー」という役割から解放される。子どもが子どもらしく自分の時間を
好きなように過ごせる場が地域にあれば，SSW としても活用しやすいだろ
う。「ヤングケアラー」という役割から解放され，宿題に取り組むだけの時
間的・精神的なゆとりを持つことができれば，少しずつ学びに対する意欲を
取り戻すかもしれない。
　2010 年代に全国で急速に広がった「こども食堂」も，もともとは子ども
たちが安心して過ごせる場づくりという意味を有していた。また，生活困窮
者自立支援法の成立（2013 年）がきっかけとなって，子どもの学習支援を手
がける団体が各地で創設されてきた。同法が 2018 年に改正されてからは，

「学習支援」のみならず「生活支援」に関する要素も付加されるなど，複合
的な困難を抱える子どもを包括的に支えることが目指されている。そしてこ
れらの活動は，行政が民間の団体（NPO 法人など）の協力を得ながら行う，
あるいは民間の団体が自主的にスタートさせた取り組みに行政が財政的な裏
づけを与えるという形で進むことも多い。福祉的な課題への対応が急務とな
る中，官と民のパートナーシップによって子ども支援のための社会資源が作
られつつあり，それは多職種（人と人）の連携だけでなく多機関（組織と組
織）の連携を要請するものであると言えるだろう。

4　学校の存在意義とは何か

(1)　変容する教員の役割

　本章では，長期欠席の子どもの数が増加の一途を辿る状況とその要因を確
認した上で，教職員が対処すべき教育課題の一つとして「不登校」が位置づ
けられてからの政策展開や，学校に行くための前提ともいうべき家庭環境を
有していない子どもたちへの支援策について整理を行った。かつて小松
（2004：12）は，「企業，NPO，NGO，住民など多様なステークホルダーと政
府部門とが有機的で開放的なネットワークを形成し活動することによる公共
的な問題解決の方向性」である「ネットワークとしてのガバナンス」の可能
性について言及していた。不登校の子どもを受け入れる場として民間の相
談・指導施設の活用が認められてきたことや，地域の中に学習・生活支援の
拠点が作られるようになったことは，まさに「ネットワークとしてのガバナ
ンス」が進展する状況を窺わせる。不登校に分類される子どもたちが居場所
を持てるような環境づくりが，「官と民」「教育と福祉」，あるいは「学校と
地域」といった垣根を越えて試みられつつあるとも考えられる。
　子どもたちが抱える学習面や生活面の困難に，学校の外にある機関とも連
携しながら対応することが求められる以上，教員が果たすべき役割というの
も従来とは異なるものになる。もちろん誰もが通いたくなる学校・学級づく

りを行うことが重要である点に変わりはないが，たとえば民間の相談・指導施設の利用を検討する子どもがいる場合には，どういう場に行こうとしているのかを確認する必要が出てくる。仮にその施設で子どもの権利を不当に侵害するような行為（体罰など）が見られるのであれば，利用を勧めるわけにはいかないはずだからだ。ただ逆に，子どもたちの居場所として有効な取り組みを行っている施設で，学校とも協力して学習面のサポートを進めたいといった申し出があれば，それを断るべきではないだろう。その子が学校に再び通い始めるかもしれないこと，あるいは高校や大学への進学を希望する可能性もあることを考えれば，フリースクール等で学習を進めておくことは決してマイナスにはならないからだ。フリースクール等の中には，学校で行われている定期テストを送付してもらい，それを自団体で（きちんと時間を測って）実施するといった取り組みを行っているケースもある。[3]

　これからの教員には，自分が受け持つ子どもたちへの指導・支援を校内で行うこととあわせて，SSWの力を借りながら，学校の外にある機関に対しても目を向けることが望まれる。民間の団体，地域の団体，福祉の団体の中には学校と異なる文化を持つところもあるため，ときに衝突が起こることも考えられるが，子どもの最善の利益を保障する上で有効であるのならば，正当な理由なく関係を断ってはならない。むしろ，学校の「内」と「外」の間で双方の窓口となる〈人と人〉の関係性を築き，そこを起点として〈組織と組織〉による情報の共有を進めていくことが，「ネットワークとしてのガバナンス」にとっては重要だと考えられる（武井 2020）。困難な状況に置かれた子どもを包括的に支援するためのネットワークの一員であるという認識を，教員自身が持つ必要があるだろう。

(2)　「学校に行かない」という選択

　他方で，長期欠席の子どもがこれだけ増え続ける状況に鑑みると，「学校

3　一例として，長野県・長野県教育委員会（2023）では，フリースクールでの定期テストの実施を認めている事例が紹介されている。

に通う」という行為が当たり前ではなくなる可能性について言及しなければ
ならない。本章ではここまで，学校生活上の問題が影響して行きづらさを抱
える子どもたちや，学校に行くための前提ともいうべき家庭環境を有してい
ない子どもたちを念頭に，国や地方自治体が進める対応策を論じてきた。い
わば「学校に行けない」（学校に行く意思をもともとは有していたが，なんらか
の事情でそれが難しくなった）という子どもたちに焦点を当ててきたわけだ
が，はじめから「学校に行かない」という選択をする子どもや保護者も存在
する。「学校に行かない」理由は様々だが，学習指導要領に縛られた勉強で
はなくプロジェクトベースの学習ができる場を求めるケースや，欧米などで
実践されてきた独自の思想に基づく教育を求めるケースが想定される。こう
した子どもたちが通う施設を，国公私立の学校ではないという意味で「オル
タナティブスクール」と呼ぶこともあるが，各家庭が中心となって学習を進
める「ホームスクール」という形態を選択する場合もある。

　フリースクールのような民間の相談・指導施設の利用を行政が容認してき
たのは，それが主に「学校に行けない」子どもを対象とするものであるから
だろう。あえて「学校に行かない」という選択をした子どもばかりを集めよ
うとする施設（オルタナティブスクール）が出てきたときに，行政がそれを認
めるべきかどうかは，おそらく賛否が分かれる問題となる。学校教育法に保
護者の就学義務が規定されている以上，「学校に行かない」という選択を安
易に尊重はできないはずだが，「学校に行けない」のか「学校に行かない」
のかを見分けることが難しい場合も考えられよう。コロナ禍において急速に
広がったオンラインの学習ツールを活用して自宅で学習させたいといった要
望が保護者から出てきたときに学校としてそれをどのように取り扱うべきか
という点を含め，「学校に行かない」という選択への応答という課題が投げ
かけられている。

付記
　　本章の内容は，JSPS 科研費 21H00820, 22K02244, 23H00942 の成果を含むもので
　ある。

参考文献

上村文子・武井哲郎　2020「地域におけるケアの実践」柏木智子・武井哲郎［編］
　　『貧困・外国人世帯の子どもへの包括的支援——地域・学校・行政の挑戦』晃洋
　　書房，123-144 頁。

小松茂久　2004「教育ネットワーク支援のための教育行政システムの構築」『日本教
　　育行政学会年報』30，2-16 頁。

高山龍太郎　2019a「学校外で義務教育を可能にする法律とは何か——不登校の子ど
　　もの学習権保障をめざす市民運動と教育多様機会確保法案を検証する」永田佳
　　之［編］『変容する世界と日本のオルタナティブ教育——生を優先する多様性の
　　方へ』世織書房，108-134 頁。

　——　2019b「教育機会確保法の成立過程とその論点——ニーズ対応型教育課程と
　　いう観点から」永田［編］，前掲書，135-171 頁。

武井哲郎　2020「官民連携による包括的支援」柏木・武井［編］前掲書，145-165 頁。

長野県・長野県教育委員会　2023『はばたき——不登校児童生徒の学びのサポート
　　ガイド Vol. 2』。

不登校児童生徒の実態把握に関する調査企画分析会議　2021『不登校児童生徒の実
　　態把握に関する調査報告書』。

保坂亨　2000『学校を欠席する子どもたち——長期欠席・不登校から学校教育を考
　　える』東京大学出版会。

文部科学省　2015「小・中学校に通っていない義務教育段階の子供が通う民間の団
　　体・施設に関する調査」。

　——　2023「夜間中学の設置・充実に向けて（手引）」第 3 次改訂版。

　——　各年度「児童生徒の問題行動・不登校等生徒指導上の諸課題に関する調査
　　結果について」（2015 年度より前は「児童生徒の問題行動等生徒指導上の諸問題
　　に関する調査について」）。

●読書案内●

末冨芳［編］『子どもの貧困対策と教育支援——より良い政策・連携・協働のために』
　　子どもの貧困対策として教育の分野で進められてきた取り組みが幅広く取り
　　上げられている。貧困対策の意義を理解するのはもちろんのこと，その課題
　　についても言及がなされているため，今後どのような政策が必要なのかを考
　　える一助となる。［明石書店，2017 年］

武井哲郎・矢野良晃・橋本あかね［編］
『不登校の子どもとフリースクール——持続可能な居場所づくりのために』
　　民間のフリースクールはその多くが小規模で，厳しい財務状況のもと運営さ
　　れている。どうすれば持続可能な運営体制を築くことができるのか，具体的
　　な事例を交えながら考察が加えられている。［晃洋書房，2022 年］

柳下換・高橋寛人［編］
『居場所づくりにいま必要なこと——子ども・若者の生きづらさに寄りそう』
　　子ども・若者の居場所づくりを進めてきた実践者の講演記録をベースに編ま
　　れている書籍である。子ども・若者の居場所とはいかなるものなのか，どの
　　ように居場所づくりを行えばよいのか，わかりやすくまとめられている。［明
　　石書店，2019 年］

第11章

地域と学校の連携・協働

社会的環境の変化にともなう広がりと深化

江口和美

　本章は地域と学校の連携・協働についてつかむことを目的とする。1990年代後半から法令の改正等により，制度として連携・協働が進められてきた。その背景や地域と学校の連携や協働がどのような段階を経て現在に至っているのか理解するために，本章ではできるだけ時系列で見ていきたい。

1　地域と学校の連携・協働の模索

(1)　小学校数の減少による校区の拡大

　連携や協働は学校が抱える諸問題の解決策としてのみでなく，地域にとっても有意であったからこそ拡大・深化してきたとも考えられる。住民が地域にとっても有意との認識に至るには，法改正や制度化等のみではなく，数値化できない住民の意識や認識の変化に依るところもあろう。そのため，法令等の改正や中央省庁等の動きのみではなく，住民の意識に影響を及ぼすような大きく報道された社会問題や出来事等もあわせて見ていく。

　まず，制度としての地域と学校の連携・協働が模索され始めた頃の学校を取り巻く状況について確認する。

　小学校数（図11-1）は市町村合併が進んだ2000年以降減少が顕著だが，中山間地域に所在しがちな分校は以前より減り続けていた。学校数の減少

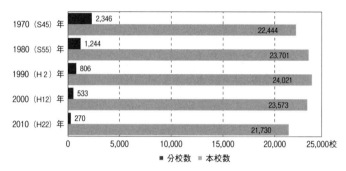

図11−1　小学校の学校数（国公私立含）
出所：文部科学省「学校基本調査」各年度版をもとに筆者作成。

は，学校を核とした地域コミュニティの広範囲化を生む。つまり，長い年月をかけ構築された校区のつながりの再構築が必要となる場面が出てくることを意味する。ただ，地域の過疎化，少子高齢化の影響も学校統廃合の要因の一つとなりうることを鑑みれば，地域のつながり，支えあいという面では学校の統廃合の有無にかかわらず地域のつながりの再構築は解決すべき課題となりえたとも言える。

(2)　諸問題の解決策としての地域連携

　1980年代は学校における諸問題に関する報道が増え，目にする機会が増えた時期である（図11−2）。校内暴力の件数が増加し，中学校の卒業式に警察が介入するなどの事例も見られた。また，いじめに関する報道も増え，学校で発生している問題が広く国民に知られるようになった時期とも言える。1980年代半ばには，深刻化する諸問題解消のため地域ぐるみでの取り組みが模索され始めた。この頃は校内暴力や非行等に対処するため警察等の地域の関係機関・団体との連携が重視されていた。このような状況の下で1986

1　読賣新聞「克服の道探ろう　『いじめと地域社会』シンポジウム」1985年12月23日朝刊，12-13頁，朝日新聞「自治体，いじめ対策にやっと本腰　地域ぐるみ県民運動も」1986年3月13日朝刊，14頁など。

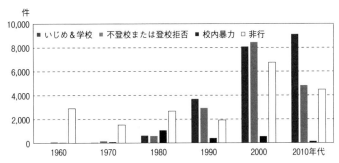

図 11−2　新聞記事データベースの検索結果件数

出所：読売新聞「ヨミダス歴史館」https://database.yomiuri.co.jp/about/rekishikan/（2023
　　　年 7 月 30 日閲覧）をもとに筆者作成。

年 4 月 23 日，臨時教育審議会[2]は「教育改革に関する第二次答申」において
「学校中心」から脱却し「家庭や社会の教育力を高めて生涯学習社会をめざ
す」とし，家庭・地域の教育力活性化を盛り込んだ。また，学校週 5 日制へ
の移行検討も提言した（1986 年 4 月 23 日）。

　しかし，1980 年代の取り組み当初は，地域と学校との連携は関係機関が
連携・情報共有等する仕組みがなく，なかなか順調に進まなかった。そのた
め，地域ごとに試行錯誤を重ねた時期でもあったと言える[3]。

(3)　地域コミュニティの重要性を再認識

　1990 年代になると校内暴力は減少したが，いじめと不登校（当時は，登校
拒否といわれていた）の問題はさらなる広がりを見せた（図 11−2）。このよ
うな状況下，学校週 5 日制が 1992 年 9 月から月 1 回実施，1995 年度からは
月 2 回の実施となった。完全週 5 日制実施を視野に保護者が土日休でない児
童・生徒の居場所や過ごし方が検討されるようになった[4]。

2　1984 年の臨時教育審議会設置法で，総理府に設置された行政機関。
3　朝日新聞「『学校との連携難しい』悩む青少年相談機関　研究集会で報告」1987 年 10 月
　3 日夕刊，14 頁など。
4　朝日新聞「家庭の事情　新しい土曜日，学校週 5 日制の波紋　中」1992 年 9 月 6 日朝
　刊，20 頁など。

また，地域コミュニティや学校と地域の連携を考える上で忘れてはならない災害が，同年1月に発災した阪神・淡路大震災である。仮設住宅等への入居に伴い地域コミュニティが分断され，周囲に知人がいない被災者が存在した。同年6月頃から仮設住宅での孤独死が報じられ始め，孤独死対策が課題となった。その結果，各地で地域コミュニティ，いざというときに助けあえる関係構築が重要だとの認識が広がった。

　震災を機に地域コミュニティの重要性が認識される中，中央教育審議会（以下，中教審）は1998年9月21日，答申「今後の地方教育行政の在り方について」を決定した。その中で「子どもの育成は学校・家庭・地域社会の連携協力なしにはなし得」ないとし，「学校が地域住民の信頼にこたえ，家庭や地域が連携協力して教育活動を展開するためには，学校を開かれたものとする」必要があるとした。その上で様々な連携策を提言，その一つが「地域住民の学校運営への参画」であった。

　また，同年同月17日の生涯学習審議会答申「社会の変化に対応した今後の社会教育行政の在り方について」は，生涯学習社会実現の観点から社会教育行政の企画運営に住民参加を求めた。また，社会教育と学校教育の連携が重要とし，「学校施設の開放等を進めることで地域社会の核としての開かれた学校を作る必要がある」とした。

　これらを受け，1999年に学校教育法施行規則等が一部改正された。この改正により，学校・家庭・地域が連携協力し，子どもの成長を担っていくために，学校に学校評議員を置くことができることとなり，法令を根拠にした地域と学校の連携・協働が始動した。

5　週刊アエラ「コミュニティー作りがようやく始まった，阪神大震災被災地から」1995年9月18日，26頁，同「避難所を追われて人々は孤立する　関西大震災被災地から」1995年11月13日，60頁など。

6　朝日新聞「『コミュニティー』が身を守る　阪神大震災に学ぶ　都内で市民ら集い」1996年1月15日朝刊，34頁，毎日新聞「『地域活動の強化を』全国自治会連合大会，開催──岐阜市」1995年11月8日地方版／愛知，朝刊など。

2　地域と学校の連携・協働の広がり

⑴　教育改革国民会議が新しいタイプの学校を提案

　小渕首相（当時）の私的諮問機関として 2000 年に設置された教育改革国民会議は同年 12 月に「教育改革国民会議報告——教育を変える 17 の提案（最終報告）」を発表した。地域に関係する項目としては，「地域の信頼に応える学校づくりを進める」「新しいタイプの学校（コミュニティ・スクール等）の設置を促進する」の二つが盛り込まれた。

　ここでのコミュニティ・スクール（以下，CS）は，現在の CS とは必ずしも同じではない。慶應義塾大学教授・慶應幼稚舎舎長（当時）で教育改革国民会議第二分科会（学校教育）主査を務めた金子郁容の想定は，金子他（2000）に詳しい。金子がいう CS は，地域住民が主体となって学校運営がなされる地域密着型のいわゆる地域立学校で，現在の CS より地域住民の権限が強く，住民の意向が学校運営に反映されやすい，自由度の高い学校であった。実際に制度化された CS については後節で見ていく。

⑵　完全学校週 5 日制への対応と学校の安全対策

　学校週 5 日制の月 2 回実施は 1995 年度から 7 年間行われ，2002 年度より完全週 5 日制となった。共働きや一人親の家庭も多く，土日休の保護者ばかりではないため，土曜日の子どもたちの居場所を求める声が大きくなっていった。文部科学省は，2004 年度から「地域子ども教室推進事業（地域教育力再生プラン）」（委託事業）を開始した。2006 年度からは厚生労働省と連携し，「放課後子どもプラン」（補助事業）を創設し，放課後子ども教室と放課後児童クラブの連携推進に取り組むなどした。

　完全週 5 日制実施の前年 2001 年 6 月に国民の意識を変えるような事件，すなわち大阪教育大学附属池田小学校事件が起こった。事件前は，小学校に見知らぬ大人が刃物を持って乗り込み児童を傷つけることなど，国民も学校

関係者も想定しておらず，多くの学校では門を閉めることすらしていなかった。学校でさすまたの配備が進んだ[7]のも，学校安全に関する法制化を進めようと国会が動き始めたのも，この事件が契機であった。この事件と前後して小学生が行方不明になる事件等[8]もあり，子どもたちが学校にいる間のみならず，登下校時や放課後の安全確保も関心を集めた。1996年に岐阜県可児市で始まったとされる通学路沿いに子どもたちの緊急避難先として「子ども110番の家」を置く活動[9]も，事件を経るたびに全国へ広がっていった。学校安全に関する法律は，2006年以降国会議員が国会に法案を提出していたが成立することはなく，文部科学省主導で旧学校保健法に学校安全の規定を加えた学校保健安全法が成立したのは2008年であった。

　このような背景の中での完全週5日制実施となり，学校関係者も地域住民も協力して子どもたちの居場所づくり，子どもたちが安全に安心して過ごせる環境づくりを進めていくこととなったのである。

(3)　教育基本法改正前の関連法改正

　地域連携の必要性や児童・生徒の安全等が注目されていた2000年代の始めに，地域と学校の連携・協力を進めるような法改正がいくつかあった。まず，2001年に地方教育行政法，学校教育法及び社会教育法が一部改正された。改正学校教育法では「児童生徒の体験的な学習活動，特にボランティア活動など社会奉仕体験活動，自然体験活動その他の体験活動の充実に努めるものとする」とし，「社会教育関係団体その他の関係団体及び関係機関との連携に十分配慮しなければならない」とされた（18条）。また，同時に改正された社会教育法では，教育委員会の事務として「青少年に対する体験活動の機会を提供する事業の実施及びその奨励に関すること」（5条）が追加された。

7　朝日新聞「『さすまた』を全校に配備，大阪・児童殺傷事件受け，板橋区」2001年6月27日東京，朝刊（35頁）をはじめ，2001年は学校へのさすまた配備の記事が複数ある。

8　朝日新聞「下校の途中で小1女児不明，長崎・諫早」2001年10月14日朝刊，39頁，同「小4女児が行方不明，愛知・一宮」同年11月15日朝刊，39頁。

9　朝日新聞「子ども110番の家（万華鏡）」2005年2月15日岐阜，朝刊，26頁。

　また，2003 年には「環境の保全のための意欲の増進及び環境教育の推進
に関する法律」が成立し，学校教育等における環境教育について「あらゆる
機会を通じて環境の保全についての理解と関心を深めることができるよう，
学校教育及び社会教育における環境教育の推進に必要な施策を講ずるものと
する」(9 条 1 項) とした。加えて「環境の保全に関する知識，経験等を有す
る人材が広く活用される」よう「適切な配慮をするよう努めるものとする」
(同 4 項) と専門的な経験を有する人材の活用が努力義務とされた。

　さらに，2005 年に食育基本法が成立，「食料の生産から消費等に至るまで
の食に関する様々な体験活動を行う」(6 条) とされた。その上で，「農林漁
業に関する多様な体験の機会を積極的に提供し」「教育関係者等と相互に連
携して食育の推進に関する活動を行うよう努めるもの」(11 条) として，教
育関係者等との相互連携が努力義務として規定された。

　なお，食育基本法は自由民主党農林水産委員会所属の議員たちが中心とな
り検討を始め，その後，他党に呼びかけ，議員たちで提出した法案が成立す
ることで制定されたものである (議員立法)。本法の前文を読むと「地域社
会の活性化，豊かな食文化の継承及び発展，環境と調和のとれた食料の生産
及び消費の推進並びに食料自給率の向上」が期待されていた。

　以上で見てきたように，教育基本法改正前から学校教育を所管する文部科
学省の法改正のみではなく，他の行政分野からの動きもあり，多方面から学
校教育との連携が進められようとしたことがわかる。

3　地域と学校の連携・協働に関する法整備

(1)　コミュニティ・スクール実現に向けた取り組み

　CS は，2000 年 12 月の教育改革国民会議による提言を受け，翌年から文
部科学省が取り組み始めた。CS (学校運営協議会制度) 設置が可能となった
のは，2004 年の地方教育行政法改正によってであった。法改正に至るまで
に，中教審のみならず総合規制改革会議や地方自治体，株式会社等が特区を

活用しCSの設置を申請するなどの動きも重なった。文部科学省外での動きが文部科学省の動きを加速させる要因となったとも考えられる。

なお，CS設置を可能にした2004年の地方教育行政法改正のポイントは以下のとおりである（図11-3参照）。①教育委員会が学校を指定して，学校運営協議会を設置。委員は地域住民や保護者等から，教育委員会が任命，②学校運営協議会は，校長が作成する学校運営の基本的な方針について承認，③学校運営協議会は，教職員の任用に関して任命権者である教育委員会に意見を述べ，教育委員会はその意見を尊重して教職員を任用，以上3点である（47条の5）。

あくまで，承認する，意見を述べる程度にとどまっている点で，金子他（2000）のイメージするCSよりも権限が少ない。

(2) 教育基本法等の法改正による連携・協働の拡大

教育基本法が全部改正されたのは2006年である。新教育基本法では，大学，家庭教育，国や地方自治体の責任等，多くの内容が追加された。その中の一つが13条「学校，家庭及び地域住民等の相互の連携協力」である。本条では「学校，家庭及び地域住民その他の関係者は，教育におけるそれぞれの役割と責任を自覚するとともに，相互の連携及び協力に努めるものとする」とされ，連携と協力が努力義務として明記された。日本の教育の根本的かつ基礎となる教育基本法において地域住民と関係者，学校の連携・協力が努力義務とされたことを受け，多くの関係する法律が改正され，法律に裏づけられた連携・協力へと形が整っていった。教育基本法に新たに規定された「学校，家庭及び地域住民等の相互の連携協力」を具体化する方策の柱として，学校支援地域本部設置が2008年度から委託事業として始まった。当初は図11-3のように地域側に別の組織が設置されているわけではなかった。

10　総合規制改革会議は，2001年4月1日，内閣府設置法37条2項に基づき，内閣府に政令で設置された組織である。総合規制改革会議は2001年4月1日から2004年3月31日に開催され，2004度末に廃止された。

図 11-3　コミュニティ・スクール（学校運営協議会制度）の仕組み（当初）
出所：文部科学省 2015：1。

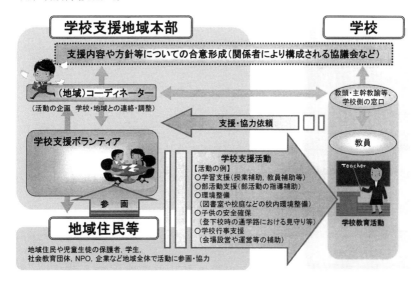

図 11-4　学校支援地域本部のイメージ
出所：文部科学省　中央教育審議会・生涯学習分科会・今後の放課後等の教育支援の在り方に関するワーキン
　　　ググループ第 1 回（2013 年 11 月 27 日）配布資料「資料 4 ③学校支援地域本部について」https://
　　　www.mext.go.jp/b_menu/shingi/chukyo/chukyo2/008/siryou/__icsFiles/afieldfile/
　　　2013/12/12/1342231_04_04.pdf（2023 年 7 月 30 日閲覧）。

2008 年から設置が始まった学校支援地域本部は，図 11-4 で見るように学校，家庭及び地域住民等の連携協力を具体化するため学校の支援・協力依頼先としての役割が期待されていた。

また，同年には社会教育法・図書館法・博物館法の一部が改正された。社会教育法は教育委員会の事務として「地域住民等による学習の成果を活用した学校等における教育活動の機会の提供」「主に児童生徒に対し，放課後・休日に学校等を利用して学習等の機会を提供する事業」が追加された。また，図書館法・博物館法では図書館及び博物館が行う事業に「学習の成果を活用して行う教育活動の機会を提供する事業」が追加された。

　翌 2009 年度には，学校・家庭・地域の連携協力推進事業（補助）が創設され，学校支援地域本部や放課後子ども教室等の様々な事業の組み合わせが可能となった。「学校，家庭，地域の三者が連携し」「学校における授業，地域における多様な学習や体験活動の機会の充実などに取り組むことにより，土曜日の教育環境を豊かなものにすることが必要」との考えから，2013 年に学校教育法施行規則が改正された。この改正で設置者の判断により土曜日授業の実施が可能であることが明確化された。その結果，土曜日授業に取り組みやすくなり，学校・地域・企業間の連携による土曜日の教育活動が推進されるようになった。2014 年度には，より豊かで有意義な土曜日実現のために「土曜日の教育活動推進プラン」が開始，放課後児童クラブと放課後子ども教室を一体型として計画的整備推進のため「放課後子ども総合プラン」が策定された。また，2015 年度には学校をプラットホームにした総合的な子どもの貧困対策推進として，学校支援地域本部を活用し，大学生や教員 OB 等の地域住民協力による原則無料の学習支援「地域未来塾」が開始された。

4　地域と学校の連携・協働のさらなる広がりと深化

(1)　コミュニティ・スクールの増加と推進

　文部科学省は CS の指定・導入状況を 2007 年以降公表しているが，結果は図 11-5 のとおりである。導入校は年々増加し，2013 年決定の第二期教

11　地方教育行政法改正（2017 年施行）により，「指定する」という表現が条文上からなくなった。以降は「導入・推進状況」とされている。

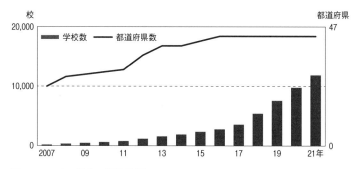

図11-5　CS 指定・導入状況
出所：文部科学省の導入・進捗状況に関する調査結果をもとに筆者作成。
　注：学校数は，2018年までは4月1日現在，2019・2021年は5月1確立日現在，2020年
　　　のみ7月1日現在。

育振興計画の目標であった公立小・中学校の1割（約3000校）での導入は，
2017年4月1日時点で達成している。しかし，この時点で46都道府県での
導入校が確認されるが，設置者数で見れば全体の21.1％である。また，自
治体（設置者）によって，域内全校導入の例から全く導入していない例ま
で，導入状況には大きな差があった。

　地方教育行政法は2017年に再度改正され，CS の導入が努力義務化され
た。また，2018年に決定された第三期教育振興基本計画では，2022年度ま
でに「全ての公立学校において学校運営協議会制度が導入されること」が目
標とされた。それ以降，CS の導入校は急速に増加している。

(2)　平成の大合併，地方創生とコミュニティ・スクール

　CS 導入校の増加を直接的に後押ししたのは，先に見た教育振興基本計画
や法改正であろう。しかし，社会的な背景も理解しておく必要がある。

　まず総務省は，人口減少・少子高齢化等により小規模自治体が増加してい
たため，地方分権により行政を担う基礎自治体の行財政基盤や人口規模を維
持する方策として，1999年4月から2010年3月までの11年間にわたり市
町村合併を推進した。いわゆる平成の大合併である。この間，全国の市町村

数は 3232 から 1727 に減少した。合併した自治体では，行財政効率化の目的で公共施設の再編・再配置や公立小・中学校の統廃合が進んだ。つまり，合併による地域コミュニティの再構築が必要になった時期とも言える。

　もう一つは，地方創生である。地方創生と教育との関係については村上（2020）に詳しいが，ここでは概観にとどめる。まず，地方創生とは少子高齢化による人口減少や東京圏の人口集中に歯止めをかけ，地方でも住みよい環境を保ち，全国的に活力ある社会を維持していくことを目指すものとされている。[12] 2014 年発足の第二次安倍内閣で石破地方創生担当大臣（当時）が任命され，取り組みが始まった。翌 2015 年 3 月には首相の私的諮問機関である教育再生実行会議が「『学び続ける』社会，全員参加型社会，地方創生を実現する教育の在り方について（第六次提言）」を出した。同提言では「3.教育がエンジンとなって『地方創生』を」で，「全ての学校が CS 化に取り組むための抜本的な方策を講じる」とされた。同年 12 月 21 日に中教審は「新しい時代の教育や地方創生の実現に向けた学校と地域の連携・協働の在り方と今後の推進方策について（答申）」を取りまとめ，「全ての公立学校がCS を目指すべき」とした。加えて，地域と学校が連携・協働して，地域全体で未来を担う子どもたちの成長を支え，地域を創生する「地域学校協働活動」を推進すること，そのために従来の学校支援地域本部等の地域と学校の連携体制を基盤に，新たな体制として「地域学校協働本部」を全国に整備することとした。

(3)　学校運営協議会と地域学校協働活動

　地方教育行政法の 2017 年改正では CS の導入が努力義務化されたことに加え，複数校で一つの協議会設置が可能（47 条の 5 第 1 項）となった。また，抵抗感が強かった[13]教職員の任用に関する意見を述べることに関しては弾

12　内閣官房・内閣府「まち・ひと・しごと創生長期ビジョン（令和元年改訂版）及び第 2 期『まち・ひと・しごと創生総合戦略』（概要）」内閣官房・内閣府総合サイト「地方創生」https://www.chisou.go.jp/sousei/info/pdf/r1-12-20-gaiyou.pdf（2023 年 7 月 10 日閲覧）。

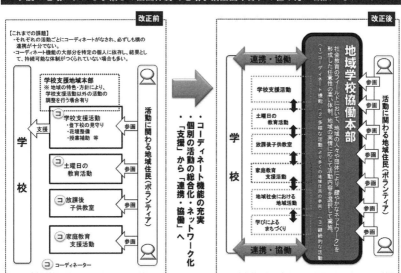

図 11-6　学校支援地域本部から地域学校協働本部へ（イメージ）

出所：文部科学省「学校と地域でつくる学びの未来」https://manabi-mirai.mext.go.jp/torikumi/tiikikatsu doukyoudouhonnbu.pdf（2023 年 7 月 30 日閲覧）より一部修正。

力化し，教育委員会規則でどのような事項を任用に関する意見の対象とするかを定めることが可能となった（47 条の 5 第 1 項）。さらに，地域との連携を進めるため，学校運営協議会の委員として「地域学校協働活動推進員」が追加された（47 条の 5 第 2 項）。また，同年の社会教育法改正で，地域学校協働活動が位置づけられ，教育委員会が「地域学校協働活動推進員」の委嘱ができることなども法整備された（9 条の 7 第 1 項）。以上のような改正を機に，従前の学校支援地域本部は地域学校協働本部へと発展的改組されることとなった。従前の学校支援地域本部はあくまで学校を支援する役割であったが，新たな地域学校協働本部では双方向でのさらなる連携・協働の強化が目指された（図 11-6 参照）。

13　佐藤（2019）に詳しいが，抵抗感が強く，活用が進んでいなかった。

同じ 2017 年，社会教育主事養成等の改善・充実に関する検討会は「社会教育主事養成の見直しに関する基本的な考え方について」で社会教育主事養成課程等の見直しを提言した。これを受け，文部科学省は社会教育主事講習等規程の一部改正について 2018 年から説明会等で周知を図り，2020 年 4 月から新しい規程を適用した。この規程改正で「社会教育士」が新設された。

　文部科学省は「地域学校協働活動推進員」として現職コーディネーターやその経験者，連携・協働に関わる地域ボランティア，PTA 関係者，退職した校長や教職員，自治会・青年会等の関係者，地域の企業・NPO・団体等の関係者，社会教育主事の有資格者等を想定していた[14]。しかし，社会教育主事は社会教育法に基づき，教育委員会に置くこととされている専門職である。社会教育主事を務めるには，社会教育主事講習修了や社会教育主事養成課程での必要単位修得に加え，一定期間の教員等の経験が必要である。その上，社会教育主事は教育委員会内の職名であるため，発令を受けなければ，名乗れない（任用資格）。この問題解決に向け，地域学校協働活動の担い手として必要なファシリテーション能力，プレゼンテーション能力やコーディネート能力を身につけるため，講習や養成課程に「生涯学習支援論」と「社会教育経営論」の 2 科目を新設し，養成課程において「社会教育実習」を必修化した。その上で，社会教育士を新設し，社会教育主事講習修了者は「社会教育士（講習）」，養成課程を修了者は「社会教育士（養成課程）」と称することができるようにした。なお，社会教育士は国家資格ではなく，称号である。

　本章においては，地域と学校の連携・協力・協働は，学校のニーズを満たすためだけでは拡大・深化，継続しえなかったと考え，できるだけ時系列で社会的な環境変化や社会的背景にもふれながら見てきた。

　最後に，2022 年に CS 導入済みの都道府県数は 46 で，未導入は福井県のみである[15]。福井県の説明によると，福井型 CS は 2021 年時点で公立小・中

14　詳細は文部科学省（2018）参照。
15　朝日新聞「北陸リポート　コミュニティ・スクール，空白地　県独自に設置も住民側に権限なし　福井県」2022 年 2 月 9 日福井，朝刊，19 頁，朝日デジタル「福井で導入ゼロのコミュニティ・スクール」2022 年 2 月 9 日，https://www.asahi.com/articles/ASQ290H0PQ1KPISC013.html（2023 年 7 月 30 日閲覧）。

学校の 99.6％で導入済みで，福井型と国型 CS の主たる相違点は以下の二つである。①福井型は「学校運営協議会」ではなく「家庭・地域・学校協議会」を置いていること，②福井型の協議会は「学校運営に関して校長に対し，意見を述べることができる」のみであること。福井県の動向は，今後も注目していく必要があろう。

参考文献

金子郁容・鈴木寛・渋谷恭子　2000『コミュニティ・スクール構想——学校を変革するために』岩波書店。

佐藤晴雄　2019『コミュニティ・スクール ——「地域とともにある学校づくり」の実現のために』増補改訂版，エイデル研究所。

村上祐介　2020「地方創生と自治体教育行政」『日本教育行政学会年報』46，21-37 頁。

文部科学省　2015「コミュニティ・スクール 2015　地域とともにある学校づくりのために」https://www.mext.go.jp/component/a_menu/education/micro_detail/__icsFiles/afieldfile/2018/09/03/1408715_01.pdf（2023 年 7 月 30 日閲覧）。

●読書案内●

藤原文雄他
『学校と社会をつなぐ！――これからの人づくり・学校づくり・地域づくり』
　　実際に学校と地域の連携・協働に取り組んでいる校長先生やNPO・一般社団
　　法人の方々，5人の女性の対談である。実際に関わっているからこそわかる
　　課題や，感じたこと，考えたこと，問題意識等，地域と学校をつないでいく
　　取り組みの現実がみえてくる。［学事出版，2021年］

山根俊喜・武田信吾編
『学びが地域を創る――ふつうの普通科高校の地域協働物語』
　　統廃合が危ぶまれていた中山間地域の普通科高校の取り組みの記録である。
　　都市部と中山間地域では状況も異なり，加えて，学校ごとに取り組みも様々
　　である。本書は取り組み例の一つではあるが，地域と学校の連携と協働のイ
　　メージがつかみやすく，読みやすい。［学事出版，2022年］

熊谷愼之輔・志々田まなみ他『地域学校協働のデザインとマネジメント――コミュ
ニティ・スクールと地域学校協働本部による学びあい・育ちあい』
　　本書は，地域と学校の協働を進めるための短期・中期・長期な見通しや計画，
　　組織，体制のあり方と円滑なマネジメントの二つの視点から解説されている。
　　組織学修論やRV・PDCAサイクル等にも触れられており，もう少し詳しく
　　学びたい人向けである。［学文社，2021年］

第 12 章

学校安全

子どもの安心・安全の確保のために

高橋　望

　学校教育において最も重要なことは，子どもの命を守ること，安心・安全を確保することである。安心・安全があるからこそ，授業等を行うことができる。教職員は，日々そのことを意識しなければならない。本章では，学校で教育活動を展開していく上での前提とも言える学校安全について取り上げ，その概要や構成，充実のための視点について整理する。

1　学校安全の概要

(1)　学校教育に潜む「危機」

　学校はいつでも，子どもたちにとって安心・安全な場所でなければならない。しかし，2001 年に起こった大阪教育大学附属池田小学校での無差別殺傷事件は，学校の「安全神話」を崩壊させた一つの契機だったということができるだろう。学校内に突然侵入した男が，校舎 1 階の 1〜2 年生の教室において子どもや教員 23 人を刃物で次々と襲い，8 人の幼い命が失われたのである。この事件は，学校は決して安全な場所ではないということを学校関係者に知らしめることとなった。

　独立行政法人スポーツ振興センターが毎年発行する『学校の管理下の災害』によれば，学校管理下で発生した事故等によって子どもが死亡した件数

は42件，障害等を負った件数は321件となっており（2021年度），その数は決して少なくはない（独立行政法人スポーツ振興センター 2022）。

表12-1は，学校で起こりうる「危機」を整理したものである。もちろん，「危機」は学校種や地域性に応じて，発生の頻度や範囲，大きさなどにも相違はある。しかし，学校という場所は，教職員とたくさんの子どもたちが，日常的に様々な教育活動を行っている。たとえば，小学校で考えてみると，6歳から12歳までの発達段階の異なる児童が，理科で実験をしたり，体育で水泳をしたりするなど，同じ場所で様々な教育活動を行っているわけであり，常に危険と隣り合わせな状況にあるといっても過言ではない。学校に「危機」はつきものと捉えることもできるだろう。様々な「危機」から子

表12-1　学校で想定される「危機」の例

	危機事象	想定される事態（例）
生活安全	傷病の発生	熱中症，スポーツ中の外傷，階段などからの転落，急病等による心肺停止等
	犯罪被害	不審者侵入，学校への犯罪予告，校内不審物
	食中毒，異物混入	学校給食による食中毒，異物混入等
	食物等アレルギー	アレルギー，アナフィラキシー
交通安全	自動車事故	
	自転車事故	登下校中や校外活動中の交通事故
	その他の交通事故	
災害安全	気象災害	洪水，浸水，強風による飛来物・停電，竜巻・突風，落雷等
	地震・津波災害	建物倒壊，家具等の転倒・落下，津波浸水，液状化，火災，ライフライン寸断等
	土砂災害	がけ崩れ，土石流，地すべり
	火山災害	火砕流，火山灰等
	原子力災害	原子力発電所の事故等
	大規模事故災害	ガソリンスタンドの事故等
	火災	校内施設や近隣からの出火
その他	大気汚染	光化学オキシダント被害，PM2.5
	感染症	結核，風しん，新たな感染症等
	弾道ミサイル発射	Jアラートの緊急情報発信
	その他	空からの落雷物，インターネット上の犯罪被害等

出所：文部科学省（2021：12）を参考に筆者作成。
　注：いじめや暴力行為など子ども同士による傷害行為は，生徒指導の観点から取り組まれる内容であるため，文部科学省（2021）では対象となっていない。

どもたちを守るためにも，学校は「学校安全」を常に意識し，積極的に取り組まなければならない。

(2)　学校安全の体系と領域

　学校安全は，学校保健，学校給食とともに学校健康教育の一環として位置づけられており，子どもの命を守る上で欠かせない活動である。それぞれが独自の機能を担いつつ，相互に連携しながら，子どもの健康の保持増進を図っている。

　学校安全の目的は，「児童生徒等が，自他の生命尊重を基盤として，自ら安全に行動し，他の人や社会の安全に貢献できる資質・能力を育成するとともに，児童生徒等の安全を確保するための環境を整えること」とされる（文部科学省 2019：10）。そして，この目的を達成するために，子どもが自らの行動や外部環境に存在する様々な危険を制御して，自ら安全に行動したり，他の人や社会の安全のために貢献したりできるようにすることを目指す「安全教育」と，子どもを取り巻く環境を安全に整えることを目指す「安全管理」の二つに区分される。また，両者の活動を円滑かつ効果的に推進するため，教職員だけではなく，家庭や地域社会との適切な役割分担のもとに相互・協力し合いながら取り組む「組織活動」が加わり，学校安全は構成される。学校安全は，「安全教育」と「安全管理」を両輪に，「組織活動」を基軸として展開されていくと言える（文部科学省 2019：9-10）。図 12－1 は，学校安全の体系を示したものである。

　学校安全の領域として「生活安全」「交通安全」「災害安全」の三つがあげられる（表 12－2）。「生活安全」は，学校だけでなく家庭も含めた日常生活で起こる事件・事故からの安全を指す。「交通安全」は，様々な交通場面における危険からの安全，事故防止を指す。「災害安全」は，様々な災害発生時における危険からの安全を指す。すなわち，学校は，「安全教育」と「安全管理」の両面において，「生活安全」「交通安全」「災害安全」の各領域を考慮し，対応する必要がある。たとえば「災害安全」は，防災教育（災害に

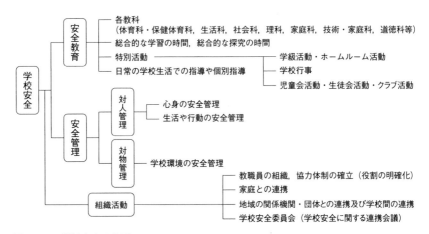

図12-1　学校安全の体系

出所：文部科学省 2019：12。

直面した際に適切な判断と行動ができるような力を身につけさせる）と防災管理
（災害時の備えや避難計画，日頃の訓練の実施等）から成り，それらを円滑かつ
効果的に実施していくため，学校は，保護者や地域住民を巻き込んだ「組織
活動」を行うこととなる（小田 2021）。

(3)　学校安全にかかる法規定

学校安全についての法的根拠は，学校保健安全法に示されている。同法は
かつて「学校保健法」と称され，「学校における保健管理及び安全管理に関
し必要な事項」を定める法律（旧法1条）として位置づけられていたが，そ
の内容は多くが学校保健に関する事項であり，学校安全についてはほとんど
触れられていなかった。2008年に学校保健法は学校保健安全法と改正され，
学校安全についての規定が整備・充実された。学校設置者に対して，子ども
たちの安全の確保を図るため，学校において，事故，加害行為，災害等によ
り生ずる危険を防止し，事故等により危険又は危害が生じた場合には適切に
対処することができるよう，学校の施設及び設備並びに管理運営体制の整備

表 12 - 2　学校安全の領域の具体例

生活安全	学校生活や各教科，総合的な学習の時間などの学習時 生徒会やクラブ活動等 運動会，校内競技会等の健康安全・体育的行事 遠足・旅行・集団宿泊行事 始業前や放課後等の休憩時間，清掃時間等 登下校や家庭生活 野外活動等 窃盗，誘拐，傷害，強制わいせつなどの犯罪被害 スマートフォン，SNS 等のネットワーク利用による犯罪被害 学校の施設設備
交通安全	道路での歩行や道路横断時 踏切 交通機関利用時 自転車利用 二輪車利用 自動車利用 交通法規の正しい理解と遵守 自転車を含む運転者の義務と責任 幼児，高齢者，障害のある人などの交通安全に対する配慮 自動運転などの新しい科学技術を踏まえた安全な交通社会づくり
災害安全	火災 地震・津波 火山活動 風水（雪）害，落雷等の気象災害 放射線の理解と原子力災害 屋内外の点検と災害に対する備え 避難所の役割と避難経路 注意報，警報，災害情報 災害発生時の連絡方法 地域の防災活動の理解と積極的な参加
共　　通	応急手当 災害時における心のケア 学校と保護者，地域住民との連携 関係諸機関・団体との連携 学校安全に関する広報活動

出所：渡邉［編］（2020：19）を参考に筆者作成。

充実その他の必要な措置を講ずることを求めている（26条）。

　各学校に対して，同法は「学校安全計画」を策定することを規定している（27条）。学校安全計画は，学校において必要とされる安全に関する具体的な実施計画であり，「安全教育」と「安全管理」の両面から，子どもたちの学校生活その他の日常生活における安全指導や施設設備の安全点検の計画等を明確化したものである。いわば，学校安全の基盤であり，各学校は計画を策定し，実施し，そしてその取り組みを振り返りながら，学校安全の継続的実施と質的な向上を図ることが期待される。また，同法は「危険等発生時対処要領」，いわゆる「危機管理マニュアル」を，「危機」が発生した際に教職員が円滑かつ的確な対応をとることができるよう作成すること（29条），地域の関係機関等と連携しながら学校安全に努めること（30条）も，規定している。

　他方，文部科学省に対して，同法は「各学校における安全に係る取組を総合的かつ効果的に推進するため，学校安全の推進に関する計画の策定その他所要の措置を講ずる」（3条）ことを規定している。そのため，「第三次学校安全の推進に関する計画」（2022年3月）が閣議決定され，[1] 2022年度から5年間の国の学校安全にかかる計画が示されている。

2　学校安全と危機管理

(1)　安全教育

　安全教育は，子どもたち自身に，「日常生活全般における安全確保のために必要な事項を実践的に理解し，自他の生命尊重を基盤として，生涯を通じて安全な生活を送る基礎を培うとともに，進んで安全で安心な社会づくりに参加し貢献できるような資質・能力を育成すること」を目標として設定する（文部科学省 2019：27）。教職員が中心となる安全管理だけではなく，子どもたちが自分自身で身を守り，安全な環境づくりを行っていくためには，安全教育の役割が重要と言える。そのためにも，各学校において，地域の実態や

1　第一次計画は2012〜2016年度，第二次計画は2017〜2021年度，である。

子どもの発達段階を考慮し，学校の特色を生かした目標や指導の重点を計画して，教育課程を編成・実施していくことが要請される。

　学習指導要領は，安全教育について次のように説明している。

学校における体育・健康に関する指導を，児童の発達の段階を考慮して，学校の教育活動全体を通じて適切に行うことにより，健康で安全な生活と豊かなスポーツライフの実現を目指した教育の充実に努めること。特に，学校における食育の推進並びに体力の向上に関する指導，安全に関する指導及び心身の健康の保持増進に関する指導については，体育科，家庭科及び特別活動の時間はもとより，各教科，道徳科，外国語活動及び総合的な学習の時間などにおいてもそれぞれの特質に応じて適切に行うよう努めること。また，それらの指導を通して，家庭や地域社会との連携を図りながら，日常生活において適切な体育・健康に関する活動の実践を促し，生涯を通じて健康・安全で活力ある生活を送るための基礎が培われるよう配慮すること。

安全に関する指導においては，様々な自然災害の発生や，情報化やグローバル化等の社会の変化に伴い児童を取り巻く安全に関する環境も変化していることから，身の回りの生活の安全，交通安全，防災に関する指導や，情報技術の進展に伴う新たな事件・事故防止，国民保護等の非常時の対応等の新たな安全上の課題に関する指導を一層重視し，安全に関する情報を正しく判断し，安全のための行動に結び付けるようにすることが重要である。

出所：小学校学習指導要領（2017 年告示）「解説　総則編　健やかな体」第 1 章第 1 の 2 の（3）。

　具体的な安全教育の実施においては，保健体育や道徳科，総合的な学習の時間，学級活動等の関連する教科等と関連を図っていくなど，学校全体の教育活動を通じて安全教育が展開されるよう，教育課程上の工夫を凝らしていくことが重要となる。系統的・体系的な安全教育を計画的に実施していくためにも，また子どもの意識の変容といった教育課程の実施状況等を振り返ることにより，安全教育に関する取組状況を把握・検証し，その結果を教育課程の改善につなげていくためにも，学校安全計画の中に教育内容を明確化し

ていくことも考えられる。すなわち，学校実態に即したカリキュラム・マネジメントを展開していくことによって，安全教育を推進していくことが要請されるのである。

　「危機」に直面した際には，自ら考え，自発的に行動することの必要性に迫られる。日常的に「危機」を適切に判断し回避することのできる「主体的に行動する態度」を育成するための安全教育の展開が重要となる。

(2) 安全管理

　安全管理は，事故の要因となる学校環境や子どもたちの学校生活等における行動の危険を早期に発見し，それらを速やかに除去するとともに，万が一，事故等が発生した場合に，適切な応急手当や安全措置ができるような体制を確立して，子どもたちの安全の確保を図ることを目標として設定する（文部科学省 2019：53）。すなわち，安全管理は子どもの安全を確保するための環境を整えることと理解できる。

　安全管理は，対人管理（子どもの心身状態の管理，生活や行動の管理）と対物管理（学校環境の管理）から構成される（図12−1参照）。たとえば，対人管理は，子どもの心身の状態の観察，安全に関わる生活・行動等の点検，救急措置や心のケアなどがあげられる。対物管理は，校舎内外の施設設備の点検・管理，授業等で用いる器具・用具の管理，通学路の安全点検，災害発生時の設備などがあげられる。

　学校保健安全法施行規則は，毎学期1回以上，施設及び設備の安全点検を実施することを規定している（28〜29条）。定期的な点検，臨時の点検，日常の点検を計画的かつ確実に実施することで，不備が生じないようにしなければならない。

　安全管理による環境整備等は，子どもがより安全な行動を意思決定したり，行動選択したりすることを促すことにつながる。安全教育と安全管理のどちらか一方のみではなく，両者が一体的な活動を展開することによって初めて，学校における安全の確保が実現することに留意しなければならない。

(3)　学校における危機管理

　学校安全の取り組みを推進するにあたって，学校の安全を脅かす「危機」の発生に備え，学校は適切な危機管理体制を構築しておかなければならない。「危機管理マニュアル」を策定し，学校組織全体でそれが共有できていることが望ましい。

　危機管理は，「人々の生命や心身等に危害をもたらす様々な危険や災害が<u>防止され</u>，万が一<u>事故等が発生した場合，発生が差し迫った状況において，被害を最小限にするために適切かつ迅速に対処すること</u>」と定義される（文部科学省 2019：12，下線は筆者）。危機管理という言葉からは，危機に陥らないための予防が重要であるという見解（リスク・マネジメント，事前の危機管理）に目が向きやすい。「危機」は起こってほしくないと考えるのは当たり前であるし，起こらないように予防するという志向は当然と言える。しかし，学校という場所が「危機」と隣り合わせな状況にあることを考慮すると，すべての「危機」を未然に防ぐことは難しいとも言えるし，そう考えるべきとも言える。「危機」の発生は避けるべきであるが，どうしても事前の予防だけでは対処しきれないことも生じてしまう。それゆえに，危機が発生した際の迅速な対応が重要という見解（クライシス・マネジメント，事後の危機管理）についても，意識しておくことが必要となる。上述の危機管理の定義からは，事前と事後の両方の観点を確認することができるだろう。

　他方，文部科学省は，学校における危機管理のあり方として，事前・発生時・事後の三段階から捉えることを提唱している（表12−3）。

　各段階においてとるべき対応をあらかじめ整理し，事前から事後に至る連続性が意識された中で取り組みを進めることが，危機管理体制の充実を図る上では重要である。どのように「危機」を回避するのか，どのように「危機」と対峙するのか，ということは，学校安全にとって欠かすことができない視点であり，学校安全計画の中にも，危機管理の観点を組み込んでいくことが期待される。

表12-3　危機管理の三段階

事前の危機管理	安全な環境を整備し，事故等の発生を未然に防ぐとともに，事故等の発生に対して備える。
発生時の危機管理	事故等の発生時に適切かつ迅速に対処し，被害を最小限に抑える。
事後の危機管理	事故等がいったん収まった後，心のケアや授業再開など通常の生活の再開を図るとともに，再発防止を図る。

出所：文部科学省（2019：12）を参考に筆者作成。

3　学校安全の充実のために

(1)　学校内の体制整備

　学校教育全体を通じた系統的・体系的な学校安全を推進していくためには，校内体制の整備・充実は欠かせない。それぞれの教職員の役割分担と責任について「危機管理マニュアル」に明記するとともに，そのことを教職員全員が理解・共有し，校務分掌組織と関連させながら，その役割が遂行されるよう研修等を行うことが重要となる。

　また，教職員間の情報共有も不可欠である。たとえば，研修等において学校安全について取り扱ったとしても，その内容が，多くの場合放課後に行われる研修の時間まで勤務していない教員や非常勤講師等とも共有されているか，確認しておく必要があるだろう。

　こうした学校内での学校安全の取り組みの充実のために，管理職のリーダーシップが求められることはいうまでもないが，保健主事や安全主任などを中心にしながら，学校保健委員会，学校安全委員会において，「危機」に対する具体的な対応策や手順を明確化・共有化しておくことが重要になる。そして学校安全計画の中に，学校安全に関する各取り組みを位置づけ，実施した後にはその成果を振り返り，計画の修正・更新につなげるという一連のサイクルを確立することが期待される。サイクルを回すことで，次第に学校安全計画が学校実態に合致したものになっていき，学校安全の各取り組みの

質も向上していくイメージである。そして，学校安全の計画，実施，振り返りのサイクルを確立することはもちろんのこと，そのサイクルを学校組織全体のものとして，学校経営の中に組み込む視点を持つことが学校には求められる。学校経営のマネジメント・サイクルの一環として，学校安全の具体的展開もまた，位置づけることが必要である。

(2)　家庭・地域・関係諸機関との連携

　学校安全の取り組みは，決して学校内のみで完結するものではなく，その充実を図るためには，保護者や地域住民，関係諸機関との協力や連携が不可欠である。学校が抱える課題等が複雑化・多様化していることを考えると，教職員のみでそれらに対応することは難しいとも言える。また，「危機」は学校管理下だけで起こるわけではないため，日頃から家庭や地域社会において備えをしておく必要もある。たとえば，東日本大震災の際，保護者や地域住民との日頃からの関係性の有無やその度合いが，避難時や発災後の避難所等の運営に影響したという報告もある（天笠他［編］2013）。あるいは，登下校時の地域住民による見守り活動は，教職員のみでは目の届かない範囲にも対応し，子どもたちの安全確保のために重要な役割を果たしている。保護者や地域住民との連携強化のため，コミュニティ・スクールやそれを基盤とした地域学校協働活動も展開されつつあるが，日頃からの関係づくりが，いざというときに生きることは明らかであろう。

　また，学校外の人々が持つ「強み」は，学校にとって有益に働くことが期待される。たとえば，生徒指導事案においては，スクールカウンセラーやスクールソーシャルワーカーの協力を得ることによって，より適切，丁寧な指導・対応が実現できるかもしれない。警察等との協力によって，専門的な観点から未然に「危機」を防止するための対策を講じることもできるだろう。近年，「チームとしての学校」が推進されているが，それは学校安全の文脈においても有効に機能すると考えられる。

　「危機」は，想定外で発生する。そのため，想定外を減らす努力は教職員

にとっては不可欠であり，想定外を減らすことで，必然的に「危機」の発生が縮減されると言える。

　教職員は，日常的に学校で職務を行っているため，自然と同じような志向やものの見方・考え方になっていることが多い。「子どもって〇〇なんです」「〇〇は△△で対応すればよいだろう」という経験に基づいた認識や対応を優先することが多いのではないだろうか。しかし，経験に基づいた認識や対応では，想定外で起こる「危機」に対応することはできない。そのため，学校外の人々の見解や視点が重要となる。保護者や地域住民は，教職員が持つことのできない視点や気づきを提供してくれることが期待できる。彼らとの協力や連携が，教職員に新たな気づきを促し，学校における危機管理体制の幅を広げることにもつながると言える。

(3)　組織としての展開

　「安全教育」と「安全管理」は「組織活動」によってその展開が支えられる。学校安全を実のある活動とするためには，学校組織全体としての取り組みや視点が重要となる。

　東日本大震災の際，ある幼稚園が発災後にスクールバスで子どもたちを家に送っていったため，津波の被害にあってしまった。しかし，当該幼稚園の「危機管理マニュアル」には，大地震発生時には園において子どもを保護者に引き渡すことが定められていた。園長は，マニュアルに反してスクールバスを出発させるように命じたのである。園長のマニュアルに反した判断に対して異議を唱える教職員はいなかったのか。それは，ほとんどの教職員がマニュアルの存在を知らず，その規定を知らなかったからといわれている（坂田 2018）。

　「危機管理マニュアル」は，作成されているだけでは意味はない。作成されていることが，必ずしも教職員全員が理解していることを意味するわけでもない。その内容を教職員全員で，学校組織全体で理解・共有してこそ，意味がある。そのためには，定期的に見直したり，改訂したりする作業が不可

欠である。学校や子どもたちを取り巻く状況は常に変化する。そのためにもマニュアルの不断の見直しは必要である。同時に，そうした作業を通じて，組織構成員の共通理解や危機意識の醸成が図られることが期待されるし，組織として同じ方向を向いた「危機」対応が可能となるだろう。

「危機」に対して，一人で対応するのには限界がある。組織の構成員みなで力を合わせることによって，学校組織としての危機管理力が高まるだろうし，学校安全の充実が図られることが期待される。

昨今，学校の内外において，想像を超えた多くの「危機」が発生し，そのたびに学校安全の取り組みの不備や危機管理体制・意識の欠如が指摘される。教職員の多忙が叫ばれる中，教職員は，学校安全や危機管理の意識やその取り組みの重要性は理解してはいても，日々の目の前の業務に追われ，その対応が後回しになってしまっている現状はないだろうか。「危機」は起こらないことに越したことはないが，万が一，起こってしまった場合に学校に与えるインパクトは，非常に大きい。

学校にとって最も大切なことは何か。それは，「子どもの命を守ること」「子どもの安全を確保すること」である。「安全」があるからこそ「安心」を実感することができ，「安心・安全」があるからこそ，日々の教育活動を展開することができる。いつ起こるかわからない「危機」に対し，子どもたちの命を守ることができるだけの心身の備えが，学校関係者には求められる。

参考文献

天笠茂・牛渡淳・北神正行・小松郁夫［編］　2013『東日本大震災と学校』学事出版。
小田隆史　2021『教師のための防災学習張』朝倉書店。
坂田仰　2018『裁判例で学ぶ学校のリスクマネジメントハンドブック』時事通信社。
独立行政法人日本スポーツ振興センター　2022『学校の管理下の災害　令和 4 年度版』。
文部科学省　2018『学校の危機管理マニュアル作成の手引き』。
　——　2019『「生きる力」をはぐくむ学校での安全教育』。
　——　2021「解説編」『学校の「危機管理マニュアル」等の評価・見直しガイドライン』。
渡邉正樹［編］　2020『学校安全と危機管理』三改訂，大修館書店。

●読書案内●

坂田仰・河内祥子『イラストと設題で学ぶ学校のリスクマネジメントワークブック』

学校の教育活動の具体的場面におけるリスクについて，イラストや設題をとおして学ぶことができる。「登下校」「休み時間」など五つの場面が紹介され，解説も詳しい。教職課程で学ぶ学生や若手教員にとって，学校で生じうるリスクを具体的に考察することができる。[時事通信社，2017 年]

大阪教育大学附属池田小学校『学校における安全教育・危機管理のガイド』

2001 年に起こった事件以降，同校で積極的に行われてきた学校安全の取り組みが整理・紹介されている。実際の安全教育や危機管理をどのように展開していくべきか，示唆に富む。教職課程で学ぶ学生だけではなく，現職教員にとっても参考になる。[東洋館出版社，2017 年]

宮田美恵子『学校安全のリデザイン』

学校安全の歴史的展開や学校安全のポイントが整理されるとともに，「安全力」を子どもたちに身につけさせることを重視する筆者によって，学校安全の各領域（「生活安全」「交通安全」「災害安全」）における実践提案が描かれている。[学事出版，2022 年]

第13章

特別支援教育・就学前教育
子ども・保護者にとってのよい環境を目指して

栗原真孝

　本章では特別支援教育行政（第1節）と就学前教育行政（第2節）について，それぞれ実態を整理した上で，動向と課題を分析する。

1　特別支援教育

(1)　特別支援教育とは

　日本では，特別支援教育は2007年度から実施されている。それ以前は特殊教育と呼ばれていた。特殊教育は，障害の種類や程度に対応して教育の場を整備し（盲・聾・養護学校，通常の学校の特殊学級），きめ細かな教育を効果的に行うという視点で展開され，障害のある子どもたちに教育の機会を確保することが重視されていた（特別支援教育の在り方に関する調査研究協力者会議 2003）。

　特別支援教育については，文部科学省の2007年の通知では，「障害のある幼児児童生徒の自立や社会参加に向けた主体的な取組を支援するという視点に立ち，幼児児童生徒一人一人の教育的ニーズを把握し，その持てる力を高め，生活や学習上の困難を改善又は克服するため，適切な指導及び必要な支援を行うもの」とされている。特別支援教育の対象については，「これまでの特殊教育の対象の障害だけでなく，知的な遅れのない発達障害も含めて，

特別な支援を必要とする幼児児童生徒が在籍する全ての学校において実施されるもの」とされている。[1]

(2) 特別支援教育が実施される場所

特別支援教育が実施される場所については，特別な支援を必要とする子どもが在籍しているすべての学校ということになる[2]。その上で，中心的な場所としては，特別支援学校（学校教育法72条），特別支援学級（同法81条2項），通級による指導（学校教育法施行規則140条，141条）がある。これらに加えて，通常の学級においても特別支援教育を実施することが求められている（学校教育法81条1項）。

特別支援学校は，学校教育法1条に定められている学校の一つであり，設置義務は都道府県に課されている（小学部及び中学部）。以前の学校教育法では「盲・聾・養護学校」の名称が用いられていたものの，2006年の学校教育法改正によって「特別支援学校」と規定された。

特別支援学校に勤務する教員には，特別支援学校の教員免許に加えて，特別支援学校の各部に相当する学校の教員免許（小学部であれば，小学校の教員免許）が基礎資格として求められている（教育職員免許法3条3項）。その上で，特別支援学校については，基礎資格に当たる教員免許を持っていれば，特別支援学校に勤務することが当分の間は可能となっている（教育職員免許法附則15項）。これは教員免許の相当免許状主義の例外の取り扱いである。

その上で，学校教育法72条に基づき，各都道府県の域内には，視覚障害者，聴覚障害者，知的障害者，肢体不自由者，病弱者（身体虚弱者を含む）の五つの障害種を対象とする特別支援学校が設置されている。また，学校教育法74条に基づき，特別支援学校には，特別支援教育体制におけるセンター的機能として，地域の小学校等への助言・援助が求められている。

1　平成19年4月1日19文科初第125号文部科学省初等中等教育局長通知「特別支援教育の推進について」。

2　平成19年4月1日19文科初第125号文部科学省初等中等教育局長通知「特別支援教育の推進について」。

　特別支援学級については，学校教育法81条2項に規定されている。小学校段階から高校段階までの学校では，知的障害者，肢体不自由者，身体虚弱者，弱視者，難聴者，その他障害のある者（言語障害者，自閉症・情緒障害者）であり，特別支援学級で教育を行うことが適当なものを対象として，特別支援学級を設置することができ，「特別の教育課程」（後述）を編成することができる（学校教育法施行規則138条）。

　現在，特別支援学級の設置数が増加傾向にあり，2021年度の学級数については，小学校が5万909学級，中学校が2万1635学級，義務教育学校が601学級である。在籍者数については，小学校が23万2105人，中学校が9万1885人，義務教育学校が2467人となっている（図13-1）。在籍者の多くは，知的障害の児童生徒と自閉症・情緒障害の児童生徒となっている（文部科学省初等中等教育局特別支援教育課 2022a）。

　通級による指導については，学校教育法施行規則140条及び141条に規定されている。通級による指導は，障害に応じた特別の指導を，通常の教育課程に加えて実施する形態，または通常の教育課程の一部を特別の指導に替え

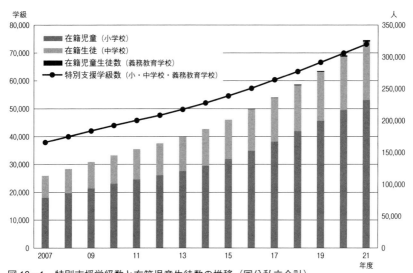

図13-1　特別支援学級数と在籍児童生徒数の推移（国公私立合計）
出所：文部科学省初等中等教育局特別支援教育課（2022a）をもとに筆者作成。

て実施する形態がある[3]。また，「特別の教育課程」（後述）を編成することができる（140条）。

　通級指導の対象は，言語障害者，自閉症者，情緒障害者，弱視者，難聴者，学習障害者，注意欠陥多動性障害者，その他障害のある者（肢体不自由者，病弱者及び身体虚弱者）となっており，通級による指導を受けている児童生徒数（高校段階を含む）は2021年3月31日時点で16万4697人となっている（文部科学省初等中等教育局特別支援教育課 2022a）。また，通級指導の年間授業時数の標準については，年間35単位時間から280単位時間までとされており，学習障害者と注意欠陥多動性障害者は年間10単位時間から280単位時間までとされている。

　通常の学級における特別支援教育ついては，学校教育法81条1項に規定されており，教育上特別の支援を必要とする幼児児童生徒に対して，障害による学習上または生活上の困難を克服するための教育を実施することが求められている。小学校及び中学校の通常の学級に在籍する特別な教育的支援を必要とする児童生徒については，2022年1月から2月にかけての調査では8.8％と推定されている（文部科学省初等中等教育局特別支援教育課 2022b）。

(3)　就学先決定のプロセス

　障害がある子どもの就学先決定のプロセスについては，どのようになっているのだろうか。各市町村教育委員会については，10月1日時点での住民基本台帳の情報に基づき，翌年の4月に小学校就学予定の子どもたちを対象とする学齢簿を10月31日までに作成することになっている（学校教育法施行令2条，学校教育法施行規則31条。図13-2の「学齢簿の作成」）。この学齢簿に基づき，翌年の4月に小学校就学予定の子どもたちを対象とする就学時健康診断が11月30日までに実施される（学校保健安全法11条，学校保健安全法施行令1条1項。図13-2の「就学時健康診断」）。

3　「学校教育法施行規則第140条の規定による特別の教育課程について定める件」（平成5年1月28日文部科学省告示第7号）。

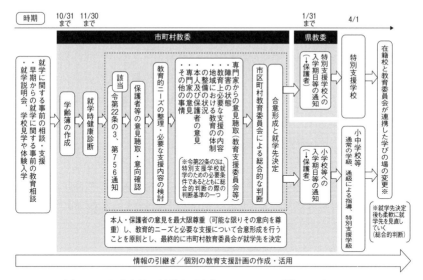

図13-2　障害のある児童生徒の就学先が決定されるまでの手続きの流れ
出所：文部科学省初等中等教育局特別支援教育課 2021：374。

　学校教育法施行令22条の3には特別支援学校への就学の対象となる障害の程度が規定されており，この「就学基準」に該当する場合，市町村教育委員会が中心となって実施する，障害のある子どもの就学先決定のプロセスを経ることになる（図13-2の点線内）。また，該当しない場合でも，小学校等の通常学級，特別支援学級，通級による指導のいずれかを検討する必要がある場合は，就学先決定のプロセスを経ることになる。この際の「障害の種類及び程度」は，通知[4]（図13-2の「第756通知」）で示されている（渡部2022：40）。

　以前は義務教育段階の障害のある子どもについては，現在の特別支援学校に就学することが原則であった。しかしながら，2013年9月に学校教育法施行令の一部を改正する政令が施行され，それ以降は教育的ニーズに最も的確に対応できる就学先を決定するために，市町村の教育支援委員会等（教育

　4　平成25年10月4日25文科初第756号文部科学省初等中等教育局長通知「障害のある児童生徒等に対する早期からの一貫した支援について」。

委員会に置かれている，教育学，医学，心理学などの専門家から構成されている会議体。図13-2の「専門家からの意見聴取（教育支援委員会等）」）で検討するとともに，市町村教育委員会が総合的な判断をし，本人・保護者と教育委員会・学校との合意形成を進めた上で，最終的に市町村教育委員会が就学先を決定することになっている（文部科学省初等中等教育局特別支援教育課2021）。なお，保護者の意見聴取は義務となっている（学校教育法施行令18条の2。図13-2の「保護者等の意見聴取・意向確認」）。

決定された就学先については，以前は子どもの障害の状態が変化しなければ就学後の変更はできなかったものの，現在は教育体制の整備状況などによって，柔軟に変更できるようになっている（同令6条の3, 12条の2）。

(4) 特別支援教育のカリキュラム

特別支援教育のカリキュラムについて，自立活動と特別の教育課程の2点を取り上げる。

1点目の自立活動については，特別支援学校では，独自の指導領域として自立活動が設定されている。自立活動は，各教科などと並ぶ，教育課程の一つの「領域」である。

自立活動については，自立を目指し，障害による学習上または生活上の困難を主体的に改善・克服するための知識，技能，態度，習慣を養うことで，心身の調和的発達の基盤を培う領域である（文部科学省 2017c）。

2点目の特別支援学級及び通級指導における「特別の教育課程」については，どのようなものなのだろうか。小学校の特別支援学級については，特別支援学校の自立活動を取り入れること，また，児童の障害の程度や学級の実態を踏まえ，各教科の目標や内容を下学年のものに替えたり，各教科を特別支援学校（知的障害）の各教科に替えたりすることなどが求められている（文部科学省 2017b）。また，通級指導については，特別支援学校の自立活動の内容を参考として，具体的な目標や内容を決めることが求められている（文部科学省 2017b）。

⑸　特別支援教育行政の動向と課題

　第 1 節の最後に特別支援教育行政の動向と課題として，インクルーシブ教育について取り上げる。

　国際連合の障害者権利委員会は，日本の障害者権利条約の実現に向けての取り組みに対する総括所見を 2022 年に出しており，この中でたとえば，分離された特別教育（segregated special education）を終わらせることを目的とする日本の教育政策，法律，行政の取り決めの中で，障害のある子どもたちにインクルーシブ教育への権利（the right of children with disability to inclusive education）を認めることと指摘された（Committee on the Rights of Persons with Disabilities 2022）。

　こうしたことから，障害者権利委員会の認識では，現在の日本の特別支援教育体制は「分離された特別教育」であり，「インクルーシブ教育」ではないということになる。障害者権利条約 24 条のインクルーシブ教育とは，「すべての障害者が障害のない人々と同じ場所で質の高い教育を受ける権利」（Committee on the Rights of Persons with Disabilities 2016）であり，障害がある子どもと障害がない子どもが同じ教室で学ぶことが前提となっている。それに対して，文部科学省の考え方は二段階になっていると考えられ，第一段階ではインクルーシブ教育システムを目指すという意味で同じ認識であるものの，第二段階ではインクルーシブ教育システムにおいては同じ場でともに学ぶことを追求するとともに，個別の教育的ニーズのある幼児児童生徒に対して，連続性のある「多様な学びの場」を用意しておくことが必要と考えられている。[5]

　これらを総合的に考えると，文部科学省と障害者権利委員会のインクルーシブ教育に対する認識にはズレがあるのが実態である。なお，学校レベルでは，大阪市立大空小学校のようなインクルーシブ教育の実践事例がある（読

　5　文部科学省初等中等教育局特別支援教育課「特別支援教育の現状」https://www.mext.go.jp/a_menu/shotou/tokubetu/002.htm（2023 年 8 月 28 日閲覧）。

書案内を参照)。

　こうした中で，文部科学省の検討会議では，現在の多様な学びの場を維持した上で，「自治体等の判断により，特別支援学校と小中高等学校のいずれかを一体的に運営するインクルーシブな学校運営モデルを創設する取組を進めることが必要」(通常の学級に在籍する障害のある児童生徒への支援の在り方に関する検討会議 2023) と提言されている。今後はインクルーシブな学校運営モデルを創設することが目指されており，方向性としては「インクルーシブ教育」の方に向かっていると考えられる。

2　就学前教育

(1)　就学前教育とは

　大学等の保育者養成においてよく使用されてきた『保育用語辞典』の編者の一人である森上史朗によれば，就学前教育とは，「子どもが義務教育を受け始める以前に受ける教育をいう。それは出生に始まり，就学に終わる。広義にはこの時期に行われる一切の教育を意味するが，狭義には幼稚園や保育所などの集団施設保育に限定して用いられている。"保育"や"幼児教育"と同義語に用いられることもある」(森上 2013：3)。本章では狭義の意味での就学前教育について取り上げる。

(2)　就学前教育施設と幼保一元化

　就学前教育について，教育が実施される公的機関を中心として考えると，主に文部科学省が管轄する幼稚園，こども家庭庁が管轄する保育所，こども家庭庁が管轄する認定こども園の3種類の機関がある。就学前教育機関が3種類に分かれているため，就学前教育は「縦割り行政」の象徴的なものとして考えられている。

　こうした縦割り行政を解決するための考え方として，幼保一元化がある。

3 歳以上の幼児の就学前教育施設は，対象年齢では重なるものの，国レベル
の管轄の行政機関が統一されておらず，それぞれの制度が別々に存在してい
る。幼保一元化は，別々の就学前教育制度を一つの制度にするという考え方
である（塩野谷 2009：51）。

　2023 年 4 月のこども家庭庁（後述）の設置の際には，保育所と認定こども
園の管轄はこども家庭庁に一元化されたものの，幼稚園の管轄は文部科学省
が引き続き担うこととなった（ただし，保育所と認定こども園についても，別々
の制度であることには変わりはない）。

　その一方で，一元化ではないものの，カリキュラムなどの共通性を高める
取り組みは積み重ねられてきた。現在の幼稚園教育要領，保育所保育指針，
幼保連携型認定こども園教育・保育要領については，3 歳以上の幼児教育に
関する記載がほぼ共通化されている。幼稚園教育要領を取り上げると，現在
の幼稚園教育要領（2017 年改訂）では，「環境を通して行うもの」という幼
稚園教育の基本を維持した上で，「幼稚園教育において育みたい資質・能
力」として，「知識・技能の基礎」「思考力・判断力・表現力等の基礎」「学
びに向かう力，人間性等」の三つを設定し，5 領域を踏まえた遊びをとおし
ての総合的な指導により一体的に育むことが目指されている。また，5 歳児
修了時までに育ってほしい具体的な姿を，「幼児期の終わりまでに育ってほ
しい姿」として明確化するとともに，小学校と共有することにより幼稚園教
育と小学校教育の円滑な接続を推進しようとしている（文部科学省 2017a）。

(3)　少子化と待機児童問題

　日本の出生数については，1980 年は 157 万 6889 人（合計特殊出生率
1.75）であったものの，1990 年は 122 万 1585 人（1.54），2000 年は 119 万
547 人（1.36），2010 年は 107 万 1305 人（1.39），2020 年は 84 万 835 人
（1.33）であり，急激な減少傾向となっている（厚生労働省 2022a）。

　その一方で，保育所を利用する子どもの人数は，1990 年は 163 万 7073 人
だったものの，2000 年前後から増加し，2006 年には 200 万 4238 人となり，

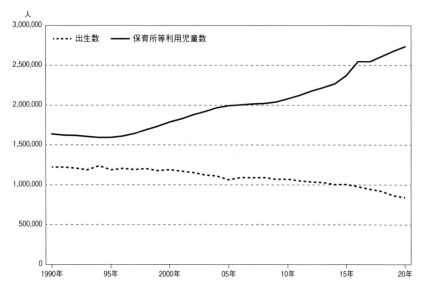

図13-3 出生数と保育所等利用児童数の推移

出所：厚生労働省（2002, 2007, 2022a），厚生労働省雇用均等・児童家庭局保育課（2004, 2012），厚生労働省子ども家庭局保育課（2022）をもとに筆者作成。

注：2015年以降の保育所等利用児童数は，幼保連携型認定こども園等の特定教育・保育施設と特定地域型保育事業の2号・3号認定の数値を含む。

それ以降は200万人を超えており，子ども・子育て支援新制度の開始前年の2014年は226万6813人であった（厚生労働省 2007, 厚生労働省雇用均等・児童家庭局保育課 2012, 厚生労働省子ども家庭局保育課 2022）。こうした変化は，1990年前後からの少子化に逆行する動きである（図13-3）。

　こうした中で，待機児童の問題が発生している。厚生労働省の定義で待機児童とは，保育所等の利用申込者数から，①保育所等を実際に利用している者の数と，②いわゆる「除外4類型」に該当する人数を除いた数である。「除外4類型」については，育児休業中の者，特定の保育所等のみ希望している者，地方単独事業を利用している者，求職活動を休止している者である（厚生労働省 2022b）。

　待機児童の人数については，2015年4月1日時点では2万3167人，2020年4月1日時点では1万2439人だったものの，2022年4月1日時点では

2944 人となっており，大幅に減少してきている。減少の要因としては，保育の受け皿の拡大に加え，就学前人口の減少，新型コロナウイルス感染症を懸念した利用控えなどがあげられている（厚生労働省 2022b）。

⑷　子ども・子育て支援新制度

　子ども・子育て支援に関連する様々な課題に対応するために，2015 年度から開始されたのが子ども・子育て支援新制度である。

　制度の内容としては，まず「現金給付」と「現物給付」に分かれており，現金給付は児童手当である（子ども・子育て支援法 9 条）。現物給付については，市町村が主体となって実施する内容と国が主体となって実施する内容に分かれており，市町村主体の内容は，子どものための教育・保育給付（同法 11 条），子育てのための施設等利用給付（同法 30 条の 2），地域子ども・子育て支援事業（同法 59 条）である。国主体の内容は，仕事・子育て両立支援事業（同法 59 条の 2）である。たとえば，地域子ども・子育て支援事業には，放課後児童クラブや妊婦健診が含まれているため，子ども・子育て支援新制度の内容は就学前教育だけで完結しているわけではない。

　子ども・子育て支援新制度の特徴の一つは，幼稚園，保育所，認定こども園への財政支援の出所が共通化されたことである（「子どものための教育・保育給付」の「施設型給付」）。その上で，私立幼稚園については，従来からの私学助成の制度の中に残り，新制度に加わらないことも可能である。

　また，別の特徴としては，新制度では幼保連携型認定こども園を学校及び児童福祉施設として法的に位置づけたことである。幼保連携型認定こども園では，保育教諭が園児の教育及び保育を司る職員として位置づけられており（就学前の子どもに関する教育，保育等の総合的な提供の推進に関する法律 14 条），保育教諭には，幼稚園教諭免許状と保育士資格の両方が基本的に求められている。

　さらに，子ども・子育て支援新制度と就学前教育について考えた場合，「保育の必要性の認定」の仕組みが重要である。子ども・子育て支援新制度

表 13-1　認定区分

認定区分	対象	給付の内容	施設・事業
1号認定	満3歳以上で，2号認定の子ども以外のもの	教育標準時間	幼稚園 認定こども園
2号認定	満3歳以上で，家庭で必要な保育を受けることが困難であるもの	保育短時間 保育標準時間	保育所 認定こども園
3号認定	満3歳未満で，家庭で必要な保育を受けることが困難であるもの	保育短時間 保育標準時間	保育所 認定こども園 小規模保育等

出所：内閣府子ども・子育て本部（2022）をもとに筆者作成。

のもとでは，就学前教育施設を利用する場合，保護者は保育の必要性の認定を市町村から受けることが求められている。認定区分が三つあり，「1号認定」は満3歳以上で保育の必要性がない，「2号認定」は満3歳以上で保育の必要性がある，「3号認定」は満3歳未満で保育の必要性がある，となっており，保育所及び認定こども園の保育所的機能を利用する場合は，2号認定または3号認定が必要となる（表13-1）。

　次に取り上げる3歳以上の幼児教育の無償化についても，子ども・子育て支援新制度の一部を構成しており，このことからもわかるように，子ども・子育て支援新制度は就学前教育に関連する様々な内容を包含している。

⑸　3歳以上の幼児教育の無償化

　2019年5月，子ども・子育て支援法が改正され，同年10月から3歳以上の幼児教育の無償化が実施された。0〜2歳児については，住民税非課税世帯のみが無償の対象となっている（子ども・子育て支援法施行令4条）。

　無償となったのは，幼稚園，保育所，認定こども園等の利用料である。また，認可保育所に入所することができない待機児童が存在しているため，認可外保育施設（届出がされている施設）についても，利用者が保育の必要性の認定を受けた場合（2号認定）は，月額3万7000円までの範囲で利用料が無償となる（同令15条の6第3項）。

⑹　就学前教育行政の動向と課題

　最後に，就学前教育行政の動向と課題について取り上げると，2015 年度以降の子ども・子育て支援新制度の下では，認定こども園が第三の施設類型として明確に位置づけられて，就学前教育制度の「三元化」と指摘された（伊藤 2022：69）。2019 年 10 月からの 3 歳以上の幼児教育の無償化を経て，2023 年 4 月にはこども家庭庁が発足した。保育所と認定こども園の管轄は同庁に移されたものの，幼稚園の管轄は引き続き，文部科学省が担っているため，実態としては「幼保三元化」が多少改善されるに留まったと言える。

　こども家庭庁は首相直属の機関で内閣府の外局であり，同庁には複数の行政機関に分かれていたこども政策が集約されている。さらに，こども家庭庁の特命担当大臣には関係行政機関の長に対する「勧告権」が与えられており（内閣府設置法 12 条 2 項），こども家庭庁はこども政策の「司令塔」と言えるため，就学前教育行政における総合調整機能が期待される。

　また，三つの制度の共通性を高めている内容もあり，3 歳以上の就学前教育カリキュラムの共通化以外にも，文部科学省では，幼稚園，保育所，認定こども園，小学校を対象とする「幼保小の架け橋プログラム」という共通教育プログラムを 2022 年 3 月から開始している。

　現在も幼稚園，保育所，認定こども園という三つの制度が存立しているという意味では「幼保三元化」の「分化」ではあるものの，こども家庭庁の設置やカリキュラムの共通化によって，「幼保一元化」の「統合」に近づいていく可能性がある動きもあるというのが就学前教育行政の実態である。

　2023 年 6 月には「こども未来戦略方針」が発表され，こども・子育て予算倍増が目指されている（こども未来戦略会議 2023）。就学前教育を質的に充実させるためにも，こども・子育て予算倍増が実現されることが期待される。

参考文献

伊藤良高　2022『保育制度学』晃洋書房。

厚生労働省　2002「保育所の状況（平成14年4月1日）等について」https://www.mhlw.go.jp/houdou/2002/09/h0920-3.html（2023年8月30日閲覧）。

　──　2007「保育所の状況（平成19年4月1日）等について」https://www.mhlw.go.jp/topics/2007/09/tp0907-1.html（2023年8月30日閲覧）。

　──　2022a「令和3年（2021）人口動態統計（確定数）の概況」。

　──　2022b「令和4年4月の待機児童数調査のポイント」。

厚生労働省子ども家庭局保育課　2022「保育所等関連状況取りまとめ（令和4年4月1日）」。

厚生労働省雇用均等・児童家庭局保育課　2004「保育所の状況（平成16年4月1日）等について」https://www.mhlw.go.jp/topics/2004/09/tp0903-2.html（2023年8月30日閲覧）。

　──　2012「保育所関連状況取りまとめ（平成24年4月1日）」。

こども未来戦略会議　2023「『こども未来戦略方針』案──次元の異なる少子化対策の実現のための『こども未来戦略』の策定に向けて」。

塩野谷斉　2009「幼保一元化の可能性と展望──認定こども園を中心に」伊藤良高・中谷彪・北野幸子［編］『幼児教育のフロンティア』晃洋書房，51-58頁。

通常の学級に在籍する障害のある児童生徒への支援の在り方に関する検討会議　2023「通常の学級に在籍する障害のある児童生徒への支援の在り方に関する検討会議報告」。

特別支援教育の在り方に関する調査研究協力者会議　2003「今後の特別支援教育の在り方について（最終報告）」。

内閣府子ども・子育て本部　2022「子ども・子育て支援新制度について」。

森上史朗　2013「就学前教育」森上史朗・柏女霊峰［編］『保育用語辞典』第7版，ミネルヴァ書房，3頁。

文部科学省　2017a「幼稚園教育要領」。

　──　2017b「小学校学習指導要領（平成29年告示）」。

　──　2017c「特別支援学校小学部・中学部学習指導要領」。

文部科学省初等中等教育局特別支援教育課　2021「障害のある子供の教育支援の手引──子供たち一人一人の教育的ニーズを踏まえた学びの充実に向けて」。

　──　2022a「特別支援教育資料（令和3年度）」。

　──　2022b「通常の学級に在籍する特別な教育的支援を必要とする児童生徒に関する調査結果について」。

渡部昭男　2022『障がいのある子の就学・進学ガイドブック』改訂新版，日本標準。

Committee on the Rights of Persons with Disabilities 2016. General comment No.4

on Article 24 - the right to inclusive education, Easy read version in English.
https://www.ohchr.org/en/documents/general-comments-and-recommendations
/general-comment-no-4-article-24-right-inclusive（2023 年 8 月 29 日閲覧）
——— 2022. Concluding observations on the initial report of Japan.

●読書案内●

髙橋智・加瀬進［監修］，日本特別ニーズ教育学会［編］『現代の特別ニーズ教育』
　特別支援教育に関連する文献。今後の特別ニーズ教育のあり方を展望している。「特別ニーズ教育」は「特別支援教育」よりも広い概念であり，障害のある子どもの教育だけではなく，移民なども検討対象となっており，インクルーシブな学校について考える上で参考となる書である。［文理閣，2020 年］

木村泰子
『「みんなの学校」が教えてくれたこと——学び合いと育ち合いを見届けた 3290 日』
　特別支援教育と就学前教育に関連する文献。2006 年度に開校した大阪市立大空小学校では，学校の理念として「すべての子どもの学習権を保障する学校をつくる」と掲げられている。同書は大空小初代校長の「実践記録」であり，インクルーシブな学校について考える上でのヒントを与えてくれる。［小学館，2015 年］

秋川陽一・藤井穂高・坂田仰［編］
『幼児教育・保育制度改革の展望——教育制度研究の立場から』
　就学前教育に関連する文献。同書は，日本教育制度学会の研究成果をまとめたものである。3 歳以上の幼児教育の無償化までの就学前教育制度の改革について，教育制度論の視点から検討がなされており，就学前教育制度の改革の歴史，意義，課題などを深めることができる。［教育開発研究所，2020 年］

第 14 章

生涯学習・社会教育

生涯・社会という視点からの教育の構想

米岡裕美

　個人の生涯に焦点を当てる生涯学習概念は教育改革の理念として登場し，教育政策の理念として定着した。他方，社会の担い手たる主体の形成を重視する社会教育は地域づくりの一翼を担う。本章では，それぞれの制度概要と歴史的背景，現在の政策動向を概説することで，生涯学習と社会教育を区別し，それぞれの位置づけを明確に理解できるようになることを目指す。

1　生涯学習

　生涯学習という概念は教育政策の文脈では 1960 年代に提起され，その後世界に広まった。これは，乳幼児期の家庭でのケアやしつけを通じた学びに始まり，学校や予備校，習い事での学習，職業や地域活動を通じた学びまで，個人の生涯におけるすべての学びを含む概念である。今，みなさんがこの文章を読んでいること自体も生涯学習の一環である。しかし，たとえばこの文章を読むこと一つをとっても，必要に迫られてなのか興味の赴くままなのか，どの程度詳しく理解したいのかなど，個人の学習のあり方は様々である。

　他方，日本の独自の概念である社会教育は，戦前と戦後で大きく変化した。戦後の社会教育は，住民の主体形成や自治への参画などを重視しつつ，権力的・統制的にならないよう設計されている。これは，戦前の社会教育が

戦争に国民を動員する国民教化の一手段となったことへの深い反省の上に
立っているからである。みなさんの身近にある公民館や図書館，博物館を思
い浮かべてみてほしい。これらの施設には基本的に，行きたいときに行き，
読みたい本を選び，参加したい活動に参加できるのではないだろうか。

　また，ともすれば生涯学習や社会教育は学校教育とは別物であるかのよう
に思われがちだが，学校教育は，生涯にわたる学びの一部であると同時に，
生涯にわたって学び続けるための基礎であり，地域コミュニティの核の一つ
でもある。さらに子どもの貧困や不登校，学校安全など様々な学校における
問題は，その子のその後の人生を見通して考えたり，地域コミュニティと
して支援や対策を考えたりすべき問題である。その意味で学校教育を考える上
でも，生涯学習及び社会教育という視野は重要となる。

(1)　理念としての生涯学習

　生涯学習は教育基本法3条で教育理念の一つとして位置づけられている。

　（生涯学習の理念）
　第3条　国民一人一人が，自己の人格を磨き，豊かな人生を送ることができ
　　るよう，その生涯にわたって，あらゆる機会に，あらゆる場所において学習
　　することができ，その成果を適切に生かすことのできる社会の実現が図られ
　　なければならない。

　この条文のポイントは，四つある。第一に，個人の人生の豊かさを目指し
ているということである。国家や社会の発展のために教育や学習が必要であ
るというよりは，あくまでも，個人が成長し，充実した人生を送るために，
学習が必要であることを謳っているのである。第二に，ここでいう生涯学習
は，「あらゆる機会に，あらゆる場所に」おける学習を包含しているという
ことである。理念の上では，教育行政が管轄する学校教育や社会教育だけで
なく，家庭や職場，地域等あらゆる場所での学習を含んでいる。第三に，学

習することそのものだけでなく，その成果を社会が認め，学習成果が生かせ
るようになることを重視していることである。これは，生涯学習という概念
が導入される際に，どの学校を卒業したかが重視される学歴社会の弊害を是
正するという議論があったことが背景にある。第四に，社会の実現を目指し
ているということである。生涯学習はそもそも個人的なものであり，個人が
各自のニーズに応じて自由に自発的に行うものである。そのような生涯学習
は，何をどう学ぶかなどを法律で規定するようなものではない。このため，
法律上の目的としては，個人が必要を感じたときに気兼ねなく学び，その成
果が認められるような社会の実現が掲げられているのである。

　なお，1947 年に教育基本法が制定された際には生涯学習の条文はなく，
2006 年の改正で新たに盛り込まれた。これは，後述するように，生涯学習
は，1970 年代以降に日本に導入され，定着した新しい概念だからである。

(2)　生涯学習振興法

　生涯学習という用語には法律上の定義はない。『文部科学白書』では「『生
涯学習』とは，一般には人々が生涯に行うあらゆる学習，すなわち，学校教
育，家庭教育，社会教育，文化活動，スポーツ活動，レクリエーション活
動，ボランティア活動，企業内教育，趣味など様々な場や機会において行う
学習の意味で用いられ」る（文部科学省 2023：51）とされている。

　直接的に生涯学習に焦点を当てた法律としては「生涯学習の振興のための
施策の推進体制等の整備に関する法律」（以下，生涯学習振興法）がある。こ
れは，全 11 条という短い法律であり，主な内容は次の三つである。

　第一は，生涯学習推進のための体制を，都道府県教育委員会が整備し，そ
の基準は文部科学大臣が定めるということである。都道府県の事業として
は，学習機会の提供よりも，情報収集や調査研究，指導者への研修や教育機
関の連携など，学習の側面的な援助が重視されている。第二は，都道府県
は，地域生涯学習振興基本構想を作成することができるということである。
これは，特定の地域を設定し，生涯学習に資する諸活動の機会の総合的な提

供を行うことに関するものである。この活動の機会には，民間事業者により提供されるものを含んでおり，基本構想に規定する事項には，民間事業者に対しての資金の融通の円滑化も含まれる。第三は，都道府県は都道府県生涯学習審議会を置くことができるということである。この審議会は，都道府県の教育委員会または知事の諮問に応じ，生涯学習に資するための施策の推進に関する重要事項を審議し，建議する。

　以上の三つの内容のいずれにおいても，都道府県が中心となっている。これは社会教育で市町村が中心となっていることと対照的である。また，教育文化産業の振興と民間事業者の活用によって学習機会の充実を図ろうとしている点も特徴である。このため，経済産業省との関連が重視されている。

　一方で，この法律では，「職業能力の開発及び向上，社会福祉等に関」する学習（つまり，厚生労働省が所管している分野）については，「別に講じられる施策」（生涯学習振興法2条）として，生涯学習振興法では扱われない。多様な学習の中でも，職業能力や社会福祉等に関するものは対象とされず，主として余暇における学習を対象としているのである。ただし，施策の上では，2010年代後半以降，職業能力開発や障害者の生涯学習など，労働や福祉と関連する施策も打ち出されるようになっている。

　この法律はあくまで生涯学習を「振興するため」に，行政がどのような「推進体制の整備」を行うかに関する法律である。日本の教育行政において生涯学習は，目指すべき教育の理念であり，生涯学習「制度」はない。強いて言えば，学校教育や社会教育等のあらゆる教育制度は生涯学習のための制度の一部である。さらに生涯学習そのものは，制度化された学校教育や社会教育に限定されるわけではなく，家庭教育や職業教育，スポーツや文化活動，ボランティア活動等々で生起する学習すべてを包含する。生涯学習を考えるにあたっては，理念としての生涯学習，制度や施策が対象とする生涯学習，実態としての生涯学習を区別することが重要である。

2　社会教育

⑴　社会教育制度の概要

　生涯学習が 1960 年代以降に登場する以前から，日本における学校教育以外の教育制度として社会教育があった。社会教育とは，「学校の教育課程として行われる教育活動を除き，主として青少年及び成人に対して行われる組織的な教育活動（体育及びレクリエーションの活動を含む。）」（社会教育法 2 条）である。つまり社会教育は，学校教育以外の組織化され体系化された教育活動であり，日常的な生活などから非意図的，偶発的に起こる学びや単に個人が自由に行う学習活動などは含まれない。

　教育基本法 12 条の社会教育の項では，「個人の要望や社会の要請にこたえ，社会において行われる教育は，国及び地方公共団体によって奨励されなければならない」とされている。具体的にどのように奨励するかについては，1949 年制定の社会教育法によって規定されている。

　まず，国及び地方公共団体の任務は，社会教育の環境醸成である（社会教育法 3 条）。社会教育では地域に根差した住民の学習を重視するため，身近な基礎的自治体である市町村が重要な役割を担う。国や都道府県教育委員会の役割は基本的に市町村教育委員会への援助に限定されている。他方，市町村教育委員会の役割は，社会教育に関する必要な援助等のほか，公民館や図書館，博物館等の社会教育施設の設置及び管理，講座の開設や集会の開催や奨励，必要な情報の収集や提供等，多岐にわたっている（同法 5 条）。

　さらに，都道府県及び市町村は，社会教育に関する諸計画を立案し，意見具申や調査研究を行うことができる社会教育委員を置くことができる（同法 15 条，17 条）。社会教育委員は，学校教育や社会教育関係者，学識経験者等から構成される。社会教育に関する施策を行政だけで決めるのではなく，地域の教育関係者も関わりながら決定できるようになっているのである。

　一方で，「国及び地方公共団体は，社会教育関係団体に対し，いかなる方法によっても，不当に統制的支配を及ぼし，又はその事業に干渉を加え」る

ことを禁じられている（同法12条）。社会教育団体とは，公の支配に属しない団体で，社会教育に関する事業を行うことを主たる目的とする団体のことである（同法10条）。つまり社会教育制度においては，行政は学習環境の整備に努め，統制的・権力的働きかけをしてはならないのである。

　このような非権力性を重視する社会教育制度では，教育内容ではなく，教育の場となる施設が制度の中心であり，これは社会教育関連の他の主な法律が図書館法と博物館法であることからもわかる。主な社会教育施設は公民館，図書館，博物館であるがこれらについては次項で説明する。

　社会教育の専門的職員としては，社会教育主事や公民館主事，図書館司書，学芸員などがある。社会教育主事は社会教育法に基づき，都道府県及び市町村の教育委員会に置くこととされている専門的職員であり（同法9条の2），地域の社会教育事業の企画実施及び専門的技術的な助言と指導をとおし，地域住民の学習活動の支援を行う。ただし，社会教育主事は「命令及び監督をしてはならない」（同法9条の3）とされ，学習の内容に対しては，専門職と言えども干渉できないようになっている。

　公民館主事は任意設置であり，公民館の事業の実施を行う。公民館主事には，社会教育に関し識見・経験・専門的知識と技術を有する者が当てられる。図書館司書も任意設置であり，図書館の専門的事務に従事することとされている（図書館法4条）。学芸員は博物館に必ず置くこととなっており，博物館資料の収集，保管，展示及び調査研究その他の事業についての専門的事項を司るとされている（博物館法4条）。

(2)　社会教育施設

　社会教育施設とは社会教育のための施設だが，厳密な定義があるわけではなく，社会教育関連施設や生涯学習施設等という場合もある。

　公民館は，地域住民の「教養の向上，健康の増進，情操の純化を図り，生活文化の振興，社会福祉の増進に寄与することを目的」（社会教育法20条）として，市町村によって設置される（同法21条）。公民館では，住民の学習

ニーズや地域の実情に応じた講座の開設のほか，討論会や体育に関する集会の開催，住民の集会などへの会場の貸し出しなど，各種の事業が行われる。地域住民にとって最も身近な学習拠点であり，かつ交流の場としてコミュニティの形成に重要な役割を果たす，社会教育の中核的な施設である。

　図書館と博物館に関しては，それぞれ図書館法，博物館法が制定されている。図書館は，「図書，記録その他必要な資料を収集し，整理し，保存して，一般公衆の利用に供し，その教養，調査研究，レクリエーション等に資することを目的とする施設」（図書館法2条）である。図書館には，地方公共団体の設置する公立図書館，日本赤十字社や一般社団法人，一般財団法人が設置する私立図書館のほか，学校図書室・図書館や国立国会図書館，地方議会に付置する図書室がある。図書館は，人々の学習に必要な図書や様々な情報を収集・整理・提供するだけでなく，読書会や研究会，鑑賞会，資料展示等の主催や，時事に関する情報や参考資料の紹介なども行う。「地域の知の拠点」として，多様な利用者や住民の学習活動を支えるだけでなく，様々な地域課題の解決等につながる役割も期待されている。

　博物館は，「歴史，芸術，民俗，産業，自然科学等に関する資料」を収集（育成含む）・保管・展示し，「教育的配慮の下に一般公衆の利用に供し，その教養，調査研究，レクリエーション等に資するために必要な事業を行い，あわせてこれらの資料に関する調査研究をすることを目的とする機関」のうち，都道府県教育委員会あるいは指定都市の教育委員会の登録を受けたものである（博物館法2条）。博物館には，国や地方自治体の設置する国立あるいは公立の博物館とそれ以外の私立博物館がある。

　収集・展示される資料の種類は幅広く，総合博物館，科学博物館，歴史博物館，美術館，動物園，水族館等，様々な形のものがある。さらに，資料の収集・保管，展示・教育，調査・研究という基本的な役割や機能にとどまらず，関係機関との連携によるまちづくりへの貢献など，博物館に求められる役割は多様化・高度化している。2022年には博物館法が改正され，社会教育法に加え，文化芸術基本法の精神に基づくことなどが規定された。

　これらの施設の中で特に公立の施設については，運営への住民参加が制度

として組み込まれている。公民館には公民館運営審議会を置くことができ，館長の諮問に応じ，公民館における各種の事業の企画実施につき調査審議するものとされている（社会教育法29条）。他方，公立図書館には図書館協議会，公立博物館には博物館協議会を置くことができ，それぞれ当該施設の運営に関し，館長の諮問に応じたり，意見を述べたりすることができる。あくまでも，施設による押しつけではなく，地域や地域住民のニーズに根差した学習環境の整備を目指した制度設計がなされているのである。

　これらの施設の管理運営については，2003年の地方自治法改正により，地方自治体は，公の施設の目的を効果的に達成するため必要があると認めるときは，条例を定め，法人その他の団体を指定して，その施設の管理を代行して行わせることができるという指定管理者制度が定められた（地方自治法244条の2）。この制度は，民間事業者等が有するノウハウを活用することにより，住民サービスの質の向上を図っていくことで，施設の設置の目的を効果的に達成するための制度である。地方自治体は，指定の手続，業務の具体的範囲，管理の基準等について条例を定め，個々の管理者を議会の議決を経て決定し，期間を定めて指定することができる。

　これによりNPO法人や株式会社など様々な形態の団体が公立社会教育施設の運営に携わることができるようになった。ただし，公民館の運営方針（社会教育法23条）や，図書館の無償規定（図書館法17条），各施設の館長及び博物館の学芸員の必置（社会教育法27条，図書館法13条，博物館法4条）などは，一般法である地方自治法に優先するため，指定管理者制度を利用しても維持される。また，任意設置となっている，公民館主事，司書等の専門的職員については，各施設の事業に関する専門的，技術的な知識等を有する者であり，各施設においてはそれら職員の配置に努めることを各施設の設置・運営基準において奨励することはできる。

　文部科学省「社会教育調査」（2021）は，次に示すような多くの施設を調査対象とし，スポーツや文化活動も含めて幅広く調査している。2021年10月1日現在，全国に，公民館（類似施設を含む）1万3798施設，図書館3394施設，博物館1305施設，青少年教育施設840施設，女性教育施設358施

設，社会体育施設 4 万 5658 施設，劇場・音楽堂等 1832 施設，生涯学習セン
ター 496 施設がある。公民館，社会体育施設は減少傾向にあるが，図書館，
博物館，生涯学習センターは増加し，過去最多の施設数となった。また，す
べての施設種で指定管理者制度の導入は増加しており，指定管理者を導入し
ている割合は公立施設の約 3 割を占めている。

3　歴史的背景

(1)　生涯学習──国際的な議論と日本での定着

　生涯学習は，何らかの教育制度や教育の実践から生まれたというより，教
育改革のための「理念」として提起され検討されてきたものである。まず
1960 年代にユネスコや OECD など国際機関を中心に議論が進展し，次いで
各国に受容され，政策や制度として具体化されていった。

　1965 年，ユネスコの成人教育部長ポール・ラングランは，ユネスコの成
人教育推進国際委員会において，急激なスピードで進む社会変化に対して，
学校教育制度を中心とした教育制度は時間的，空間的，方法的に限界がある
と指摘し，これを見直す教育改革の視点として生涯教育を提唱するワーキン
グペーパーを提出した（ラングラン 1971）。次いで 1972 年，ユネスコ教育開
発国際委員会はフォール報告書をとりまとめた。ここでは，「持つため」の
学習（learning to have）から「あるため」の学習（learning to be）へという
学習目的の転換と，そのために社会のあらゆる部門が教育や学習という観点
から構造的に統合されているような学習社会という社会像が提示された（ユ
ネスコ教育開発国際委員会［編］1975）。

　一方 OECD は，生涯教育の概念の曖昧さを批判し，1973 年，生涯学習を
実現する一つの方策としてリカレント教育を提唱した。生涯教育というアイ
デアの中には，個人が生涯にわたって発達することを目指すという生涯学習
の側面と，それを実現するための教育政策という側面が混在している。しか
し，教育政策として実施できるのは，教育の中でも意図的・組織的なものだ

けである。教育を意図的・組織的なものとして限定的に捉えるならば、生涯にわたる連続的な学習は可能かつ必要であるが、生涯にわたる教育はありえない。意図的・組織的な教育は、労働や余暇などと同時に成立するものではないからである。そこで OECD は、生涯にわたる学習を実現する方途として、個人の全生涯にわたって教育を回帰的（recurrent）に、つまり、教育を、仕事や余暇、引退などといった諸活動と交互にクロスさせながら分散する、リカレント教育を提示した（OECD 1974）。

ユネスコはその後、生涯教育（のちに生涯学習）論を発展させ、生涯学習の重要性に対する国際的な共通理解を醸成していった。1985 年の「学習の権利」宣言、1990 年の万人のための世界教育会議、1997 年の「成人の学習に関するハンブルグ宣言」などを通じて、学習することは贅沢なものでなく、また単に社会や経済の発展の手段にとどまらず、人間の生存に欠くべからざる基本的な人権であるという認識を打ち出していったのである。

日本においては、1971 年の社会教育審議会答申と中央教育審議会答申で、初めて生涯教育という用語が用いられた。しかし、本格的な取り組みが始まるのは、1987 年の臨時教育審議会最終答申からである。

1970 年代後半から、校内暴力や中退など種々の教育問題が噴出し、また急激な社会構造の変化を背景にした諸課題が山積していた。臨時教育審議会はこのような状況に対応する教育改革の視点として、「個性重視の原則、生涯学習体系への移行、変化への適応」をあげた。「生涯学習体系への移行」は次の三つの理由から必要性が主張された。①学習の成果の適切な評価による学歴社会の弊害の是正、②社会の成熟化に伴う心の豊かさや生きがいのための学習需要の増大、③科学技術の高度化、国際化、産業構造の変化などによる、継続的な新しい知識・技術の修得への要請の高まり、の三つである（1987 年 8 月 7 日臨時教育審議会「教育改革に関する第四次答申（最終答申）」）。

臨時教育審議会答申は、教育行政の枠組みを超えた、国家的な政策課題としての教育改革と、その一翼を担う政策理念として「生涯学習体系への移行」を打ち出したのである。これを受けて、日本の生涯学習政策は、理念の段階から推進体制の整備の段階へと進み、生涯学習振興法の制定などが行わ

れた。そして，体制の整備や理念の定着を受けて，教育基本法改正において
理念として掲げられるに至ったのである。

(2)　社会教育——団体中心から施設中心へ

　他方，社会教育は戦前から行われてきたが，戦前と戦後では大きく制度の
あり方が異なる。それは，戦前の社会教育が団体活動への干渉をとおして国
民教化の手段となったことへの深い反省が，戦後の社会教育制度の設計に反
映されているためである。

　学校教育以外の組織的な教育活動としての社会教育は，明治期には「通俗
教育」政策として取り組まれてきた。これは大人に学校教育の内容を理解さ
せ，子どもの学校への就学への理解を測るという義務教育の補完的役割を果
たしていた。しかし徐々に社会教育組織をとおした多様な活動が展開される
ようになる。大正時代には，反政府的な運動や活動に対処する国民思想の健
全化を目指す「思想善導」の手段として社会教育政策が進められたが，同時
に大正デモクラシーの影響を受けて，国民の自主的な学習・文化運動も行わ
れるようになる（佐藤 2007）。

　1930 年代から 1940 年代には，戦争遂行に必要な義務や役割を国民に自覚
させ，その義務の遂行に必要な態度や能力を育成する国民教化の手段の一つ
として社会教育が利用された。日中戦争から太平洋戦争へ戦争が拡大する
1941 年には，大日本青年団，大日本連合女子青年団，大日本少年団等を統
合した大日本青少年団が形成され，婦人団体が日本婦人会に一本化された
（渡邊 2002）。各種の団体を全国規模で統合し，序列化し，戦争に協力する意
識や行動を育てるような活動が指導者を通じて行われたのである。

　戦後の社会教育は，このような戦前の社会教育に対する反省の上に成立し
た。このため第 2 節（1）で見てきたように，社会教育行政や専門家の任務
を環境醸成や指導助言とし，学びたい人が自分の必要に応じてその場を使う
ことができる施設中心の制度となっている。また，行政，施設の運営におい
て住民の意思を反映し，住民が自主的・主体的に学習できるように，公民館

審議会や図書館協議会，博物館協議会などが置かれている（大木 2016）。

　制度設計においてだけではなく，戦後の社会教育は，実践の次元においても，自治の担い手となるような住民に自らを形成していくような学習や地域づくりの取り組みが，様々な現場で地道に続けられてきている。

4　政策動向

　生涯学習の制度はないが，生涯学習を振興するための政策は行われてきた。今日の教育政策においては，職業能力や余暇などに関わる個人の学習は生涯学習政策，地域課題の取り組みなど地域における学習は社会教育政策として，それぞれに推進されている。

⑴　生涯学習——学習を通じた自己実現

　日本では，生涯学習という概念が導入された当時，年功序列や終身雇用制などの雇用関係を背景に，労働者が自らの職業能力を高めキャリアを作っていくというより，企業が社員を育てるという意識が強かった。このため日本では，職業能力開発は主に企業が担い，政策としては雇用・労働政策の一環として厚生労働省が所管し，「生涯学習」は，それ以外の，もっぱら余暇や趣味における学びを表すものとして用いられてきた。

　ところが，教育再生実行会議の第六次提言（教育再生実行会議 2015）において，社会人の学びの支援が重要なテーマとして位置づけられた。さらに新型コロナウイルス感染症の世界的な拡大による産業構造の変化等に対応する観点からも，近年，社会人の学び直しとしてのリカレント教育の強化・推進が，政府の施策として求められるようになっている（内閣府 2021）。

　これらを受けて，文部科学省は，大学・専門学校等を活用した社会人向けの実践的なプログラムの開発・拡充や，リカレント教育を支える専門人材の育成に取り組んでいる。具体的には，大学等において就業能力涵養に資する

プログラムを提供し円滑な就職・転職を促進する事業の実施や，社会人や企業のニーズに応じた実践的かつ専門的なプログラムのうち優れた取り組みの文部科学大臣による認定，大学等での履修証明プログラムへの単位授与や学修証明書交付等を行っている（文部科学省 2023）。つまり，生涯学習政策においてリカレント教育の推進という名のもとに，大学等における職業能力に結びつく実践的・専門的な教育というカテゴリを設定し，その中で職業能力開発を対象とするようになってきたのである。

　趣味や余暇の充実にせよ，職業能力の涵養にせよ，日本において生涯学習施策は，教育基本法にうたわれたように，個人が人格を磨き，豊かな人生を送ることに焦点が当てられているのである。

(2)　社会教育──学習を通じた地域づくり

　他方，人口減少や高齢化，コロナ禍での生活の急激な変化など，様々な社会経済環境が変化する中で，社会教育の役割として地域づくりが強く意識されている。2018 年 12 月 21 日に中央教育審議会は「人口減少時代の新しい地域づくりに向けた社会教育の振興方策について（答申）」を取りまとめた。答申では，「『社会教育』を基盤とした人づくり・つながりづくり・地域づくり」がいっそう重要であるとされ，「開かれ，つながる社会教育」が新たな社会教育の方向性として提示された。

　この流れの中で，学習やその成果を地域課題の解決につなげる，より実践的な能力が，社会教育行政の専門職である社会教育主事に求められるようになった。2020 年度より，社会教育主事講習及び養成課程において，多様な主体の学習を促進し，連携・協働しながら地域課題の解決につなげるための知識や技能が盛り込まれ，また，これらの科目を修得した者が「社会教育士」と称することができるようになった。社会教育士は社会教育行政だけではなく，学校や一般行政，民間など様々な現場で，人々の学習と地域課題の解決をコーディネートすることが期待されている（文部科学省 2023）。

　さらに 2017 年，地域と学校の連携・協働の推進という観点から，「地域住

民等と学校との間の情報の共有を図るとともに，地域学校協働活動を行う地域住民等に対する助言や援助を行う」ための地域学校協働活動推進員が，社会教育法に盛り込まれた（9条の7）。地域学校協働活動とは，地域と学校が協働して行う学校内外における活動である。地域全体で子どもたちの学びや成長を支えることに加え，身近な公的な教育施設への住民参画により，住民同士のつながりを醸成し，地域コミュニティの基盤の安定が期待されている[1]。

　以上のように，生涯学習及び社会教育制度や政策は，個人の人生に影響を与えると同時に，地域・社会の形成にもつながるものである。しかし，そこでは，あくまで個人の自主性，主体性を尊重し，学びを支援するものとして教育が構想されているのである。

参考文献

OECD［編］　1974『リカレント教育——生涯学習のための戦略』教育調査第88集，文部省大臣官房［訳］。

大木由以　2016「生涯学習施設と社会教育施設」香川正弘・鈴木眞理・永井健夫［編］『よくわかる生涯学習』改訂版，ミネルヴァ書房，156-157頁。

教育再生実行会議　2015「『学び続ける』社会，全員参加型社会，地方創生を実現する教育の在り方について（第六次提言）」。

佐藤晴雄　2007『生涯学習概論』学陽書房。

内閣府　2021「経済財政運営と改革の基本方針2021」。

文部科学省　2021「社会教育調査」。

　——　2023『令和4年度　文部科学白書』。

ユネスコ教育開発国際委員会［編］　1975『未来の学習』国立教育研究所内フォール報告書検討委員会［訳］，第一法規。

ラングラン，P　1971『生涯教育入門』波多野完治［訳］，全日本社会教育連合会。

渡邊洋子　2002『生涯学習時代の成人教育学』明石書店。

1　文部科学省「地域学校協働活動」https://manabi-mirai.mext.go.jp/torikumi/chiiki-gakko/kyodo.html（2023年9月13日閲覧）。

●読書案内●

香川正弘・鈴木眞理・永井健夫編『よくわかる生涯学習　改訂版』
　　生涯学習に関わる事項を，概念や思想，現代的な学習課題，振興策，学習の
　支援，諸外国の生涯学習など多様な視点から，網羅的に整理した本。各項目
　2～4頁で記載されているため，知りたい事項について辞書代わりに調べるこ
　とができて便利である。［ミネルヴァ書房，2016年］

関口礼子他『新しい時代の生涯学習　第3版』
　　いかに「教育」するかではなく，いかに「学習」を援助するかという視点に
　立ち，生涯学習とは何か，学習内容や学習方法にはどのようなものがあるの
　かを概説的，体系的にまとめた本。生涯学習について少し詳しく，かつ全体
　像を確認しながら知ることができる。［有斐閣，2018年］

渡邊洋子『新版　生涯学習時代の成人教育学──学習者支援へのアドヴォカシー』
　　生涯のなかで最も長い期間である成人期の学びをどうとらえ，いかに支援す
　るかという成人教育学について，理論的背景から実践方法論までを盛り込ん
　だ成人教育を学ぶならこれという一冊。なおかつ，子どもだけが学習してい
　るのではなく，私たち自身も学びの当事者であるということを思い出させて
　くれる。なお，新版では歴史その他いくつかの記述が省略されたため，興味
　のある方は，第15章の参考文献の旧版も参照することを薦める。［明石書店，
　2023年］

世界の教育行政・政策動向

各国はどのような教育を目指しているか

植田啓嗣

　本章は，アメリカ，イギリス，フランス，ドイツ，韓国，タイの各国における教育行政制度と教育政策動向について概説する。教育行政制度は，中央（国家），地方（地方自治体），学校がそれぞれどのような権限を持っているのかについて焦点を当てている。教育政策動向は，今日の各国の学校教育のあり方に影響を与えた顕著な政策について取り上げている。

1　米英の教育行政・政策動向

(1)　アメリカ

アメリカの教育行政制度——連邦・州・学区

　アメリカは50州とワシントン D. C. からなる連邦国家である。教育は，合衆国憲法において，連邦の権限ではなく，州の専管事項とされている。[1]アメリカは国ではなく，州が権限を持つという教育行政制度をとっており，その点が日本と異なる。しかし，連邦政府も法整備をとおして教育に深く関わっている。また，地方は公立学校の設置・維持・管理を担うが，これは教

1　アメリカ合衆国憲法修正第10条「この憲法が合衆国に委任していない権限または州に対して禁止していない権限は，各々の州または国民に留保される」に基づき，教育に関する権限は連邦政府にはなく州政府にあるとされている。

育に特化された地方自治体である「学区（School District）」が実施している。つまり，アメリカの教育行政は，連邦，州，学区の各政府が担っている構造になっており，州や学区に教育に関する多くの権限が与えられている。

　連邦政府には連邦教育省（U. S. Department of Education）が置かれている。連邦教育省の役割として，①教育資金に関する政策立案・配分・監視，②学校教育に関する統計データの収集及び研究，③主要教育問題の特定・周知，④連邦資金を受け取るプログラムにおける差別を禁止する連邦法の施行があげられている[2]。

　州政府において初等中等教育行政を担当する機関は，州教育委員会（State Board of Education）や州教育長（Superintendent）である。州教育委員会は，一般市民の委員と教育行政の専門家である教育長で構成されており，日本の教育行政制度と同様に，プロフェッショナルリーダーシップ（専門的指導性）とレイマンコントロール（素人統制）の理念が反映されている。

　州は基本的教育政策や学区と学校の管理運営に必要な計画を策定し，規則や基準を設定し，多くの州では教育に関する権限を学区に委譲しており，州は学区の指導監督や財政援助をする役割を持っている（文部科学省 2013）。

　学区は，域内の公立学校の設置・維持・管理を行い，教育税を徴収するなど独自の財源を持つ。2017 年統計によると，アメリカ全土に 1 万 2754 の独立した学区が設定されている[3]。

　公立学校は，これを所管する学区の教育委員会及び教育長の指導・監督の下，校長が管理運営を行うが，最終的な決定は学区の教育委員会あるいは教育長によってなされており，教育課程，教職員人事及び運用に関して一般の公立学校や校長が持つ権限は小さい（文部科学省 2013）。

アメリカの教育政策動向──市場原理とアカウンタビリティ

　ロナルド・レーガン大統領時代の 1983 年，連邦教育省は『危機に立つ国

2　アメリカ連邦教育省「ABOUT ED：What We Do」https://www2.ed.gov/about/what-we-do.html（2023 年 8 月 27 日閲覧）

3　2017 Census of Government. https://www.census.gov/（2023 年 6 月 25 日閲覧）

家（A Nation at Risk)』を発表した。この報告書はアメリカの低学力の問題を国際競争力と関連づけて，国民に警鐘を鳴らすものであった。

　ジョージ・W・ブッシュ大統領時代の 2002 年 1 月に制定された「落ちこぼれを作らないための初等中等教育法（No Child Left Act of 2001)」（以下，NCLB 法）は，危機に立つ国家以降の学力重視政策の延長線上として位置づけられる。学力改善のために学力基準を設定し，評価方法を精緻化し，テスト結果についての説明責任を学校と学区に求め，評価結果に即して教育関係者が厳しい政策を課されたり様々な報酬を得たりする，信賞必罰的な性格を有している（小松 2016）。

　NCLB 法は，すべての子どもたちに一定の学力をつけさせるために，各学校に厳しいアカウンタビリティ（説明責任）を求めるものである。州は，児童・生徒の到達度に関する基準を策定して，これに基づく州学力テストを実施し，各学校には年間目標が設定され，アカウンタビリティが求められる（NCLB 法要旨）。国家が社会への介入をできるだけ抑制して，個人の自由と責任による競争原理を重視する考え方，つまり小さな政府，民営化，規制緩和，市場主義の導入を目指す思想を「新自由主義」という。NCLB 法と次に述べるチャータースクール政策は，まさに新自由主義な政策である。

　チャータースクールとは，親や教員，地域団体などが，州や学区の認可（チャーター）を受けて設ける初等中等教育で，公費によって運営されることから，公立学校として位置づけられている。1991 年にミネソタ州で初めての「チャータースクール法（1991 年ミネソタ州法 265 章)」が制定された。同法によると，チャータースクール（成果主義の学校）は，児童生徒の学習を改善し，革新的な教育を行い，成果に対する説明責任が求められている（同法 9 条)。チャータースクールは，保護者，地域住民，教員グループ，民間企業，NPO などが自由に運営できる反面，成果が厳しく求められているのである。そして，成果（学力や経営状況）が基準に達しない場合，チャーターが取り消される（同法 9 条)。

(2) イギリス

イギリスの教育行政制度——中央と地方当局

　イギリス（連合王国）は，イングランド，スコットランド，ウェールズ，北アイルランドの四つの地域から構成され，それぞれが独自の教育制度を持っているが，本書ではイングランドについて説明する。イギリスは，伝統的に教育内容の決定を含めて地方や学校が様々な権限を持っていたが，アメリカと同様に 1980 年代から国家による教育への介入があった。

　イギリスの中央の教育行政機関は教育省（Department of Education）であり，国務長官（教育大臣）は，イングランド及びウェールズの国民の教育を振興する（1996 年教育法 10 条）ことが規定されている。また，国務長官（教育大臣）は教育振興のために，財政援助を与えることができること（2002 年教育法 14 条）も規定されている。

　地方の公立学校（公費維持学校）の設置・管理，教員人事などは基本的に地方当局（Local Authority）によって担われている。地方当局の役割は，地域住民のニーズを満たす効率的な初等教育及び中等教育を確保し，地域住民の精神的，道徳的，知的，身体的発達に貢献する（1996 年教育法 13 条）ことであると規定されている。

　イギリスは地方当局や学校の権限が強かったが，1988 年教育改革法は地方当局と学校との権限を変えた。同法は日本の学習指導要領にあたるナショナル・カリキュラムや，それに基づくナショナル・テストを導入して結果を公表することで全国的な教育水準の向上を目指している。学校は自律的学校運営と呼ばれる仕組みを用いて地方当局の統制から離脱することが可能となり，個別学校の裁量権が大幅に拡大したために，相対的には地方当局の有していた権限が弱められた（小松 2016）。

　学校は，カリキュラム編成，教職員の任用，学校予算の運用，学校の使命・特色の決定といった権限を持っており，各学校には保護者代表，地方当局代表，教職員代表，地域代表，校長などから成る学校理事会（School

Governing Body）が置かれ，そこで学校の管理運営に関わる様々な事項を決定する（文部科学省 2013）。

イギリスの教育政策動向——市場原理の導入と国家の介入

　1980 年代，アメリカのレーガン大統領，日本の中曾根康弘首相とならび，新自由主義的な政策を行ったのはマーガレット・サッチャー首相である。サッチャー政権はアメリカと同様に市場原理の導入と国家の介入によって，イギリスの低学力の問題を克服しようとした。

　サッチャー政権が導入したナショナル・カリキュラムは，児童生徒が各主要段階の終了までに持つことが期待される知識，スキル，及び理解が示されており，そのプロセス（学習プログラム）や，評価についても規定されている（1998 年教育改革法 2 条）。また，7 歳，11 歳，14 歳，16 歳の時点でナショナル・テストを受けることが公立学校の生徒には義務づけられ，公立学校の予算配分は，ナショナル・テストの実績や生徒の獲得実績によって，公立学校の予算配分がなされた（日英教育学会［編］2017）。

　イギリスは地方当局が大まかな教育内容の決定を決定し，具体的な教育内容は各学校の裁量で決めることができていた。しかし，ナショナル・カリキュラムやナショナル・テストの導入によって，教育成果が求められるようになり，サッチャー政権により教育への国家の介入が行われたと言える。

　また，1992 年教育法によって教育水準局（Office for Standards in Education：Ofsted）が設置され，教育水準局によって学校評価が実施されるようになった。また，学校理事会の設置，学校選択制といった市場主義の政策をサッチャー政権は導入した。

2　ヨーロッパ大陸諸国の教育行政・政策動向

(1)　フランス

フランスの教育行政制度——中央集権

アメリカやイギリスと異なり，フランスは伝統的に中央集権的な教育行政制度が特徴である。中央の教育行政機関として，初等中等教育を管轄する国民教育・青少年省（Ministère de l'Éducation nationale et de la Jeunesse）と高等教育を管轄する高等教育・研究・イノベーション省（Ministère de l'Enseignement supérieur, de la Recherche et de l'Innovation）があり，これらの省が国家の教育政策全体を所管している。

　地方の教育行政を行うにあたり，地域圏レベルに地域圏教育区が設けられ，地域圏教育区はさらに大学区（académie）と呼ばれる 30（本土 26，海外県 4）の教育行政の区画に分けられている（文部科学省 2013）。各大学には，閣議を経て大統領によって任命される大学区長（recteur）が置かれ，大学区長は，国民教育・青少年大臣の代理として大学区におけるすべての教育段階の教育について権限を持つ。また，大学区長は高等教育に関して大学総長としての地位を持ち，高等教育・研究・イノベーション大臣の代理として高等教育機関を監督する（文部科学省 2013）。

　フランスの地方自治体は，地域圏，県，市町村の三段階から成っている。教職員は国家公務員であるため国が給与の全額を負担する一方で，学校の設置，施設・整備に関しては地方自治体が責任を負っており，地域圏はリセ（lycée：後期中等教育），県はコレージュ（collège：前期中等教育），市町村は小学校を設置・維持している（文部科学省 2013）。

　小学校には，管理運営のための組織として学校評議会（conseil d'école）が設置されている。学校評議会は，校長，教員全員，特別支援教員，国民教育視学官，市町村長，市町村議会議員，地域住民代表，保護者代表等で構成されており，学校評議会は学校の教育活動と運営に関する諸問題について審議し，主に，校内規則の採択，週間時間割の編成，学校計画の採択，課外活動

の承認を行う（文部科学省 2013）。また，コレージュ及びリセには，同様に
管理評議会（conseil d'administration）が置かれる。

フランスの教育政策動向──分権化と学力向上

　フランスでは，10〜15 年に 1 回のペースで教育法が制定されており，大
きな教育改革が繰り返されてきた。それぞれの教育法は当時の国民教育大臣
の名を冠した名前で呼ばれる。フランスは伝統的に中央集権的な教育運営が
行われてきたが，分権化と学力向上の視点から各教育法の特徴について説明
する。

　1975 年の教育基本法（アビ法）は，教師，保護者，生徒の三者からなる
「学校共同体」概念を提示して，個別学校での学校や教師の自由裁量権の拡
大を目指した（小松 2016）。つまり，アビ法によって中央集権的な画一の教
育システムが改められ，多様性が推進された。

　1989 年の教育基本法（ジョスパン法）にも，「学校共同体」の考え方が受
け継がれている。生徒の保護者は，教育共同体の構成員であり，保護者の代
表は学校評議会，管理評議会ならびに学級委員会に参加する（同法 11 条）と
規定されている。一方，教育は国家の最優先課題である（同法 1 条）と位置
づけられ，10 年間のうちに 80％の生徒をバカロレア水準に到達させるとい
う高い数値目標も掲げられた（同法 3 条）。

　2005 年の学校基本計画法（フィヨン法）は，ジョスパン法の継続ととも
に，高等教育修了率 50％の目標も掲げられ，また，義務教育修了までに習
得すべき「共通基礎知識技能」が定められ，学校はこれをもとにカリキュラ
ム編成をすることとなった（豊田 2017）。

　2014 年の学校基本計画法（ペイヨン法）も，フィヨン法までの改革を継承
したものであり，すべての子どもの学力水準の向上が最優先課題とされ，
「共通基礎知識技能」も刷新された（豊田 2017）。

(2) ドイツ

ドイツの教育行政制度——文化高権

ドイツは連邦制を敷いており，州を単位とした行政が行われている。特に学校教育に関しては各州が独自の法律，教育制度，教育課程等を定めることができる。これは「文化高権（Kulturhoheit）」と呼ばれている。ヨーロッパ大陸の大国でも，フランスは中央集権的な教育行政制度をとってきたのに対して，ドイツは地方分権的な教育制度をとっているのが特徴である。

ドイツの初等教育は，6歳からの4年間，グルントシューレ（基礎学校）で行われる。中等教育は，10歳より能力や適性に応じて，ハウプトシューレ（基幹学校），レアルシューレ（実科学校），ギムナジウムなどで行われる。ギムナジウムの卒業試験に合格した者は大学入学資格であるアビトゥアを取得できる。このようにドイツの中等教育は伝統的には三分岐制であるが，複数の学校の課程を持つ学校や，三つの学校種の区分をなくしたゲザムトシューレ（総合制学校）も設置されている。

教育に関する連邦政府の権限は連邦教育研究省（Bundesministerium für Bildung und Forschung）が持っている。連邦教育研究省は，人事・予算などの管理を担う中央局に加えて，七つの部門に分かれている。連邦政府に関する権限は，学校外の職業訓練及び継続教育，高等教育機関の入学許可と修了資格，奨学金，学術研究及び科学技術開発の助成，青少年援助，遠隔授業の参加者の保護などに限定されている（文部科学省 2013）。

文化高権によって，教育に関する事項は州の所管となっている。州は独自の教育関連法令を定め，就学年齢，学校制度，義務教育年限などを規定しており，各州には教育を所管する省が置かれている（文部科学省 2013）。

ドイツの州以下の地方自治体には，市町村とその連合体である郡がある。

4　ハウプトシューレは5年制で，卒業後に就職して職業訓練を受ける者が進学する。レアルシューレは6年制で，卒業後に職業教育学校に進んだり中級の職に就いたりする者が進学する。ギムナジウムは8～9年制で，大学に進む者が進学する。

州の学校教育行政は，多くが二段階システムをとっており，最上級の学校監督庁である教育所管省と，郡及び市町村に州が設置した下級の学校監督庁「州学務局」で構成される[5]（文部科学省 2013）。郡や市町村は教育そのものに関わることはないが，初等中等教育機関の設置・維持を担っている。

　教育は州の専管事項であり，各州がそれぞれ独自の教育政策を展開しているが，各州によって相違があると国民に不利益を与えてしまい，単一国家として支障が出てしまうので，各州の連絡調整をするための常設の「各州教育大臣会議」が設置されている（文部科学省 2013）。

　学校は州の監督下に置かれ，教育課程，人事，学校予算における学校の裁量は，州が定める法令の枠内に限られており，学校は，州が定める教育課程基準に従って教育課程を編成し，人事権は州の教育所管省または州学務局にある（文部科学省 2013）。教員の人件費は州が負担し，非教育系職員の人件費と施設・設備の物件費は設置者である地方自治体（郡及び市町村）が負担する（文部科学省 2013）。

ドイツの教育政策動向──学力向上への取り組み

　ドイツは 2000 年の PISA 調査で，参加した 32 ヶ国中「読解力」で 21 位，「数学的リテラシー」と「科学的リテラシー」で 20 位になり，低学力の問題が露わになった。低学力の要因として指摘されたのは，移民のドイツ語教育の不十分性，複線型学校制度による共通の基礎教育の欠落，少ない読書量などであり，様々な学力向上策が州レベルや連邦レベルで実施された（小松 2016）。

　全州教育大臣会議は PISA ショックを受け，2002 年 5 月に第 4 学年，第 6 学年，第 10 学年について，全国共通の学習到達目標「教育スタンダード」（Bildungsstandard）の設定を決議した（田中 2010）。従来，全州共通の教育課程はアビトゥアに関わるギムナジウム以外の校種では決められていなかったが，それ以外の校種の学力基準が全州共通で決められたのである。

5　州の教育所管省だけの一段階システムで学校教育行政を行っている州もあれば，行政管区に中級の学校監督官庁を設け，三段階システムで学校教育行政を行っている州もある。

また，ドイツの学校は伝統的に朝だけ通う「半日制学校（Halbtagsschule）」であったが，それを午後まで延長して「全日制学校（Ganztagsschule）」にする動きが見られた。この全日制学校への移行を推進したのは，全州教育大臣会議ではなく連邦政府であり，連邦教育研究省は，2003年5月12日に全日制学校を拡大させることに各州と合意した（田中 2010）。全日制学校への移行も教育スタンダードと並んで学力向上のための施策である。ドイツは伝統的に地方分権の国家であるが，学力向上という国家の教育課題に対応するために，国が介入したのである。

　学力向上に関して，各州教育大臣会議は，「成績不振な生徒のための促進戦略」（2010年3月），「成績優秀な生徒のための促進戦略」（2015年6月）を決議し，各州でそれに関する取り組みが進められている（長島・中園 2020）。

3　アジア諸国の教育行政・政策動向

(1)　韓国

韓国の教育行政制度——地方教育行政の独立

　韓国の地方教育行政の代表者は，日本と違って公選制によって選出されている。しかし，公選制では政治的中立性や知事との対立といった問題が起こりやすくなる。その観点から韓国の教育行政・政策について概説する。

　韓国の中央の教育機関は教育部（교육부）であり，その長は教育部長官である。教育部長官は，人的資源開発政策，学校教育・生涯教育，学術に関する事務を管掌する（政府組織法28条）と定められている。

　教育部が持つ初等中等教育段階に関する権限は，就学年齢や義務教育年限，学校組織や施設に関する基準，全国共通の教育課程の作成など，広範な領域にわたり，校長の任用権は大統領，教員の任用権は教育部長官にあると定められているが，校長の任用は教育部長官に，教員の任用は地方教育庁の長である教育監にそれぞれ委任されている（文部科学省 2013）。

　韓国には広域自治体と基礎自治体があるが，地方の教育を所管するのは広

域自治体に設置される教育庁（교육청）であり，基礎自治体は学校教育に関
する権限を有しない。韓国の広域自治体はソウル特別市，世宗特別自治市，
六つの広域市，七つの道，二つの特別自治道の計17ヶ所ある。

　教育庁の長は教育監（교육감）と呼ばれ，地域住民の直接選挙で選ばれ
る。教育監の被選挙権は，当該地域に居住する25歳以上の者のうち，幼稚
園を含む初等中等教育機関と高等教育機関の教員あるいは教育行政に携わる
公務員として5年以上の経歴がある者に与えられる（地方教育自治法24条）。
この制度により教育監の専門性が担保されている。国会や地方議会の議員が
教育監を兼任することはできない（同法24条）。また，過去1年間に政党の
党員であった者は立候補できないこと（同法24条）に加え，政党は教育監選
挙に候補者を推薦することができないことや，候補者は特定の政党を支持・
反対したり，特定の政党から支持・推薦されていることを標榜したりしては
ならないことが定められ（同法46条），教育行政の「政治的中立性」を規定
している。教育監は公選制であるため，首長から独立して，人事権，予算編
成・執行権，条例作成の権限などを固有の権限として持っている（植田
2016）。

　基礎自治体には教育庁の出先機関である教育支援庁（교육지원청）が置か
れている（同法34条）。教育支援庁の長である教育長（교육장）は，教育監
から委任を受けて所管区域内の学校の運営について管理・指導する（同法35条）。

　学校運営の意思決定に関する機関として，教員や保護者，地域住民から構
成される「学校運営委員会」の設置が，すべての学校で義務づけられている
（初・中等教育法31条）。学校運営委員会の審議事項としては，学校憲章と学
則の制定・改正，学校の予算案及び決算，学校教育課程の運営方法，教科用
図書及び教材の選定などがあげられる（同法32条）。

韓国の教育政策動向——政治的中立性，教育行政の独立の問

　教育監は，1990年までは地方議会に設置された教育委員会の推薦と文教
部（現教育部）長官の申し入れによって大統領に任命されていた。1991年か
らは任命制に代えて，教育委員会による選出（1991年〜），学校運営委員会

による選出（1997年〜）といったように間接選挙で選出されるようになった。2006年の地方教育自治法の改正により，住民の直接選挙制となった（植田 2016）。教育監が公選制になるにあたって，政治的中立性を担保するために地方教育自治法24条で教育監の被選挙権に関わる制限事項が設けられた。

　2006年の改正教育自治法に基づき，2007年2月14日に釜山広域市で初めて教育監選挙が実施され，その後も他の地域で教育監選挙が実施されたが，当選者はいずれも保守系の人物であった。2009年4月8日の京畿道教育監選挙で初めて，革新系の候補者である金相坤（キム・サンゴン）が当選し，進歩教育監と呼ばれた。教育監は「政治的中立性」を求められるが，実際の教育監選挙では政権親和的な保守系の候補者と全国教職員労働組合（全教組）などの支援を受けた革新系の候補者が対立している。その後の教育監選挙で，全国各地に進歩教育監が誕生し，2014年の第6回全国同時地方選挙では17の広域自治体のうち13の自治体で進歩教育監が当選し，進歩教育監ブームが起きた（鄭 2016）。このように韓国の教育監選挙において政治的中立性が規定されているものの，実際の教育監選挙は政治的な争いとなっている。

　当時の京畿道の知事は保守系の人物であり，知事とは政治指向性が異なる教育監が就任したことで，知事部局による教育行政への介入問題が起こった。具体的には，生涯教育（韓国では平生教育という）の分野を取り扱う道教育局が新設されたのである。法制度上，学校教育は教育監に権限があるが，生涯教育に関しては知事にも一定の権限があることから起きた問題である。全国で「進歩教育監」が拡大するのに伴い，他の広域自治体においても教育関係の部局の設置が相次ぐこととなった。知事と教育監の政治的志向が異なることで，二重行政による対立が起こされたのであり，ここに教育行政の独立の限界が見られる。

6　朝鮮日報オンライン各記事（韓国語），https://www.chosun.com/（2023年8月26日閲覧）。
7　保守・革新対立について，朝鮮日報オンライン記事「(社説) 教育監の選挙は重要です」https://www.chosun.com/（2008年7月9日配信，2023年8月26日閲覧）などで指摘されている。

(2)　タイ

タイの教育行政制度——国民統合のための教育制度

　タイの中央の教育行政は教育省（กระทรวงศึกษาธิการ）が担っており，タイは中央集権の教育行政制度をとっていることから，教育省が教育政策に関する権限を持っている。タイは韓国や日本と異なり，地方の教育を所管するのは教育省の出先機関であるため，地方教育行政の概念がほとんどない。しかし，タイにおいても地方や学校に権限を持たせるための改革が行われた。

　教育省の組織は，2002 年改訂国家教育法に規定されている。教育省の直下に，教育審議会，基礎教育委員会事務局，職業教育委員会事務局，高等教育委員会事務局の四つの機関が置かれている（国家教育法 32 条）。教育審議会は，国家の教育政策について審議する機関である。基礎教育委員会事務局は，基礎教育つまり初等・中等教育行政を担う機関である。職業教育委員会事務局は職業教育，高等教育委員会事務局は高等教育を管轄している。私立学校は大臣官房傘下の私立学校促進委員会事務局が管轄している（同法 32 条）。

　国家教育法 37 条に「基礎教育の管理・運営は教育地区（เขตพื้นที่การศึกษา）が行う」と規定されている。地方教育地区事務局について，基礎教育機関の監督・管理，教育機関の設置・廃止・統合・休止の審議，私立教育機関との協働，個人や様々な団体への奨励・援助などが規定されている（同法 38 条）。地方教育地区事務局は，教育省基礎教育委員会管轄の学校を管理・運営しつつ，地域のほかの教育機関との連携を図っていくことが責務となる。2010 年の教育省管理規則法改正により，地方教育地区事務局は初等教育地区事務局と中等教育地区事務局に分離されることになった。これにより，初等教育行政と中等教育行政においてそれぞれの専門性が担保されることになった。2023 年時点で初等教育地区事務局が 183 ヶ所，中等教育地区事務局が 62 ヶ所設置されている[8]。

8　タイ教育省「中等教育地区の決定と修正」2021 年 1 月 28 日公示。

初等中等学校には，基礎学校運営委員会（คณะกรรมการสถานศึกษาขั้นพื้นฐาน）が設置されている。タイでは 1960 年代から学校委員会が置かれていたが，国家教育法 40 条に基づき，基礎学校運営委員会が学校委員会に取って代わって設置された。学校委員会は校長と地域代表 10 人で構成され，主に子どもの就学奨励，施設設備の援助に関わってきたのに対して，基礎学校運営委員会は，地域住民代表以外に教員，保護者，同窓会，宗教団体の代表も参加するようになり，学校支援だけではなく学校評価も行うようになった（村田 2007）。

タイの教育政策動向——教育の質向上への取り組み

　2000 年代から行われているタイの教育改革は「教育の質の向上」をキーワードにしてまとめることができる。1997 年憲法及び 1999 年国家教育法以降，教育省は初等教育と中等教育の 12 年間を「基礎教育」と捉えて一貫した教育を進めることとなり，また同時に平等でかつ質の高い教育を目指した。たとえば，カリキュラムを見ると初等教育，前期中等教育，後期中等教育で分かれていたものが，2001 年に 12 年間一貫のカリキュラムとなった。また，タイは従来教員免許制度がなかったが，2005 年から「教員」「学校管理職」「教育行政職」の三種類の免許制度が始まった（堀内 2005）。

　教育行政の分野においても，初等教育と中等教育を基礎教育に一元化して基礎教育委員会事務局が設置された。タイでは国家による中央集権的な教育管理が行われていたが，県や郡の教育委員会を廃止して地方教育地区事務局を設立し，地方教育行政の権限を強化したり，基礎学校運営委員会を設置したりするなど「学校を基盤とする経営」[9]を目指した地方分権的な教育管理への移行が進められてきた。

　教育省が管轄している初等中等学校は自律化され，教育省から学校に多くの権限が委譲された。タイにおいては児童生徒数によって学校に配分する予算が教育省によって決められることから，学校によって教育環境の整備に差がつきやすくなる。地方農村部には小規模校が多いが，教員不足が特に深刻

9　1999 年国家教育法以降，「学校を基盤とする経営」が政策課題となった。

な問題となっており，また学校規模の大きさは教育省配分予算だけでなく，卒業生や地域住民からの寄付金の差にもつながる（植田 2023）。

　このような教育行政・教育経営の地方分権化は「教育の質の向上」を期待して実施されたが，様々な課題も生まれている。たとえば，地方分権化が学校視学官の不足問題を引き起こし教育の質が低下したり，地域が抱える「専門的指導性」を無視して急進的な改革を進めた結果，地域に密着した学校独自のカリキュラムが期待どおりに運用できないという問題も起こったりした（船津 2008）。

　「教育の質向上」には様々なアクターによる教育参加が必要であると考えられている。国家教育計画（2017～2036 年）を見ると，タイ政府は教育における全セクターの参加が強調されており，地域に基盤を置く教育運営を目標に，「プラチャーラット教育ネットワーク」を構築して国家セクター，民衆セクター，ビジネスセクター，民間，マスメディアが統合して教育機関，学習者，労働力の潜在能力を開発し課題解決に応じるというように，「タイ社会総がかり」による教育運営が行われようとしている（橋本 2021）。

タイの小規模小学校

　日本において少子化による学校の小規模化は深刻な課題であるが，タイにおいても少子化による学校の小規模化が進んでいる。タイの国立小学校は2015 年度の統計で 2 万 8358 校あるが，そのうち全校児童が 120 人以下の「小規模校」は 1 万 5300 校であり，全体の 54.0% を占めている。

　学校の運営費は，児童数一人あたりの金額が決まっており，児童数に応じて配分されることから，小規模校においては児童数が少ないために，必要な運営費を確保できないという問題がある。そのため，教育省は小規模校に対して，運営費を加算して支給しているが，学校運営に十分な資金を確保するのは難しい。小規模校では十分な教員が雇えないのが深刻な課題である。

　教員不足の解消のために，映像教材（DLTV）が活用されている。DLTVでは衛星放送によって授業の動画が流れている。コロナ禍でタイの多くの学校が休校となったが，授業の代替として DLTV が活用された。

参考文献

植田啓嗣　2016「韓国・京畿道における地方教育行政主導の改革──教育監のリーダーシップによる革新学校政策」『日本教育行政学会創立 50 周年記念　教育行政学研究と教育行政改革の軌跡と展望』161-167 頁。

──　2023「タイの初等・中等学校における教育機会保障と国民統合教育に関する研究──チェンマイ県の事例から」早稲田大学大学院教育学研究科博士学位申請論文。

小松茂久　2016「世界の教育行政と教育改革──教育政策の国際的動向」小松［編］『教育行政学──教育ガバナンスの未来図』改訂版，昭和堂，207-221 頁。

田中達也　2010「ドイツにおける教育改革の現状──ハンブルク市を中心に」『佛教大学教育学部学会紀要』9，第 13 章。

鄭智允　2016「2014 年韓国統一地方選挙からみる地域主義と政党推薦制──韓国地方自治の現在地」『自治総研』448，91-114 頁。

豊田透　2017「フランスにおける教育改革──コレージュ（中学校）の改革を中心に」『レファレンス』800，9-28 頁。

長島啓記・中園有希　2020「ドイツ連邦共和国」公益財団法人教科書研究センター『海外教科書制度調査研究報告書』300-310 頁。

日英教育学会［編］　2017『英国の教育』東信堂。

橋本拓夢　2021「タイ地方教育ガバナンス改革の動向と『プラチャーラット』（pracharat）の関連性に関する一考察」第 5 回東南アジア教育研究フォーラム発表資料。

船津鶴代　2008「教育制度改革──『教育』の改革から『教育省』改革へ」玉田芳史・船津鶴代［編］『タイ政治・行政の変革　1991〜2006 年』アジア経済研究所，第 5 章。

堀内孜　2005「タイの教員養成」日本教育大学協会［編］『世界の教員養成 I　アジア編』学文社，第 4 章。

村田翼夫　2007『タイにおける教育発展──国民統合・文化・教育協力』東信堂。

文部科学省　2013『諸外国の教育行財政──7 か国と日本の比較』ジアース教育新社。

Gardner, David P. and Others 1983. *A Nation at Risk: The Imperative for Educational Reform*, the United States National Commission on Excellence in Education.

●読書案内●

文部科学省『諸外国の教育行財政——7 か国と日本の比較』

　　アメリカ，イギリス，フランス，ドイツ，フィンランド，中国，韓国，日本
　　の教育行財政制度について概説した資料。各国の中央，地方，学校の権限に
　　ついて詳細に記しており，教育財政制度についても知識を得ることができる。
　　［ジアース教育新社，2013 年］

文部科学省『諸外国の教育動向』各年度版

　　アメリカ，イギリス，フランス，ドイツ，中国，韓国を中心に最新の教育政
　　策動向について概説した資料。毎年 1 回発行されており，その年の教育政策・
　　教育行政，生涯学習，初等中等教育，高等教育の動向を知ることができる。
　　［明石書店］

二宮皓［編］『世界の学校——グローバル化する教育と学校生活のリアル』

　　31ヶ国の学校教育の特徴や教育政策動向について概説した資料。教育制度や
　　教育政策動向だけではなく，学校生活の内容についても具体的なエピソード
　　を含めて記載されており，実際にどのような教育が行われているのかの一端
　　を知ることができる。［学事出版，2023 年］

おわりに

　本書は教職課程の「教育に関する社会的，制度的又は経営的事項に関する科目」のテキストとして使用されることを想定しつつ，この分野の初学者が初めて手に取るテキストとして使いやすいものであることを目指した。ここまで一通り学習を進めてきた読者のみなさんに，そのねらいがどの程度達成されているか，判断は委ねたい。

　さて，教職課程の「教育行政学」や「教育制度論」はどうしても制度や法令の解説が中心になるため，教員志望者にとってさえ，教育学の他の分野に比べて「学びにくい」「難しい」と思われがちではないだろうか。それほど長くもない編者の大学教員としての経験の中でも，将来教員として働いていくためにこの勉強が本当に必要なのだろうかと考え込んでしまう学生に数多く出会ってきた。教科教育法などの授業で「実践的な」ことを学んでいる（と考えている）大学生にとっては，教育の「実践的な」ことと教育行政や教育制度が結びつかないのも無理はないかもしれない。

　一方で，教育委員会からの派遣で大学院に通う現職教員の大学院生や，教員免許更新講習（現在廃止）の受講者などからは，大学時代に制度や法令をしっかり学んでおけばよかったという意見も多く聞かれた。学校内外の教育が行政機関によって担われているので，教員として働くにつれて，または教育委員会や管理職との関わりが増えるにつれて，制度や法令をしっかり勉強しておけばよかったと思うのだろう。

　こうした例を出して「ほら，大学生のうちにやっておきなさいよ」と言うのは簡単だが，実際には大学生のときにいやいや法令を覚えたところで，教職に就き法令や制度の知識が必要になる頃にはすっかり忘れてしまうだろう。また，後から，制度や法令を学び返したくなった教員には「大学生のうちに」と言ったところで，有益なアドバイスにはなりえない。では，教育行政学のテキストでは何を目指すべきだろうか。本書はそこで，基本を重視したということになる。教員採用試験や学校教育制度の基礎知識を身につける

「ベースライン」を基本としつつ，この分野の面白さや気づきを多く得られるようにすることを目指した。苦労しがちな制度や法令の勉強を楽しんでもらえる読者を増やせれば，大変うれしい。

　また，本書を読み通した読者のみなさんには，あらゆる教育問題が教育行政の面から見ることができることに驚いた人も多いのではないだろうか。特定の研究方法など個別のアプローチと結びついた教育課題もないわけではないが，多くは様々な観点からのアプローチが可能であり，特に本書第Ⅱ部の「現代教育の諸課題と教育行政」では個別の教育課題を取り扱い，「なるほどこうしたアプローチも可能なのか」と教育行政（学）から見た課題の捉え方を実感してもらえたに違いない。たとえば教員のスキルアップを授業研究や指導方法の点からアプローチするのは自然だが，それを教員研修や資質能力の向上政策の面から考えれば，十分教育行政学の研究課題となりうる。極端に言えば「何でも教育行政学の課題となりうる」のであり，そこに大きな研究領域が広がっている。教育行政学の魅力に一人でも多くの読者が気づいてくれることを願いたい。

　最後に，本書の制作にあたり，昭和堂との縁をつないでくださった小松茂久先生，本書の企画から編集まで一つ一つ丁寧に伴走してくださった昭和堂編集部の松井久見子さん，土橋英美さんに改めて御礼を申し上げたい。

　　　2024年1月

阿内春生

索　引

■**執筆者紹介**（執筆順）

阿内春生　＊編者紹介参照。

植竹　丘（うえたけ たかし）
　　共栄大学教育学部准教授。修士（教育学）。専門は教育行財政，教育政策。おもな著作に
　　「戦後日本における『学校の自律化』政策の歴史的再検討」（『日本教育経営学会紀要』65,
　　2023年），『地方教育行政とその空間』（共著，学事出版，2022年）など。

櫻井直輝（さくらい なおき）
　　放送大学教養学部准教授。修士（教育学）。専門は教育行財政学。おもな著作に『地方教育
　　行政とその空間』（共著，学事出版，2022年）。

小早川倫美（こばやかわ ともみ）
　　島根大学教育学部講師。修士（教育学）。専門は教育行財政学，教育経営学。おもな著作に
　　『新・教育制度論　第2版——教育制度を考える15の論点』（分担執筆，ミネルヴァ書房,
　　2023年），『新・教育の制度と経営——ウェルビーイング追求時代における教師の仕事』（分
　　担執筆，学事出版，2023年）など。

白川優治（しらかわ ゆうじ）
　　千葉大学大学院国際学術研究院准教授。修士（教育学）。専門は教育社会学，高等教育論,
　　教育行財政学。おもな著作に『想像力を拓く教育社会学』（分担執筆，東洋館出版，2019
　　年），「日本学生支援機構の奨学金制度と金融市場——奨学金財源の変化とその意義」（日本
　　高等教育学会『高等教育研究』22, 2019年）など。

小野まどか（おの まどか）
　　植草学園大学発達教育学部専任講師。修士（教育学）。専門は教育課程行政，中央教育政
　　策。おもな著作に『新訂版　教育課程論（JSCP双書No.4）』（共編，教育開発研究所,
　　2020年），「研究開発学校制度の成立過程に関する研究——46答申「先導的試行」以降の展
　　開を中心に」（『日本教育行政学会年報』44, 2018年）など。

太田知実（おおた ともみ）
　　聖隷クリストファー大学看護学部助教。博士（教育学）。専門は教員養成論，教育制度学。
　　おもな著作に「米国教員養成制度の"場の拡張"に伴う志望者理解の転換とその意義」（『日
　　本教育制度学会30周年記念誌』, 2023年），「米国教員養成制度における『スタンダード
　　化』への対応実践の展開とその意義」（『教育制度学研究（日本教育制度学会）』25, 2018
　　年）など。

澤里　翼（さわさと つばさ）
　　千葉大学・神奈川大学・法政大学非常勤講師。修士（教育学）。東京大学大学院教育学研究
　　科学校開発政策コース単位取得満期退学。専門は教育行財政学，教育政策学。おもな著作
　　に『教育行政学——教育ガバナンスの未来図』（分担執筆，昭和堂，2013年）など。

木村康彦（きむら やすひこ）
　千葉大学医学部附属病院特任助教。修士（教育学）。専門は教育行財政学。おもな著作に
『新訂第二版　教育課程論（JSCP 双書 No.4）』（分担執筆，教育開発研究所，2024 年刊行予
定）など。

武井哲郎（たけい てつろう）
　立命館大学経済学部准教授。博士（教育学）。専門は教育制度学，特別ニーズ教育学。おも
な著作に『不登校の子どもとフリースクール──持続可能な居場所づくりのために』（共
編，晃洋書房，2022 年），『「開かれた学校」の功罪──ボランティアの参入と子どもの排
除／包摂』（明石書店，2017 年）など。

江口和美（えぐち かずみ）
　敬和学園大学人文学部准教授。公共経営修士（専門職）。専門は教育行財政学。おもな著作
に「国の補助の一般財源化による財政移転の地域差に関する研究──就学援助費の地方財
政措置に着目して」（自治体学会『自治体学』34（1），2020 年），『新訂第二版　教育課程
論（JSCP 双書 No.4）』（分担執筆，教育開発研究所，2024 年刊行予定）など。

高橋　望（たかはし のぞむ）
　群馬大学大学院教育学研究科准教授。博士（教育学）。専門は教育行政学，教育経営学，比
較教育学。おもな著作に「コロナ禍におけるニュージーランドの学校教育」（『教育制度学
研究』28，2021 年），「災害時における学校対応と復興──ニュージーランド・カンタベ
リー地震を事例として」（『比較教育学研究』52，2016 年）など。

栗原真孝（くりはら まさたか）
　鹿児島純心大学人間教育学部准教授。修士（教育学）。専門は教育行政学。おもな著作に
『新薩摩学 14　人口減少社会・鹿児島の教育のゆくえ』（共編，南方新社，2020 年）など。

米岡裕美（よねおか ゆみ）
　埼玉医科大学医学部教養教育准教授。博士（学術）。専門は教育行政学，生涯学習論，医学
教育学。おもな著作に「医学教育モデル・コア・カリキュラムの成立過程──教職課程コ
アカリキュラムとの比較分析」（神戸大学教育学会『研究論叢』26，2020 年），『保健・医
療・福祉のための専門職連携教育プログラム』（共編，ミネルヴァ書房，2019 年）など。

植田啓嗣（うえだ さとし）
　福島大学人間発達文化学類・大学院教職実践研究科准教授。博士（学術）。専門は比較教育
学，教育制度学，教育政策学。おもな著作に「タイにおける仏教学校の役割──山岳少数
民族の教育機会とエスニシティ」（『国際教育』26，日本国際教育学会，2020 年），「Current
Status and Roles Regarding Educational Opportunity Expansion Schools in Thailand」（『年
報タイ研究』19，日本タイ学会，2019 年）など。

■編者紹介

阿内春生（あうち はるお）
　　横浜市立大学国際教養学部准教授。博士（教育学）。専門は教育行政学。
　　おもな著作に『教育政策決定における地方議会の役割——市町村の教員
　　任用を中心として』（早稲田大学出版部，2021年），『教育制度を支える
　　教育行政』（分担執筆，ミネルヴァ書房，2019年）など。

基礎から学ぶ教育行政学・教育制度論

2024 年 4 月 30 日　初版第 1 刷発行

編　者　阿 内 春 生
　　　　　　　　　　　　　　　　発行者　杉 田 啓 三

　　　　　　　　　〒 607-8494　京都市山科区日ノ岡堤谷町 3-1
　　　　　　　　　　　　　　　発行所　株式会社　昭和堂
　　　　　　　　　TEL（075）502-7500／FAX（075）502-7501
　　　　　　　　　ホームページ　http://www.showado-kyoto.jp

© 阿内春生ほか　2024　　　　　　　　　　　印刷　亜細亜印刷

ISBN978-4-8122-2312-3

＊乱丁・落丁本はお取り替えいたします。

Printed in Japan

本書のコピー，スキャン，デジタル化等の無断複製は著作権法上での例外を
除き禁じられています。本書を代行業者等の第三者に依頼してスキャンやデ
ジタル化することは，たとえ個人や家庭内での利用でも著作権法違反です。

開沼太郎　著

「教育の情報化」政策
ICT教育の整備・普及・活用

定価3960円

高見　茂
開沼太郎　編
宮村裕子

教　育　法　規
Crossmedia Edition

定価2530円

塩見剛一
成山文夫　編
西本　望
光成研一郎

スタートアップ・ネクスト
ver. 2.0

定価2530円

倉石一郎　著

教育のイデア［改訂版］
教職・保育士を志す人のために

定価3080円

小林和美　著

テクストと映像がひらく教育学

定価3300円

北野真帆
内藤直樹　編

早期留学の社会学
国境を越える韓国の子どもたち

定価2750円

コロナ禍を生きる大学生
留学中のパンデミック経験を語り合う

昭和堂
（表示価格は税込）